“十二五”职业教育国家规划教材
经全国职业教育教材审定委员会审定

创新旅游管理系列教材

# 旅游营销实务 第二版

总主编◇王忠林
主 编◇吴雪飞

华东师范大学出版社

**图书在版编目(CIP)数据**

旅游营销实务/吴雪飞主编. —2 版. —上海：华东师范大学出版社，2014.7
创新旅游管理系列教材
ISBN 978-7-5675-2426-2

Ⅰ.①旅… Ⅱ.①吴… Ⅲ.①旅游市场—市场营销学—高等职业教育—教材 Ⅳ.①F590.8

中国版本图书馆 CIP 数据核字(2014)第 179633 号

创新旅游管理系列教材
**旅游营销实务(第二版)**

主　　编　吴雪飞
项目编辑　孙小帆
审读编辑　俞裕芝
责任校对　赖芳斌
版式设计　卢晓红
封面设计　孔薇薇

出版发行　华东师范大学出版社
社　　址　上海市中山北路 3663 号　邮编 200062
网　　址　www.ecnupress.com.cn
电　　话　021-60821666　行政传真 021-62572105
客服电话　021-62865537　门市(邮购)电话 021-62869887
地　　址　上海市中山北路 3663 号华东师范大学校内先锋路口
网　　店　http://hdsdcbs.tmall.com

印 刷 者　浙江省临安市曙光印务有限公司
开　　本　787×1092　16 开
印　　张　13
字　　数　269 千字
版　　次　2015 年 3 月第二版
印　　次　2015 年 3 月第一次
书　　号　ISBN 978-7-5675-2426-2/F·292
定　　价　26.00 元

出 版 人　王　焰

# “创新旅游管理系列教材”编写委员会

# 总序

近年来，随着职业教育的蓬勃发展，教材的编写与出版也蔚为大观。是否找准定位、真正契合职业教育课程体系和人才培养的实际需求，并区别于学术型本科院校教材，几乎成为职业教育教材是否优劣的命门。如今摆在我们面前的这套教材，我以为，它在追求创新和优秀的道路上呈现出了最大努力。

总体来看，这套教材有以下几个亮点：

**一、认可度高。**2013年年初，教育部职业教育与成人教育司开展"十二五"职业教育国家规划教材选题立项工作。这套高职高专创新旅游管理系列教材顺利通过立项和评审，获得很高认可。这套教材的推出，将进一步规范和提高我国高等职业院校的旅游管理专业教学水平，从而对我国旅游产业的人才培养和可持续发展产生积极深远的影响。

**二、编写实力强。**这套教材的编委会和具体编写团队成员均来自以"中国旅游院校五星联盟"为主的实力强劲的相关高职旅游院校，在编写方面，可以说，既做到了高瞻远瞩、立足未来旅游专业适用人才培养的方向，又做到了结合当下职业院校旅游管理专业课程设置和就业需求的实际。

**三、契合专业教学标准。**该套教材的编写贯彻和实施了2012年年底教育部职业教育与成人教育司颁布的《高等职业学校专业教学标准(试行)》，集行业内资深专家和高职院校优秀一线教师的理论积淀和实践经验于一体，立足于教材的科学性、创新性、实用性，注重产教结合，深入浅出，体现了高等职业教育的特色和应用型专业的典型特征。

希望这套高职高专创新旅游管理系列教材对我国高职院校培养应用型的旅游从业人员有所裨益，为我国高等职业教育旅游管理专业的建设和人才培养起到推动和引导作用。

全国旅游职业教育教学指导委员会秘书长　韩玉灵

# 前言

我国旅游业已经成为名副其实的国民经济战略性支柱产业。2013年，我国旅游业总收入接近3万亿元，全国旅游人次数达到32亿左右，这意味着我国这个世界上人口最多的国家每年人均旅游次数已达到2次以上。相对于我国经济社会发展的整体水平，这是一个非常了不起的成就。旅游业不仅成为拉动内需的明星产业，还成为吸引投资的热点领域，随之而来的必然是激烈的市场竞争。要在竞争中获胜，营销是关键。近年，电子商务的大发展带动了旅游营销观念和技术的快速变化，新的旅游业态和营销平台不断出现，互联网技术和社会化媒体正在改变旅游的产业生态。本书在体例编排上、内容上力求体现这些发展和变化背后的稳定趋势。

教材作为旅游管理专业旅游营销类课程的主要教学材料，侧重于营销实务操作的思路养成和方法训练。教材遵循学生职业能力培养的基本规律，以真实的工作任务及其工作过程为依据整合、序化教学内容，针对旅行社、饭店、景区、旅游目的地、旅游电商等五种类型的营销主体，组合了六个教学项目，共18个关键任务。项目任务各有侧重，实训任务基本涵盖了对消费需求分析、营销环境分析、目标市场定位、产品组合、促销组合、品牌推广、网络营销等市场营销经典知识体系的理解和应用。

本书由吴雪飞担任主编，具体编写人员有吴雪飞(项目一、三)，孙颖(项目二、四)、杨东旭(项目五、六)，杭州市旅游形象推广中心、杭州旅苑旅行社、乌镇旅游股份有限公司的同行们为教材编写提供了宝贵素材和实践经验，邱宏亮、蒋炯坪和刘明燕三位老师也为编写工作提供了大量帮助，在此向他们表示衷心的感谢。

由于水平有限，本书可能存在不当和疏漏之处，敬请读者不吝指正。

# 目录

# 项目一

# 旅游营销解析

## 导语

当你和家人朋友一起安排假期的计划时，会不会想到去旅游？你用携程网、艺龙网订过酒店、订过自助游吗？当你为去哪里旅游收集各地信息时，会不会感到这个世界值得去旅游的地方真多？如今，出门旅游的人多了，中国旅游已经进入大众时代，旅游需求规模不断扩大，旅游产品供给越来越丰富，旅游消费日趋成熟，旅游企业之间的竞争与合作越来越频繁。旅游企业都认识到在信息时代“酒香也需勤吆喝”，当区位、自然条件无法选择时，市场营销在很大程度上主导了企业的生存与发展。那么，一个旅游企业的市场营销，包含哪些工作呢？要做好旅游市场的营销，需要建立什么样的思维逻辑呢？本章的三个任务，意在告诉同学们企业旅游营销的实际运营中包含了哪些核心工作，这些工作的基本要求是什么，需要建立哪些基本的理念和认知。这三个任务将为同学们后面几个项目的学习和训练打下认知基础。

# 任务一　正确认识旅游营销

**任务目标：**

通过本次任务的学习和训练，你应该完全理解一个旅游企业对市场营销工作的总体要求、岗位设置和岗位职责。要真正理解企业市场营销的核心任务，我们应该：

1. 理解一般消费品的市场营销与旅游市场营销的差异；
2. 理解旅游市场营销的服务特征；
3. 了解旅游企业市场营销观念的演变历程和新的发展趋势。

**学习导入：**

李小强是旅游管理专业的大三学生，即将毕业，目前在一个著名的5A级景区顶岗实习，做市场部内勤。他来自一个省城郊县的小山村李家坳，离省城只有1小时车程。这几年，李家坳的农家乐发展如火如荼，成为全国农家乐示范村，很多村民因此致富。但是随着省城周边农家乐越开越多，李家坳的农家乐经营户们都感到竞争压力越来越大。在村支书的召集下，去年村里成立了旅游开发公司，利用集体山林开辟了一个1500亩的森林公园，一个500亩的果园，还挖了几口鱼塘，整合村里几十家农家乐，学习成都郫县“五朵金花”乡村旅游景区化发展的模式，站稳李家坳多年以来的市场地位。

村支书动员小强毕业后回到村里，因为看着小强长大，很赞赏他的才干和胆识，想请他担任旅游开发公司的副总经理，主要负责把城里的游客吸引进来，并承诺一定会鼎力支持。小强热血沸腾，立刻找班里几个要好的同学商量，希望大家给他出出主意，回去之后可以从哪里着手开展工作。

**学习要求：**

收集成都“五朵金花”乡村旅游的资料并分析其营销思路。分组讨论，每组4—5个同学为宜。大家给李小强出出主意，担任主管市场的景区副总经理后，应该立刻着手去做的事情有哪些？

同学们在讨论中，可能会感到以往学习到的营销环境分析、市场定位、4P策略等知识在这个时候没有用武之地了，我们到底应该怎样去着手开展旅游企业的营销工作呢？不是这些知识没有用武之地，而是我们还没有认识到使用这些知识需要载体，载体就是企业必须面对并竭力去实施的一个个真实营销任务，也就是小强面对的问题：旅游企业的营销应该从哪里做起？

现在我们从了解营销的对象——旅游市场与旅游需求开始学习。

## 一、旅游市场与旅游需求

本书所指的旅游市场，是愿意购买旅游产品的人群。它既包括已经具备购买能力并愿意购买旅游产品的人，也包括现在不具备购买能力、但在具备购买能力之后会购买旅游产品的人，还包括目前虽然具备购买能力、但因为没有旅游产品购买打算而暂时停止旅游产品购买行为的人。前一部分人组成的购买者群体，称为现实的旅游市场；后两部分人组成的购买者群体，称为潜在的旅游市场。

从理论的角度来讲，整个世界构成了一个巨大的旅游者市场。然而，对于旅游企业来讲，这一庞大的市场是没有任何意义的，企业只能选择某一个或某几个区域作为自己的目标市场。选择哪一个目标市场，则需要通过资源分析和市场分析来决定。资源分析是旅游企业对目的地的旅游吸引物、服务设施、服务内容等的分析；市场分析则是对客源地旅游者的旅游偏好、旅游消费习惯等的调查与了解，其中最为重要的因素是旅游需求。

### （一）旅游需求的内容

旅游需求，亦称旅游者需求或旅游市场需求，其本质是旅游市场上旅游者的需求。对于旅游需求的定义，学者们提出了各自的观点。

“旅游需求是指一定时期内核心旅游产品的各种可能价格和在这些价格水平上，潜在旅游者愿意并能够购买的数量。而旅游需求量是指人们在一定时间内愿意按照一定价格购买某种核心旅游产品的数量。”（谢彦君）

“旅游需求是指在一定时期内、一定价格上，旅游者愿意而且能够购买的旅游产品的数量，即旅游者对某一旅游目的地所需求的数量。”（保继刚）

“所谓的旅游需求，是指从工作场所、居住地到远处，在那里使用旅游设施或服务的旅游者或者是希望旅游的人之总称。”（德村志成）

以上对旅游需求的定义都是从数量的角度做出的。旅游需求不仅包括数量的问题，也包括内容的问题，即旅游者的需求包含哪些种类。目前国内大多数关于旅游需求的定义都以旅游需求的数量为主要阐述对象，而对旅游需求的内容则关注不多。

旅游需求可以分为整体旅游需求和个体旅游需求两部分。整体旅游需求是指在一定的时间和区域内，某一特定市场中的旅游者群体愿意并能够购买旅游产品的总量。个体旅游需求则指每个旅游者在一定的时间内（旅游过程中）所愿意并能购买的旅游产品的数量和类型，即个体旅游者对各类旅游产品及产品组合的需求。

在分析旅游消费者行为过程中，我们更需要关注的是各种因素对旅游者产品类型选择的影响作用，从旅游者消费行为研究的角度又可将旅游需求定义为旅游者在各种客观和主观因素制约下，在一定时期内所购买的或计划购买的旅游产品的类型。

### （二）旅游需求的特点

旅游需求与一般的消费需求相比，既有共性也有特性。我们认为旅游需求具有三大特点。

1. 综合性

旅游需求的综合性特点表现在三个方面，即从市场整体而言，旅游需求同时表现出多样性、层次性和整体性。

(1) 旅游者的需求内容多样化。不同的旅游主体对旅游产品的需求是不同的。旅游活动本身涉及人们日常生活的方方面面,旅游者在旅游活动中不仅要满足审美、愉悦等精神层次的需求,也要满足其生理方面的需求,其需求内容必是多种多样的。另外,由于旅游者在年龄、性别、兴趣、受教育程度、文化背景、价值观念等方面的差异,不同的旅游者需要的旅游产品的内容也势必会有所不同。此外,旅游目的的差异也是造成旅游需求多样化的一个重要原因。即使同一位旅游者,在不同的出游目的决定下,其旅游需求的具体内容也会发生很大变化。例如,如果旅游者是出于商务目的而出游,就会选择交通方便的饭店,并对饭店各种商务设施的完善程度提出较高的要求。但是,如果该旅游者是为了度假目的而出游,则可能会选择一个地理位置较偏僻的饭店,以躲避城市的喧嚣,并且会对饭店的娱乐设施要求较高,他们甚至可能会为了避免被打扰而要求饭店取消某些商务服务。

(2) 旅游者的需求内容具有层次性。这是由旅游者的收入水平、生活环境、消费观念、消费习惯、费用支付的方式等因素所决定的。与这一特性相对应,旅游服务设施也分有不同的档次供旅游者选择。如住宿业划分为星级饭店、青年旅馆、汽车旅馆、民舍等;航班有豪华舱、商务舱、经济舱等;火车分软卧、硬卧、软座、空调硬座、无空调硬座等。大部分旅游者都会根据自身日常的消费习惯、出行目的来选择适宜的旅游服务设施。也有些旅游者会出于某些特殊目的而选择高于或低于自身等级的旅游服务设施。需求内容的层次性为各种档次旅游服务设施的存在和发展提供了空间。旅游企业的经营者可以根据拥有的资源情况、经营偏好等,选择提供一种或几种档次的旅游服务,但需要注意的是,档次差距悬殊的旅游服务之间可能会出现互相排斥的现象,需要经营者权衡利弊之后作出明智的选择。

(3) 旅游需求是一种整体性需求。一次旅游经历会牵涉到食、宿、行、游、购、娱等多种旅游产品及服务;这些产品和服务组合在一起,构成了一次完整的旅游经历,缺少任何一方面都会造成旅游活动无法完成。因此,旅游需求实际上是各项内容之间相互作用,形成一种整体性需求。虽然旅游需求属于一种整体性需求,但是提供各种旅游产品和服务的部门却是相对独立的,他们都拥有各自的经营场所和财务管理系统。由此,各旅游供给部门之间的合作效率就成为旅游者满意与否的重要影响因素,各个旅游供给部门需提高对彼此合作的重视程度。首先,只有通过部门合作,才能满足旅游者在旅游过程中的多方面需要,为其创造一次满意的旅游体验。其次,各部门需要认识到彼此在服务接待能力方面存在的相互制约的关系,这种制约关系将会使旅游目的地的旅游容量受到任何不平衡发展模式的限制,进而影响到该地旅游业的发展。例如,某一旅游目的地住宿设施的多少会影响到该地区航空运输的客座率、旅游景点的接待量等诸多方面。

2. 波动性

旅游需求的波动性表现在地域波动和季节波动两方面。

(1) 旅游需求的地域波动。从全世界的角度来看,旅游需求的总量是在不断增加的。但是,不同地区的旅游需求却呈现较大的波动性。例如,东南亚金融危机严重打击了该地区的出境旅游市场需求;中东战争使得该地区的旅游业几近瘫痪。旅游业比较脆弱的特性是导致旅游需求地域波动性较强的重要原因，经济、政治、社会、自然环境等任何一个因素的变化都可能导致旅游需求的变化。

(2) 旅游需求的季节波动。随着季节的更迭，旅游需求会呈现出规律性的波动。这种季节性波动的产生既有客源地方面的原因，也有旅游目的地的影响。从客源地的角度来看，首先，同一地区的人们由于受到传统习俗的影响，生活习惯相近，选择出游的时间也大致相同；其次，受到节假日、带薪假期等余暇时间的影响，同一地区的人们可能会被迫选择在某一固定的期间内出游。例如，我国的黄金周期间，旅游接待服务设施就人满为患。从目的地的角度来看，如果目的地旅游资源的吸引力会因为季节的变化而变化，该地的旅游需求就会呈现出波动性。对于那些以自然旅游资源为主要吸引物的目的地来讲，这种波动表现得尤为明显。

3. 替代性

(1) 旅游需求与其他奢侈品需求之间存在互相替代关系。虽然世界旅游组织将旅游界定为人们的一种基本权利，但是就我国目前整体经济水平来讲，旅游消费仍然属于享受型消费项目，只有在人们可自由支配收入充足的情况下才会产生。因此，旅游需求与同样占用消费者可自由支配收入的其他奢侈品消费需求之间就会产生一种替代关系。例如，年轻白领可能为了看某一位世界级明星的演唱会而取消周末出游的计划，用原计划出游的钱来购买演唱会的门票，此时演唱会的门票就成了周末旅游的替代品。

(2) 不同旅游企业提供的同类型产品之间也存在替代关系，即行业内竞争。由于产品内容雷同，企业的声誉、产品的附加价值、消费者的口碑等因素对旅游产品销售的影响作用就凸显出来。

在一个相对时间段内，人们手中的可自由支配收入基本上是固定不变的，因此具有互相替代关系的产品必须争夺消费者手中有限的货币预算，这就要求旅游企业经营者通过各种途径、策略吸引消费者的注意力，并促使其产生旅游购买行为，从而将潜在的旅游者转变为现实的旅游者，在竞争中取得优势地位。

## 二、旅游营销的内容与特性

市场营销的基本内涵和原则不仅适用于制造业和各种非营利性组织，也适用于包括旅游业在内的服务业。旅游营销是市场营销的一个分支，更为具体地说，是服务营销的一个分支，但由于旅游业及其产品有着不同于一般制造业产品和其他服务产品的特性，决定了旅游营销也有着与其他行业市场营销不同的特征。

### (一) 旅游营销的市场主体与基本内容

旅游业以及旅游产品的综合性特征决定了旅游市场营销的主体呈多样性。实际上，旅游市场营销通常可以分为旅游企业营销和旅游目的地营销两个层面。旅游企业，包括酒店、旅行社、交通运输企业、餐馆、景点经营企业等，作为营利性组织，无疑是旅游市场营销的主体。旅游企业为了吸引顾客以及在行业中保持竞争优势，有必要了解目标顾客的需要，并要比竞争者更有效地提供满足他们需要的产品和服务，与他们建立和保持一种长期的互利的关系。

就一个旅游目的地而言，其旅游业中的各个行业都是相互关联、相互依存的。因为从旅游者的角度来看,一个旅游目的地的旅游产品是一种总体旅游产品,是旅游目的地为满足旅游者在一次旅游过程中的所有需要而提供的各种接待条件和服务的总和。总体旅游产品涉及了旅游目的地各相关旅游服务经营者所提供的单项旅游产品。需要注意的是,旅游目的地的整体吸引力是旅游企业获得和保持客源的前提,也就是说,当潜在旅游者由于某种吸引力的作用选择某个国家或地区作为旅游目的地时,当地的旅游企业才有了客源基础。为了增加一个旅游目的地在旅游市场中的吸引力,就需要对整个旅游目的地和目的地的旅游业进行营销。旅游企业由于能从目的地营销中直接受益,理所应当参与到目的地营销中来。但不可否认的是,任何单个旅游企业都没有足够的资源、能力和意愿,独自承担对整体目的地的市场营销工作,目的地旅游管理部门却可以通过集中和协调目的地内各旅游行业和企业的力量来进行统一的目的地营销。另外,旅游目的地营销还牵涉到当地居民的利益,更需要目的地旅游管理部门进行相关利益协调。因此,目的地管理组织(DMO)作为非营利性组织就成为旅游目的地营销的主体。目的地营销已成为当前旅游市场营销领域的一个研究热点。

从广义上来看,其他非营利性的旅游组织也需要市场营销,以便影响人们对旅游的态度、看法和旅游行为,加强人们对旅游产业地位或某个旅游行业的认识,抑或影响人们对本组织作用和形象的认识等。这样,这些非营利性旅游组织也构成了旅游市场营销的主体。但本书不会对此展开论述,而将重点放在对旅游企业和旅游目的地的市场营销基本理论和一般做法的阐述上。

综上所述,我们可以认为旅游市场营销就是旅游目的地或旅游企业识别目标旅游市场及其需求,通过便利和加速旅游产品与价值的交换来满足目标市场需求并实现目的地旅游业或企业目标的管理过程。

**(二) 旅游营销的服务特征**

20 世纪六七十年代以来,随着大规模商业性服务企业的迅速发展,市场营销的研究重点也转向了服务性产品的营销。欧美的一些营销学者发现,服务产品与实体产品有着重要的差别,服务所具有的无形性、异质性、生产与消费不可分离性、易逝性等特点使得源于消费品营销经验的传统营销理论和方法并不能适应服务业的具体情况,因而开始探索新的营销理论并最终导致服务营销学的诞生。

旅游业隶属于服务业,旅游产品是典型的服务产品。旅游产品具有一般服务产品所共有的特性,这些特性的存在决定了旅游市场营销要以服务营销理论为指导。服务市场营销理论的关键在于识别服务与有形产品的差异,并在此基础上找出适合服务产品特性的营销方法。

1. 旅游产品的无形性

作为一种人的行为,旅游产品也表现出服务产品所具有的无形性特征,即旅游产品是一种活动或利益,而不是实物。所以旅游者在购买和消费旅游服务产品之后并没有像购买有形产品那样得到有形的实物,他们不可能带走航班上的座位、酒店的客房或者景点的景观,他们得到的只是一段时间内旅游服务设施的暂时使用权,带走的是经历或是可以与人分享的记忆。

有形的物质产品在生产出来之后,需要一定的流通环节到达消费者手中,表现为实体产品的流动，而无形的旅游服务的生产和消费通常表现为人的流动以及信息的流动，例如，顾客可以趋向服务现场如到酒店住宿，服务人员可以趋向顾客如机票快递服务，或者顾客通过信息技术获得远程服务如机票预订。旅游目的地和旅游企业有必要加强与潜在旅游者的信息沟通，通过信息的流动来带动人员的流动。一方面，把最新的旅游产品信息及时、准确地传递给潜在消费群；另一方面，充分利用现代信息技术，方便顾客进行旅游产品的预订和购买。

旅游产品的无形性决定了它不能被储存，因此旅游企业无法像制造业企业那样通过储存产品来应对需求的波动。这就要求旅游企业必须更加重视通过各种市场营销手段对需求进行管理，旅游产品的无形性增加了向顾客展示和沟通产品的难度，也使得消费者在真正消费旅游产品之前不能对产品质量作出充分判断，从而增加了消费者的购买风险。针对这一点，旅游企业需要将无形的服务有形化，通过对与服务相关的有形因素的管理来降低顾客的感知风险。另外，旅游产品的无形性决定了旅游者通常会以主观的方式来感知服务，增加了旅游企业对服务质量管理的难度和复杂性。所以，通过市场调研了解顾客的需要和期望并据此提供服务，跟踪顾客对产品的满意度，这对旅游目的地和旅游企业具有重要意义。

2. 旅游产品生产和消费的不可分离性

大部分有形产品是先生产出来然后进行销售和消费，生产和消费是两个互相独立的过程。而对于旅游产品来说则是生产和消费同时进行，是同一个过程的不可分离的两个方面，例如，从顾客开始进入酒店消费服务起，对该顾客的服务生产也同样开始进行；直到顾客离开酒店，该顾客的酒店服务消费以及对其的服务生产也同时宣告结束。

生产与消费的不可分离使旅游产品在消费之前并不存在，已经存在的酒店设施、航空公司的飞机等只是代表着旅游企业的生产能力，旅游产品的这一特性对旅游市场营销产生了重要的影响：

首先，旅游服务人员和顾客同时进入了旅游产品的消费与生产过程，顾客与服务人员以及与服务场所的有形环境之间存在着相互作用。这种相互作用的过程给旅游企业提供了重要的营销机会——互动营销(Interactive Marketing)。旅游企业的服务人员实际上也是营销人员，担负着重要的营销功能。

其次，旅游产品不可能像有形产品那样，在被消费之前可以通过质量检验程序来保证对外销售的都是符合一定质量标准的产品，这就要求旅游企业的员工具有“第一次就做对”的能力，并能灵活应对服务过程中可能出现的各种问题。而且，旅游服务人员在顾客眼中就是旅游产品的重要组成部分。因此，旅游企业应注重对服务人员尤其是与顾客发生互动作用的一线员工的选择与管理，通过内部营销(Internal Marketing)创造员工的满意，并最终获得外部顾客的满意。

最后，顾客对生产过程的介入增加了旅游产品生产和服务质量的不确定性，顾客的介入也使相对于某一特定顾客的其他顾客成为该顾客旅游服务经历的组成部分。旅游企业需要通过有效的顾客教育与管理来减少由此可能产生的一些问题。

3. 旅游产品的易逝性

旅游产品的易逝性是指其具有不可储存、不可再销售、不可回收、不可运输的特点，这一特性是由旅游产品的无形性和生产与消费的不可分离性决定的。例如，旅游淡季时酒店未出租出去的客房、一次航班未被占用的座位、某段用餐时间内空闲的餐位，都不可能储存起来留待旺季时使用，它们在相应时间内应实现的服务价值也将永远丧失；导游人员两个小时的导游服务，不能重新收回并在以后重新销售。

由于旅游产品的不可储存，使旅游企业无法享受到制造业企业那种由于能够保持稳定的生产水平而带来的经济性，加深了旅游产品供需之间的矛盾，同时也加大了旅游企业应对需求波动的难度。供需平衡问题成为绝大多数旅游企业营销管理的重点之一。为了充分利用生产能力，合理设计旅游接待能力以及预测旅游需求，采取强有力的措施调节供求，成为旅游企业重要和富于挑战性的决策问题。

4. 旅游产品的异质性

由于旅游服务是一种人的行为，在服务过程中人与人之间的相互作用及多种变化因素的影响，导致旅游服务过程和结果具有非常不稳定的特征，没有两种旅游服务产品会完全一致。首先，不同的员工提供的服务不同，因为每位员工为顾客服务的能力和意愿各不相同；其次，同一员工在不同的时间和场合也不可能提供完全相同的服务，因为人的行为要受其情绪、情感以及精力、体力的影响；最后，不同顾客有着不同的服务需求，这就有可能导致即便员工的服务行为没有太大差别，也可能由于不同顾客的价值观念和背景的不同而产生不同的服务感知和服务质量评价。

此外，还有很多因素影响旅游服务的稳定性，比如在旅游旺季，由于等待服务的游客过多，服务人员就有可能人为地降低服务标准，加快服务速度；顾客参与服务生产过程的积极程度也有所不同，表现在是否清晰地表达自己的需要，是否积极地与服务人员交流、互动，这些都会对服务产出造成影响。在旅游企业经营中，经常有需要第三方提供服务的情况，如旅行社组织的团体包价旅游，通常需要航空公司、酒店等旅游企业为游客提供相应服务，这就更会加大旅游服务的可变性，加大对服务质量控制的难度。

旅游服务产品的异质性使旅游企业很难提供稳定、一致的服务质量，容易引发顾客的不满与投诉，旅游企业可以考虑在可能的情况下，在某些服务环节上以机器设备来代替人工操作，以减小由于人为因素而造成的服务品质不稳定的程度。旅游产品的异质性也决定了旅游企业实现服务个性化的必要性。对于个性化的需要，顾客不应简单地被当作是服务的被动接受者和消费者，而应在某种程度上成为服务产品的设计者和生产者。

小链接

## 故宫博物院黄金周不“营销”

我们可以通过两个案例的对比来理解旅游产品的四大特性对不同营销主体在市场行为方面的影响。

2013年9月29日，故宫博物院召开媒体通报会，单霁翔院长向前来采访的20余家媒体介绍近期几项重要工作的进展情况，包括“十一”黄金周的安全保卫和观众服务等方面采取的一系列措施，并陪同媒体记者前往端门—午门区域，考察了新设置的100把路椅和端门西朝房的故宫商店。在考察过程中，单霁翔院长详细介绍"十一"开放安全和观众服务措施，包括在10月1日至10月5日每天提前一小时开放，由8:30提前至7:30；开启端门区域的30个售票窗口，调控售票速度；增加指路牌和引导人员，加强开放路线的客流疏导；在人流密集的御花园内实行东、西分流，由南向北单向参观的措施；9月30日适逢周一，故宫博物院将暂停周一闭馆半天的措施，实行全天开馆，方便观众参观。

故宫是世界上到访人数最多的景区，常常人满为患，颇受游客抱怨。故宫博物院在旅游市场营销领域的首要任务当然不是推广促销以招揽游客，而是尽可能在长期超负荷接待游客的情况下，尽量提高到访游客的满意度，因此增设休息座椅、延长游览时间、加强客流疏导等管理细节成为关键点。但对大部分景区来说，市场营销的首要任务还是吸引游客到访，其次才是和企业的其他部门一起提高游客满意度。比如下面这个案例中的推介会，就是以招揽游客为首要任务的。

2013年9月9日下午，"2013逍遥海南服务品质联盟全国巡回推介会"在武汉万达威斯汀大酒店举行。海南21家知名景区旅游企业、酒店及500多名来自武汉市及周边地区的旅行社负责人出席了推介会。本次推介会以"阳光海口欢迎您"为主题，宣传海南国际旅游岛的优质旅游资源，以推广高品质、深度游的逍遥海南游为重点，尤其着重强调2013年海南旅游业尤其是以海口为核心的琼北地区最新的时尚元素及旅游产品，引导游客体验一个不一样的海南岛。推介会由海口市旅游发展委员会主办，海口民间旅行社承办。推介会最特别之处在于将海口及琼北地区的旅游资源进行集中展示，引起来宾的浓厚兴趣。海口机场免税店升级、文昌航天公园建设、观澜湖旅游小镇……一个个备受关注的焦点增强了琼北旅游的吸引力。前来参加推介会的武汉旅行社工作人员表示，这场推介会的信息容量非常大，而且推出的产品质量很高，琼北旅游、免税购物都有极强的吸引力。"阳光海口欢迎您"推介会将在上海、宁波、杭州、武汉、昆明、成都等六大城市举办，武汉是第四站。

以上这些差异表明，我们在研究旅游营销过程中，要注意结合旅游企业自身的特点来进行，这样才能取得良好的旅游市场营销效果。

**(三) 旅游营销与其他服务产品营销的区别**

作为一种典型的服务产品，旅游产品既有上述服务产品所具有的一般特点，又有其自身的一些特性，这就决定了旅游营销同其他服务产品的市场营销既有相同之处也有区别。

1. 旅游需求与供给在结构上的失衡

旅游市场的一个主要特点就是其需求的季节性。旅游产品的吸引力随季节的变化而变化，学校假期和带薪休假时间的相对集中以及传统的出游习惯等都是形成旅游需求季节性波动的主要原因，而另一方面，酒店、景点、航空公司、餐馆等旅游企业的接待能力或者说供应能力则表现出相对的稳定性，即供应能力一经形成，短时间内很难作出较大改变。因此，旅游需求与旅游供给之间常常出现矛盾，而旅游服务产品的不可储存性又加大了解决这一矛盾的难度。当旅游供给超过旅游需求时，旅游企业无法将过剩的生产能力储存起来留待日后销售；当旅游需求超过旅游供给时，旅游企业也没有“存货”可资利用，因此，如何通过旅游营销尽可能地平衡旅游需求与供给，是很多旅游目的地和旅游企业的经营者与营销管理人员面临的挑战和需要解决的重要课题。

2. 旅游服务运营的高固定成本

许多旅游企业如酒店、航空公司、景点经营企业等，都发现自身经营具有固定成本相对较高而变动成本相对较低的特点，旅游企业的固定成本是旅游企业为了开张运营而必须预先支付的成本，与接待顾客的数量多少无关，如酒店的建筑成本、维护费用、租金、设备、保险、全职员工的薪金、管理费用等；而变动成本是与某个特定时间内接待顾客的数量相关的成本，如酒店客房日用消耗品、兼职员工工资等。对于固定成本较高而变动成本较少的旅游企业来说，由于无论接待量多少，固定成本的支出都是相同的，因此销售量对收入与利润有决定性的影响。从这点来看，旅游营销人员需要更加关注边际销售，创造额外需求。

旅游产品的相互依赖性也可以说是旅游产品的综合性。绝大多数旅游者在其旅游购买中都是将几种旅游服务结合在一起。例如一个度假旅游者会通过旅行社或自己选择某个目的地的某个或某些景点，同时购买住宿、交通产品以及娱乐、餐饮等服务。这样，目的地当中的旅游住宿服务供应商就会受到旅行社、景点、交通等企业和目的地营销组织的营销决策的影响，这些企业可能会联合在一起或独立地对有关目的地的产品进行促销。旅游产品的相互依赖性，或者从另一个角度说就是旅游目的地或旅游线路产品的综合性，使不同旅游企业之间的联合营销成为可能，同时，旅游目的地内的各旅游服务供应商在服务供应能力和产品质量方面也要保持协调，否则就会出现某些旅游企业设施利用不足，而某些旅游企业没有足够的接待能力满足需求的局面。

## 三、正确理解旅游市场营销

总而言之，市场营销的基本或核心原则适用于所有类型的产品，无论是包括旅游产品在内的服务，还是制造业产品。这也是旅游业中的许多营销管理人员来自其他行业，并把其得自其他行业的营销经验运用于旅游业的原因所在。但需要指出的是，由于旅游服务产品有着不同于制造业产品和其他服务产品的特点，这些特点又对旅游市场营销决策有着重要的影响，因此旅游营销管理人员有必要在市场营销基本原则的指导之下，对市场营销组合以及具体的市场营销手段和方法进行调整。从整体上理解旅游市场营销要把握以下三点：

第一，考虑市场环境对旅游营销的影响，开发、设计、调整、促销并销售旅游产品，以满足潜在目标顾客的长期需要、期望和利益。

第二，服务产品的特殊性要求对服务产品的营销不能完全照搬传统的市场营销组合，旅游市场营销要以服务营销理论为指导。

第三，旅游市场营销还受旅游需求特点以及旅游产品经营性质的影响，这些特征构成了旅游市场营销的基础。

### 四、市场经营观念演变对旅游营销的影响

市场经营观是企业一切经营活动的出发点，也是企业制定营销战略和策略的根本指导思想，它对市场经济体系中的各类经营主体产生着根本性的影响。同样，旅游业的市场营销活动也随着市场经营观念的演变产生着显著的改变，也大致经历了以下四个演变阶段。

#### （一）产品导向阶段

所谓产品导向，就是以生产为中心的企业经营的指导思想。在资本主义经济发展的初期阶段，企业生产什么，消费者就买什么，没有选择的余地，即所谓“皇帝的女儿不愁嫁”。因此，企业经营管理者的精力，主要集中到如何扩大生产和降低成本上面，“以量取胜”、“以廉取胜”，这就形成了以生产为中心的企业经营观点，就是一般所说的“以产定销”的观点。企业的商品销售、广告推广等处于无足轻重的地位，根本没有市场经营部门。在二次世界大战时期，由于物资短缺，需求旺盛，许多产品供不应求，因而产品观念在企业界颇为流行。在我国改革开放初期，由于刚刚打开国门，欧美游客怀着极大的好奇蜂拥而至，但涉外饭店非常少，以至于出现外国游客在酒店大堂沙发过夜的情况，那时候只要有涉外饭店开张，客房必定被订满，饭店业考虑最多的事情是怎样才能加出更多的床位。这就是旅游业的产品导向阶段。

#### （二）销售导向阶段

随着企业不断增加，产品供给增大，花色品种的翻新，商品开始供过于求，市场竞争越来越激烈。扩大产品销售已成为企业的中心。为了攫取更大利润，企业只抓生产开始行不通了。如何有效促进产品销售就成了企业决策者关心的课题。于是不少企业开始转向“销售观点”，即以销售为中心的企业经营指导思想。“让顾客买我卖的东西”，是这种经营观点的核心。在此观点指导下，企业十分注意运用推销技术和广告技术，向现实买主和潜在买主大量推销产品，以期压倒竞争者，提高市场占有率，取得较为丰厚的利润。这一阶段，企业扩大了销售部门的职权，设置了销售副总经理，增加了市场调研、广告宣传等部门，形成了以销售为核心的企业经营体制。由于这种观念是从既有产品出发的，因而还没有超出“以产定销”的范围。在这一阶段，旅行社由于掌握客源，成为景区、饭店、旅游餐馆最主要的销售渠道，部分销售意识强的景区、饭店企业甚至派出专门的销售队伍常年驻扎在主要客源城市，主要工作就是拓展和维护组团旅行社这一销售渠道。同样地，这一阶段的旅行社经营也是围绕如何提高组团量来开展，线路的策划和设计往往都由计调来完成的。

#### （三）市场导向阶段

市场导向可称之为消费者导向，就是以消费者为中心的企业经营指导思想。企业经营的重点放在研究消费者的需求上。20世纪中期，国际市场形成，市场竞争更趋激烈，许多地区组成国际性的联盟组织，各种行业的联合组织也不断涌现（如饭店业协会、旅行社协会等）。企业要想占有市场、扩大市场占有率是极不容易的事。因此，只有加强市场研究，才能生产适销对路的产品；也只有摸清市场需求，并根据需求设计产品，才能获得最大利润。企业必须面向广大消费者，切实为消费者服务，使顾客满意。企业的经营思想开始发生根本性的转变，从“以产定销”转变为“以销定产，适销对路，产销结

合”,这一阶段流行的口号是“顾客就是上帝”。这一阶段,饭店高度重视顾客满意度,景区在建设之初就做市场分析和目标客源定位,旅行社推出自助游、半自助游等各种灵活的线路产品以适应游客越来越多样化的要求,旅游在线业务的高速发展更是将市场导向的营销理念推向极致。

**(四) 社会责任导向阶段**

20 世纪 70 年代以来,在世界经济持续发展的同时,也伴随着环境污染、资源耗竭、通货膨胀等一系列带有全球性的问题。因此,倡导兼顾消费者需要、社会利益和企业利益三者统一,追求现实与企业的认可与接受。这种观念认为企业的任务是确定目标市场的需要欲望和利益并加以保护,增进消费者和社会福利的方式,比竞争者更有效、更有利地向目标市场提供所期待的满足。对于危害或不利于社会利益的需要,企业有责任实行“反营销”。比之制造业,更多的旅游企业在经营管理中贯彻社会营销观念,是因为旅游业作为一个产业,其生存之本就是这一地区的环境质量。试想,有谁愿意到一个污染严重的地区去旅游呢?如果丽江没有了东巴文化和纳西古乐,还有那么大的魅力吗?我们还应该看到,旅游地居民是旅游经营活动产生的社会收益或成本的直接接受者。比如因为旅游的发展,小镇基础设施得到完善,居民有更多的就业机会和更高的薪水,这是当地居民的收益;而同时,居民们不得不忍受旅游旺季的环境拥挤和物价飞涨,这就是成本。只有当旅游业带给社会的效益大于成本,旅游经营活动才会被当地居民所接受。因此,旅游发展中可能会引起的资源破坏、环境污染、传统文化衰落等综合性影响就必须引起企业的高度重视,并通过制定恰当的旅游发展策略来尽量避免。

## 五、旅游营销的新发展

随着旅游业在全世界范围内的蓬勃发展,对旅游营销的研究与应用也在不断深入。从传统上单纯套用一般市场营销理论与方法到以服务市场营销理论为指导、从单纯研究旅游企业的市场营销到综合研究旅游目的地与非营利性旅游组织的市场营销,都体现出旅游市场营销研究与应用的动态性。由于旅游目的地和旅游企业经营所处环境的不断变化,旅游营销也出现了一些新的理念和方法。

旅游营销的核心是在了解市场需求的基础上创造顾客价值和提高顾客满意度。20 世纪后半期,包括旅游在内的一些新的经济活动形式出现了显著的增长。从世界范围来看,旅游需求现已成为人们的一种基本生活方式。即使在经济衰退和油价上涨的时段,人们也会通过缩短在外停留时间或缩短旅行距离来实现出游。旅游市场需求的增长为全球的旅游目的地和旅游企业都带来了发展机会,旅游业已经成为世界上很多地方发展最快的经济部门,同时旅游业面临着一个竞争非常激烈的市场。我们注意到以下三个显著的稳定的变化趋势。

**(一) 需求特点的变化引领营销理念的更新**

从整体上来看,当今的旅游消费者更加成熟与挑剔,其旅游经验比以往任何时期的旅游者都要丰富;他们更加关心健康、环保以及个性需求的实现;他们更加看重旅游产品的参与性、体验性、互动性特点;他们期望更为便利快捷的信息沟通方式和旅游产品订购方式,等等。所有这些需求特点的变化都决定了一些新的旅游市场营销理念和方式的出现,如绿色营销、网络营销、个性化营销、关系营销、体验营销以及品牌营销等。

**(二) 全球化市场促进旅游营销的国际化**

美国《时代》杂志曾经写道:“21 世纪将是旅游业黄金时代的开始。推动旅游业发展有两方面的因素:一是经济全球化,贸易自由化,放松行业管制和信息数字化;二是旅行将更加自由,旅游者将更加成熟和对信息高速公路的更多运用。”有实力的旅游企业通过多种方式进入国际市场,开始全球化经营。与经济全球化相伴而生的就是人口在全球范围的加速流动。伴随着经济、交通、通讯技术的快速发展,现今在没有政治因素的限制下,人们有可能到达他们想要去的任何地方。旅游业经营面对的是全球的旅游者,旅游目的地和旅游企业需要了解具有不同文化背景和价值观念的旅游者的旅游需求,需要对具有不同文化背景的员工进行管理,需要根据地区和文化差异对所提供的产品内容、产品定价、销售渠道和服务品牌进行必要的调整。也就是说,在全球化背景下,旅游市场营销实质上是一种国际市场营销,文化在其中发挥着重要的影响。

**(三) 信息技术主导旅游营销模式创新**

除了经济全球化对旅游市场营销带来影响之外,信息技术的迅猛发展也是影响旅游市场的一个重要因素。近几年来,信息与沟通技术(Information and Communication Technology, ICT)以及交通技术的发展释放出了强大的推动全球经济的力量,同时加速了传统产业的衰退,促进了新就业形式的出现,影响了全球旅游的未来发展。

信息技术在旅游业中的运用已经在很大程度上改变了原有的旅游业运营模式。当前以互联网为代表的信息技术的应用和普及对旅游市场营销的影响最为深远。人们可以在网上根据自己的需要迅速获得相关信息并据此作出旅行计划,可以在网上完成酒店、机票、景点门票的预订,并通过网上结算的方式直接付款。旅游业是目前公认的最能与电子商务整合的行业之一,旅游电子商务已成为全球电子商务的第一大行业。互联网改变了传统的旅游销售渠道,对旅游供应商来说也具有强大的信息沟通功能。目前,经济发达国家的几乎所有的旅游企业都建有自己的网站和网页,互联网是这些国家旅游者最主要的信息来源渠道。

信息技术的发展使旅游产品供应方能够更好地了解顾客的个性化需要,从而在产品设计、服务质量管理、信息沟通、销售、决策制定以及内部管理等方面更加廉价和高效。信息技术的发展将在未来继续对旅游市场营销发生深刻影响。

**实训任务:**

在“学习导入”的讨论中,同学们为李小强提出了很多市场营销工作的内容。请同学们对照四种市场经营观念,分析各条建议都分别体现了何种经营观念。

无论李小强决定立刻开展哪几种工作,在公司内部设立一个专门的营销部门都是必要的。请你为这个部门命名,并为该部门做岗位设置方案,写明每个岗位的职责和任职要求。

实训建议:开展实训前,教师可与同学们一起在网上查找几个不同规模和性质的旅游企业的部门设置、营销类岗位职责及招聘条件,作为参考。

## 任务二 旅游市场需求分析

**任务目标:**

通过本次任务的学习和训练,你应该掌握分析整体市场需求特点和个体旅游需求的方法和技术。要达到这一学习目标,我们应该:

1. 了解分析整体市场需求和个体旅游需求的主要指标;
2. 了解影响客源市场旅游需求的各种因素;
3. 掌握针对一特定目标市场的旅游需求的调研方法。

**学习导入:**

因为李家坳距离学校只有2小时车程,李小强打算首先从自己了解的地方开始做市场推广,把学校里所有的学生和老师作为一个目标客源市场。但同学们建议他"知己知彼百战不殆",首先得了解同学们和老师们的旅游消费情况和对李家坳这样的旅游地持什么态度,以保证推广手段和放出去的价格具有竞争力。李小强开始招募同学们为李家坳景区做一个市场需求调研,最后形成一个简单的报告,回答三个问题:学校有多大的旅游需求规模?他们会对李家坳感兴趣吗?如果感兴趣的话,人均消费在什么范围内是同学们能够接受的。

要回答这三个问题,我们需要了解:什么指标能反映一个客源市场的整体旅游需求规模;哪些因素影响客源市场的旅游需求;如何判断一个既定旅游产品对一个既定客源群体的旅游吸引力。这也是本次任务要完成的核心内容。

由于旅游活动的异地性、旅游需求内容的多样性等原因,旅游市场需求受到多种因素的影响和制约,这些因素既有客源地方面的,也有目的地方面的,还有与客源地和目的地都有关的媒介方面。

### 一、整体市场需求的分析指标

实际的营销工作中,我们常常需要了解某个旅游客源地的整体需求规模,以确定营销投入的数量和方式。这时候,一般使用该地区旅游者的数量、频率、人均花费等指标来反应客源地旅游市场规模。

#### (一) 出游率

出游率可以分为总出游率和净出游率两个指标。总出游率是在一定时间范围内,某地区旅游的总人次数与该地区人口常数的比例。由于个体旅游者在一定的计算周期内可能产生多次的旅游购买与消费行为,因此这一指标很有可能超过100%,并且这一比率会随着该地区经济发展、居民用于旅游消费的可自由支配收入的增加而不断增长。

净出游率是在一定时间范围内，至少参加一次旅游的人数与该地区人口总数的比例。净出游率能够衡量该地区居民旅游行为的密集程度。与总出游率不同，净出游率是极少可能达到100%的，这是由于居民可能受到某些因素的制约而无法实现其旅游购买行为，如工作繁忙、家庭拖累、身体状况不允许等；还有一些居民则根本没有旅游需求。

总出游率和净出游率两个指标共同说明了某一地区常住居民中，旅游消费的普及程度。如果总出游率水平很高，净出游率水平也很高，说明该地区居民普遍具有旅游消费需求，并为满足这一需求而进行了旅游活动。如果总出游率水平很高，净出游率水平很低，则说明该地区很可能是一个贫富不均的地区，只有一部分人有能力进行旅游活动，而且这一部分人会在一定的时间范围内多次出游。但很大一部分人并没有旅游消费行为的产生。如果两个指标都很低，则说明该地区的旅游消费不旺盛，可能是该地区的经济发展水平低，居民的可自由支配收入少，也可能是由于当地的文化传统排斥出游行为等。旅游市场研究人员需要探究出游率指标背后的原因，并根据这些原因的分析来制定市场策略。

#### (二) 人均出游次数

人均出游次数是在一定时间范围内，某一地区产生旅游行为的居民的平均出游次数，即用总出游率除以净出游率得到的数值。人均出游次数表明了该地区旅游者的富裕程度及对旅游活动的热衷程度。出游次数多，说明旅游者的可自由支配收入和余暇时间都比较充裕，并且热衷于旅游活动。根据这一数值，还可进一步计算出一个国家产生旅游消费需求的能力，即国家潜在的旅游生产指数。

#### (三) 人均旅游花费

用一定时间范围内，某地区居民旅游消费总额除以该地区在该时间范围内的总出游人次数，得到的数值即为人均旅游消费额。人均旅游消费额能够反映出该地区的旅游消费水平。人均消费额高，说明该地区居民具有较强的旅游支付能力，并且愿意购买旅游产品及服务。

### 二、旅游者需求的分析指标

#### (一) 人口统计指标

旅游者人口统计指标具体包括年龄、性别、职业、家庭和受教育程度等。

1. 年龄

年龄会影响到旅游者的身体健康情况。儿童、青少年的身体虽然很健康，但是其耐力会相对差一些，不适合时间很长、对体力要求较高的旅游活动。青年、中年人是身体状态最好的时期，适合各类旅游活动，步入中年，身体会逐渐衰弱，也不适合大量消耗体力、刺激性强的旅游活动。年龄对健康程度的影响并非是绝对的，有些旅游者因为长期重视锻炼和科学的饮食，即使进入老年，身体依然很硬朗，比某些中年人的体质还要好。此外，随着人们工作方式的转变和生活压力的增大，很多疾病开始向年轻化发展，很多人三四十岁就患有高血脂、高血糖、糖尿病等以往老年人才得的病，他们的身体健康状况并不理想。

年龄会影响旅游者的生活态度和生活观念。幼年时期，人们并没有形成自己的价值观，很多出游活动都是听从父母或长辈的意见。到了青年时期，虽然也会参考父母的意见，但会提出自己的看法，并坚持自己的决定。到了中年时期，价值观基本形成，而且拥有独立的收入和家庭，会自主决定出游行为。而且，随着年龄的增长，阅历、知识会不断增加，人们对于生活的态度也会发生变化，这些也势必影响到人们的旅游意愿。

2. 性别

不同的文化传统对不同的性别赋予了不同的角色行为，从而导致男性和女性在社会结构中处于不同的地位，承担着不同的责任。因此，男性和女性在就业、收入、消费倾向等方面必然会存在差异。一般来讲，男性在工作中承担着更多的责任，而女性则在日常家庭生活中发挥着主导作用，这就可能导致当负责家庭主要经济来源的男性认为需要通过旅游来缓解压力时，家庭的女主人往往会出于节省生活开支的考虑而反对出游或者选择近距离的出游。

此外，男性和女性在生理方面也存在先天的差异。男性的体力总是胜过女性，而且比女性更富有冒险和探索精神，喜欢新奇、刺激的旅游项目。因此，部分特种旅游项目的女性目标顾客市场很小，几近没有，但是在男性旅游者群体中却非常受欢迎，如博彩旅游、野外生存训练游等。

就当前情况来看，虽然因为性别而造成的收入差距在不断缩小，但是女性的报酬和社会地位却仍然落后于男性。即使是从事同一种工作，男性的平均收入也会高于女性。

3. 职业

首先，职业与个人的收入水平密切相关，特别是在发展中国家更是如此。其次，职业也与个人的社会地位关系紧密。社会地位高的人是公务旅行的主体，与普通劳动者相比，他们有更多的机会到异国他乡进行访问学习。再次，职业也会影响到人们生活观念的养成。一个人每天正常工作8小时，附带加班时间，在工作单位停留的时间很长，与同事接触的时间也很长，从而容易受到同事这一群体的影响，其生活态度也会在不知不觉中被影响和改变。此外，个人的职业会影响其旅游消费的时间、内容、形式和结构。工薪阶层只能利用节假日或带薪假期出游，办公室工作人员可能更喜欢参与一些活动量大的旅游活动，如爬山。而平时从事工作劳动量大的人员则可能会选择一些比较安静的旅游活动，如去某个度假地度假。

4. 家庭

家庭对旅游者购买决策的影响表现在以下几个方面：

(1) 家庭环境对个人的成长、性格养成产生的影响。家庭的经济情况、家庭成员的构成、家庭传统等因素都会影响个人的性格、兴趣爱好、消费观念的形成。当前社会，单亲家庭越来越多，在单亲家庭中成长的孩子性格中可能会有某些缺陷。单身的父亲、母亲们可能会为了孩子的全面成长而选择某些旅游产品；或者这些孩子会根据自己的内心偏好而要求家长为其购买某些旅游产品。旅游企业的销售人员需要注意这类父母和孩子的独特需求，并予以满足。

(2) 家庭中其他成员对旅游者购买决策的影响。一般来讲，家庭中的所有成员都具有同一的价值观念，但是同时每个成员又有自己的个性特征，而且彼此相互影响。因此，家庭中其他成员的意见也会影响到旅游者的购买决策，比如，如果祖父辈的老人坚持认为乘坐飞机出游是一件非常危险的事情，那么孩子在选择出游时可能会尽量避免乘坐飞机，而改乘其他交通工具。

(3) 家庭所处的生命周期对旅游者购买决策的影响。家庭生命周期的不同阶段，消费的重点也有所差别。家庭的生命周期可以分为单身期、无子女期、有子女期、空巢期和鳏寡期。其中，处于单身阶段的人最自由，更喜欢无拘无束的旅游活动；结婚但没有子女期间，年轻夫妇没有孩子的拖累，精力充沛，经济压力也比较小，他们的旅游需求也很旺盛；结婚有了孩子之后，不仅要照顾孩子，还要为孩子的抚养、教育等积攒费用，这一阶段的消费支出比较大，而且会以孩子的需要为首要考虑因素，旅游活动也首先考虑对孩子的意义；孩子成人、结婚或独住后，家庭就进入空巢期，这一阶段夫妇二人会继续保持较高的收入水平，但家庭负担已经减轻很多，因此他们有足够的时间和金钱外出游玩；进入鳏寡期后，很多人的身体状况已经不如从前，出游的次数会减少，距离会缩短，选择的旅游产品也主要以节奏缓慢的休闲产品为主。

5. 受教育程度

个体的受教育水平会影响到他对某些事物的看法、态度，进而影响其消费观念的形成。受教育水平高的人，往往好奇心更强烈，愿意探索新鲜事物，了解异国他乡的传统、文化、习俗。

**(二) 旅游者心理特征**

旅游者心理特征因素具体包括以下几方面。

1. 旅游者的需要与动机

动机是引起和维持个体活动并使之朝一定目标和方向进行的内在动力，是人产生某种行为的原因。动机的产生必须有内在条件和外在条件。产生动机的内在条件是达到一定强度的需要。动机是达到一定强度的需要的具体表现，需要越强烈，则动机越强烈。产生动机的外部条件是诱因的存在。正诱因可以满足需要，是能够引起个体趋向和接受的刺激因素；负诱因则有害于需要的满足，是引起个体逃离和躲避的刺激因素。诱因可以是物质的，也可以是精神的。动机是诱因和需要共同作用的结果，是行为的直接动力。

(1) 需求层次理论。美国行为学家马斯洛(Abraham H. Maslow)将人的需要由低到高划分为五个层次，即生理需要、安全需要、社交需要、受尊重的需要和自我实现的需要。该理论反映出人的需要呈现出三大特点：①阶梯性。人们的需要是一个由低级向高级发展的阶梯，当低级需要被满足或部分满足后，人们就开始追求较高层次的需要。②差异性。不同的旅游者会因所处的时代、环境不同而产生不同的需要。不同的旅游者在同一需要层次上的需要内容也会不同，这是由旅游者所处的特定的外部环境所影响的。③交叉性，由于没有任何一种需要是能完全被满足的，所以各层次需要之间存在着相互交叉的现象。

(2) 精神分析论。弗洛伊德把人的心理比作冰山，露在水面上的小部分为意识领域，水下的大部分为无意识领域，造成人类行为的真正心理力量大部分是无意识的。无意识由冲动、热情、被压抑的愿望和情感构成。无意识动机理论建立在三个体系基础之上，即本我、自我和超我。①本我。它是心理体系中最原始的、与生俱来的、无意识的结构部分，由遗传的本能、冲动、欲望等组成，它是所有行为后面心智动力的来源。机体内部和外部的刺激使机体产生高度的紧张状态，本我的唯一机能就是直接释放心理能量和降低紧张。因此，本我完全按照快乐原则运转，尽可能地把紧张程度降到最低，寻求欢乐，避免痛苦，一味地满足生来就有的本能的需要。②自我。自我是从本我中分化出来并得到发展的那一部分，处于本我和外部世界之间，是与外界接触的体系，它统管个人的行为。自我按照现实原则行事，现实原则是推迟能量的释放，直到真正满足需要的对象被发现和产生出来为止。自我占据着人格的中心部分，进行知觉、学习、记忆和推理等。③超我。它是在人格诸领域中最后形成的，反映了社会的各项准则，由理想、道德、良心等组成。它的运转是反对本我的不可接受的冲动，而不会同自我一样寻求延长或保持它们。超我追求至善至美，不考虑现实原则和快乐原则。超我主要也是无意识的，代表理想而不是行动。

(3) 旅游动机的类型。旅游者需要的复杂性和旅游活动目标的多样性，造成旅游消费行为的动机很多。田中喜一根据旅游者的需要和目标，把旅游动机分为四类；今井省吾指出，现代人的旅游包含三方面的动机；澳大利亚旅游学家波乃克(P. Berneker)依据旅游行为的目的，将旅游动机划分为六大类；美国学者麦金托什(R. Mclntosh)按照旅游者的生理和心理需要，也把旅游动机分为四类；美国学者奥德曼(L. E. Hudman 名字待考)根据麦金托什的分类结果，将旅游动机进一步划分为八个方面；托马斯(J. A. Thomas)根据旅游者的社会需求，将旅游动机划分为四大类十八种；我国学者刘纯提出了动机多源说，并将旅游动机划分为七大类。常见的旅游动机类型见表1-1。

**表1-1** 常用的旅游动机分类方法及具体类型

| 研究者姓名 | 基本动机 | 具体动机/目的 |
|---|---|---|
| 田中喜一 | 心理的 | 思乡心、交友心、信仰心 |
| | 精神的 | 知识的需要、见闻的需要、欢乐的需要 |
| | 身体的 | 治疗的需要、休养的需要、运动的需要 |
| | 经济的 | 购物目的、商务目的 |
| 今井省吾 | 消除紧张的动机 | 变换气氛、从繁杂中摆脱、接触自然 |
| | 自我完善的动机 | 对未来的向往、接触自然 |
| | 社会存在动机 | 朋友的友好、大家一起旅行、家庭团圆 |
| 麦金托什 | 身体健康动机 | 休息、运动、游戏、治疗等 |
| | 文化动机 | 了解和欣赏其他国家的文化、音乐、艺术、民间风俗和宗教等 |
| | 交际动机 | 接触其他民族、探亲访友、结交新朋友、摆脱家庭带我和邻居干扰等 |
| | 地位和声誉动机 | 事物(会议)旅游、考察旅游、求学旅游，与个人兴趣有关 |

2. 旅游者的个性

个性，也称人格特性，指的是个体内在的一些心理特征，这些特征会促使人们对环境产生持续而稳定的反应。旅游者的个性会影响其旅游消费行为。个性是一个复杂的心理现象，心理学中对个性的描述有时也是模糊不清的。对个性较为普遍的描述方法包括个性特征、个性倾向性等。

(1) 个性特征。个性特征指一个人身上经常地、稳定地表现出来的心理特点的组合，主要包括能力、气质和性格。当个体的个性倾向性成为一种稳定而概括的倾向时，就成为自己对他人、对自我、对某事的一贯态度并采取相应的行为方式，从而构成一个人具有独特特点的性格特征。美国心理学家普洛格(Plog)分析了美国旅游者的个性特征和旅游爱好，将人的个性分为五种：自我中心型、近自我中心型、中间型、近多中心型、多中心型。不同个性特征的人，其旅游选择也不尽相同。

(2) 个性倾向性。个性倾向性是指人所具有的有意识倾向，决定着人对现实的态度以及对认识活动对象的趋向和选择。它主要包括需要、动机、兴趣、理想、价值观和世界观。个性是人的行为的基本动力，是行为的推进系统。

对于个性分类，最常用的是将人的个性划分为内向和外向两类。这一方法是由瑞士心理学家荣格首先提出来的。他认为外向型的人以环境为出发点，凡事但求适应环境，心理特点表现为：心理活动倾向于外部、活泼、开朗，容易流露自己的感情，待人接物果断，但较为轻率，独立性强。不足之处在于缺乏自我分析和自我批评，不拘泥于一般小事，喜欢同他人交际等。内向型的人感情比较深沉，待人接物比较小心谨慎，经常反复思考，常因过分担心而缺乏决断力，但对事总是锲而不舍，能够自我分析和自我批评，不喜欢交际。

3. 旅游者的生活方式

生活方式是个体在生活中表现出来的活动、兴趣和看法的模式，并且个体和家庭均有生活方式，家庭生活方式部分地由家庭成员的个人生活方式所决定，反过来，个人生活方式也受家庭生活方式的影响。生活方式与个性既有联系，又有区别。一方面，生活方式在很大程度上受个性的影响。另一方面，生活方式关心的是人们如何生活、如何花费、如何消磨时间等外显行为，而个性则侧重从内部来描述个体，它更多地反映个体思维、情感、知觉特征。两者是从两个不同的层面来刻画个体。拥有不同生活方式的群体对旅游产品和品牌有不同的需求，营销人员应设法从多种角度区分不同生活方式的群体，提供针对性的旅游产品和服务。

小链接

## 八种不同状态的旅游需求与营销对策

市场营销专家、美国西北大学教授菲利普·科特勒认为，营销管理要应付八种不同的需求状态，相应的面临着八种不同的营销管理任务。旅游市场营销管理同样也需要应对八种不同的旅游需求状态，由于每种需求状态具有各自的特点，旅游营销管理的任务也有较大的差别，所采取的措施也不尽相同。

(一) 否定需求与开导性营销

旅游企业有时会面临否定需求情况，其特点是旅游者厌恶某些旅游产品并设法予以回避。如游客对环境卫生差、小商贩围着游客兜售旅游纪念品、购物场所旅游商品价格虚高、乱"宰客"的旅游景点很厌恶,在旅游线路选择时会尽量避开这类景点。面对否定需求状态,旅游企业营销管理的任务是开导性营销,通过对旅游产品重新设计,改变令人厌恶的成分,使之受游客欢迎。

(二) 无需求与刺激性营销

旅游企业有时会面临无需求状况,其特点是旅游者对旅游产品不感兴趣、漠不关心。面对无需求状态,旅游企业营销管理的任务是开展刺激性营销,设法把旅游产品与旅游者的兴趣联系起来,激发兴趣,创造需求,引导时尚,找到刺激游客兴趣的卖点。如偏僻、道路难行、荒无人烟的地方,游客本无兴趣,但打出"蛮荒、野趣"等主题后,会令游客十分向往。

(三) 潜在需求与开发性营销

旅游企业有时会发现旅游者对某些旅游产品有潜在需求,而市场上却没有这种产品。如果这类潜在需求有一定的规模,旅游企业应进行开发性营销,设计开发与潜在需求相一致的旅游新产品。如旅游企业针对不少旅游者不愿随行团购物的心理需求,设计出没有购物、只有观光游览的"纯旅游"线路,颇受游客欢迎。

(四) 下降需求与扭转性营销

旅游企业有时会发现一些虽然对旅游产品有需求,但需求却呈下降趋势。为遏制需求下降趋势,旅游企业应把营销管理的着眼点放在开展扭转性营销上。旅游企业或通过开发新的旅游产品,或开辟新的旅游市场,或改变原有旅游产品特性,或选择上述两项或三项的组合,来扭转需求下降的局面。

(五) 不规则需求与同步营销

旅游产品需求时间性、季节性较强,有时旺、有时平、有时淡。例如黄金周期间旅游需求十分旺盛,而平时则一般,有时生意甚至很冷清。面对不规则的需求状况,旅游企业营销管理的任务是开展同步性营销,以"熨平"波幅较大的需求曲线。一些旅游企业运用价格杠杆进行"调峰",收益明显。

(六) 充分需求与维持营销

旅游需求量与旅游企业最佳业务量基本一致时被称为充分需求,这对旅游企业而言是理想的状况。面对充分需求状况,旅游企业营销管理的任务是维持性营销,把需求和供给保持在现有水平上,同时还要保证旅游产品质量,以提高旅游者的满意度。

(七) 超饱和需求与低营销

旅游需求水平超过了旅游企业的供给能力,此时就是超饱和需求状况。面对超饱和需求状况,旅游企业营销管理的任务是尽快改变这种"吃不了"的局面。一方面可考虑扩张规模,提高供给能力;另一方面可通过适当提价、减少推销等方式来减少需求;或双管齐下,使供给关系趋向平衡。

(八) 不健康需求与破坏性营销

对不健康旅游产品的需求会引起人们有组织的抵制,如有损人们身心健康的某些有害旅游项目、带有博彩性质的游戏机娱乐项目等。面对不健康需求状况,旅游企业营销管理的任务是进行破坏性营销,拒绝提供不健康的旅游产品和服务。

## 三、源自客源地的影响因素

### (一) 经济因素

经济因素对旅游需求的影响是根本的,任何人都无法突破金钱的束缚。经济因素对旅游需求的影响包括宏观经济影响和微观经济影响两部分。

1. 宏观经济因素的影响

国家整体的经济发展水平和发展趋势、汇率的变动、通货膨胀率的变化、经济发展重心的转移等,这些因素都会影响人们的经济预期,进而对人们各类消费需求产生影响,旅游需求亦包括在内。当国民经济长期保持稳定增长时,人们的经济预期是良性的,对于旅游产品的需求量也会随之增加。或者增加出游次数,或者增加旅游活动中的开支,如多购物、入住更高档次的饭店、乘坐更舒适的交通工具等。汇率的变动会影响人们对旅游目的地的选择。当本国货币贬值时,入境旅游的实际价格下降,就会有更多的外国游客进入该国。从 1994 年到 2005 年 7 月,人民币一直处于价值低估的状态。这一状态使得我国的入境旅游比其他国家具有价格优势,有力地推动了我国入境旅游的连年高速增长,到 2004 年入境旅游人数达到了 1.09 亿人次,跃居世界第四位。

2. 微观经济因素的影响

旅游者可自由支配收入的多少是影响其出游决定的最重要的微观经济因素。可自由支配收入决定了旅游者是否出游、去哪里旅游、出游时长、以何种方式出游等。旅游者的可自由支配收入受到其职业、生命周期、生活习惯等因素的影响,而可自由支配收入的实际购买能力则受到通货膨胀、物价水平等因素的制约。

对营销人员而言,居民可自由支配收入的不断增长意味着,通过改善家居环境而提高生活水平的人也是最有可能出游的人,这些人在旅游过程中需要高质量的产品和服务,因此旅游接待企业的硬件设施需达到一定的水平,才能满足其需要。例如,饭店的家具、装饰水平必须与顾客不断提高的期望同步发展,隔音效果、颜色搭配、卫生间设施、客房装饰、采光等方面,都必须随旅游者需要的变化而不断改进。

### (二) 余暇时间

时间是制约人们外出旅游的另一关键因素。人们的闲暇时间是有限的,其中能够用于旅游的闲暇时间更是有限中的有限。能够用于旅游的闲暇时间只有法定节假日和带薪假期。法定节假日是固定的,而且持续的时间也不会很长,旅游者没有选择的权利,只能根据固定的时间安排旅游活动。目前我国正大力推广带薪假期,但短期内并非每一个人都能够享受到,即使享受得到,旅游者也不可能完全根据自己的意愿选择休假时间,而只能在规定的时间段内休假,有些企业对带薪假期的时间作出了明确的规定,对此,旅游者也没有选择的余地。因此,时间是旅游者不能突破的另一重要限制性因素。因为时间的强制约束力,旅游者不得不放弃某些非常向往的目的地,特别是旅游景观受季节影响较大的旅游目的地。例如,哈尔滨的冰雕世界闻名,特别是对南方游客有很大的吸引力。但是,由于大部分人的年假都在七八月份,因此很多人都不得不放弃哈尔滨,而改选其他旅游目的地。

### (三) 社会因素

社会因素具体包括社会阶层和相关群体。

1. 社会阶层

对个人而言，社会阶层就是人们在社会中所处的位置，会受到职业、收入、受教育水平、价值观、家庭出身等多种因素的影响。社会阶层是具有层次性、同质性、稳定性的社会群体，其特点表现如下：

(1) 同一阶层的社会成员具有类似的价值观和评判是非的标准，其兴趣、爱好也很相近并彼此认同。

(2) 个人所归属的社会阶层决定了其消费能力，同时也影响其消费观念。美国传统的“旧贵族”的一个特点就是简朴的生活方式，他们很少炫耀自己的财富，这证明了很早就拥有金钱的人对于向别人证明自己富有这件事情没有多少兴趣，反而是那些获得财富不久的人才希望向众人展示自己的富有。

(3) 社会阶层并非永远不变，每个人都可以改变自己的社会阶层，既可以进入高阶层，也可以进入低阶层，即社会阶层的流动性。不过，这种阶层的流动性跨度不会很大，而且低阶层的人要为高阶层的人所真正接受，往往需要几代人的努力才能够实现。

(4) 社会阶层会影响到个人所能享有并支配的资源类型。家境良好的人总是能够得到更好的教育资源，有机会接触到社会上层人物，到好大学去读书，他们工作之后获得高层职位的机会也较一般人多。

国家制度不同、文化背景不同，对社会阶层的划分也不尽相同。总体来看社会阶层划分的依据是人们所占有的资源的数量。资源可以分成社会资源和经济资源两大类。社会资源指一个人所拥有的政治权利、人际关系；经济资源则是指个人的财富持有数量。德国的社会学家马克斯·韦伯就指出，人们的等级不是单一维度的，而是根据其社会荣誉、权利、财富等诸多维度来确定的。美国人 W·劳埃德·沃纳将美国社会划分为六大阶层，即上上层、次上层、上中层、次中层、上低层、次低层，这是最早也是最有影响力的美国阶层划分。据其观点，这六大阶层中，中层人数最多，其次是下层，上层人数最少。长期以来，这一结构并没有变化，变化的只是在不同时期不同团体在结构中占据的位置。

中国社会科学院的一项课题报告指出：当今中国存在十大社会阶层，即：①国家与社会管理阶层；②经理人员阶层；③私营企业主阶层；④专业技术人员阶层；⑤办事人员阶层；⑥个体工商户阶层；⑦商业服务业员工阶层；⑧产业工人阶层；⑨农业劳动者阶层；⑩城乡无业、失业、半失业者阶层。

虽然社会阶层的划分依据是多样化的，但是财富的多少却是最根本的阶层决定因素。所以，社会阶层可以分为“有产”和“无产”两大阶层。目前，在中国发展较快的阶级是“中产阶级”，他们拥有较高的文化知识和生产技能，占有中等规模生活资料或生产资料，拥有中等经济收入。其旅游需求具有一些独特性，包括：旅游动机以休闲、放松身心为主；追求时尚、新潮的旅游项目；选择散客自助游的方式比较多；追求旅游的便利性，决策迅速；具有价格刚性。之所以具有这些特点，是由于中产阶级一般工作压力比较大，而担心社会地位下降的“地位恐慌”使得他们需要通过各种努力来维持住这一地位。同时，他们的高收入、高知识水平也影响到他们的旅游决策。

2. 相关群体

相关群体(Reference Group)是指对个人的价值观、态度、信念等的形成产生非常重要的影响作用的人的集合，也称为参考群体或参照群体。群体之间是存在界线的，根据群体界线，我们可以界定个体是否属于某个群体，有助于群体成员集体主义感的形成。群体界线由一些符号或代码所组成，如服饰、资格证书、组织标记等。

按照个体是否属于群体的一分子，可以将相关群体划分为成员群体和象征群体。成员群体是指个体属于该群体，是群体的一员。成员群体又可以根据个体对群体的态度进一步划分为正相关群体和拒绝群体。正相关群体是指个体对于群体的价值观和行为、态度等表示认可，并自觉将群体的规范内化到自身的实际行动中去，他们是保持群体稳定的中坚力量。拒绝群体是指个体虽然是群体的一员，但并不认可群体的价值观念和行为，并积极寻找脱离该群体的机会。这类群体成员往往是迫于环境压力或在没有自控能力时被动地纳入到该群体中去的，他们的存在会给群体的稳定性造成隐患。

象征群体是个体不具有成员资格，但受其影响的群体。象征群体可以继续细分为向往群体和相隔离群体。向往群体指个体虽然不属于该群体，但是非常希望成为群体的一员，他们往往会主动地了解群体的各种规范，并自觉遵循这些规范，期望通过此举来缩短与其他群体成员的距离，减少差异，增加成为群体成员的可能性。一些喜欢登山旅游的旅游者们会关注各种登山队的信息、登山装备的新潮流等，同时还会主动接触登山队员，寻找合适的时机加入某个登山俱乐部或类似的组织。隔离群体指个体不属于该群体，同时对该群体的各种规范也持怀疑或否定态度，从而回避或远离该群体，我们日常听说的反面教材，就属于隔离群体的范畴。

一般来讲，与旅游关系密切的相关群体有以下五类：

(1) 家庭成员。人一生中的大部分时间都是在家庭度过的。家庭成员之间的频繁互动对个体的价值观、信念、态度、言谈举止等均会产生深刻的影响。

(2) 朋友。朋友构成的群体是一种非正式群体，它对旅游者的影响仅次于家庭。一方面，旅游者个体可以从朋友那里获得友谊、归属感，还可以向朋友倾诉一些不愿意或者无法和家人交流的问题。另一方面，结交朋友也是一种独立、成熟的象征。交友意味着个体开始与外部世界中没有血缘关系的人建立联系，标志着个体开始摆脱家庭的单一影响，进入一个更加复杂的人际关系网络。

(3) 正式的社会群体。这类似于旅游者协会、业余摄影爱好者协会等组织。人们加入这类群体，可能基于各种各样的目的。虽然正式群体内各成员不像家庭成员和朋友那么亲密，但彼此之间也有讨论和交流的机会。群体内那些受尊重和仰慕的成员的消费行为，可能会被其他成员谈论或模仿。正式群体的成员还会消费一些共同的产品。

(4) 购物群体。为了消磨时间或为了购买某一具体的产品而一起上街的几位旅游者，就构成了一个购物群体。购物群体内的成员，通常是有空余时间的家庭成员或朋友。在大家对所购产品均不熟悉的情况下，购物群体很容易形成，因为此时旅游者可以依赖群体智慧，从而对购买决策更具信心。

(5) 工作群体。工作群体可以分为两种类型，一种是正式的工作群体，即由一个工作小组里的成员组成的群体，如同一个办公室里的同事，同一条生产线上的装配工人等。另一种是非正式工作群体，即由在同一个单位但不一定在同一个工作小组里工作，且形成了较密切关系的一些朋友组成。

相关群体对旅游者购买行为的影响主要表现在以下几个方面：

其一，信息影响。旅游者在产生购买需要后，会从与其相关的群体中搜集相关的信息，此时群体中其他成员的购买经验就成为旅游者进行决策的一个重要参考资料。此外，旅游者在日常生活中也会受到群体中各种信息的影响，包括他人的旅游经验、对目的地和旅游企业的评价等。旅游者在受到相关群体的信息影响时，可能是被动接受，如群体成员或领导者热心推荐或其他偶然原因获得；也可能是主动获取的。

其二，规范影响。当个体为了迎合群体的期望而采取某些行为，并且这种行为是通过服从的形式发生的时候，我们就说个体受到了群体的规范性影响。规范是指在一定社会背景下群体对其所属成员行为合适性的期待，它是群体为其成员确定的行为标准。群体成员会因为遵守规范而得到某种奖励，如金钱奖励。或者群体成员在不知道怎样正确行动的情况下，会参照其他成员的行动模式，以此来保证自己行为的准确。群体的规范会对群体成员的行为发挥强制性的影响作用，成员或者被迫，或者主动接受并遵守这些规范。

其三，价值表现影响。群体通过左右成员的购买来表现自己的价值取向，群体成员自觉遵循或内化参照群体所具有的信念和价值观，从而在行为上与之保持一致，甚至再用这种价值观和信念去影响群体中的其他成员。

**(四) 文化因素**

文化因素包括文化和亚文化两大类。

1. 文化

文化是人类群体或社会的共享成果，这些共有产物不仅仅包括价值观、语言、知识，而且包括物质对象。文化具有习得性、共享性、指导性、发展性的特点。

文化对于个体的影响是经过长期的潜移默化式的影响而实现的。文化对于旅游者旅游偏好的影响作用，可以通过具有不同文化背景的旅游者旅游偏好的差异加以证明。例如，东西方文化的差异在旅游行为方面表现为：西方人崇尚对外探索，喜欢探险旅游，性格外向，举止和生活方式上喜欢表现自我；东方人提倡适度旅游，反对过于张扬和冒险，对于故土有一种执著的认同感，不易融入异乡社会，在穿着、举止、生活方式甚至思想上都要符合“集体”的准则。在选择出游方式上，东方人一般都愿意选择旅行社为其制订详细的出游计划，要求日程排得满满的，从而达到“游有所得”的目的。详细而周密的旅游计划会使他们安心并得到高质量服务的保证。西方人则与此相反，他们不希望恪守固定的旅游模式，要求旅游速度慢、游览内容少，并且留出足够的时间用于探索新东西，突出旅游的休闲目的。

2. 亚文化

亚文化群体是个体所处的社会中包含的更小的社会群体，该群体中的成员在与其他社会群体共享社会基本文化的同时拥有更具体的、为群体中所有成员所认同并接受的观念和态度。亚文化群体成员对某些方面表现出与主流文化群体较大的差异，如食物、服装、生活习惯等。

亚文化对旅游者的旅游行为会产生巨大的影响作用。例如，虽然同属于东方文化，但日本旅游者却有其独特之处，能够在众多的旅游者中一眼就被识别出来。日本人非常重视团队，表现在行为上就是倾向于集体行动。日本出境旅游者具有“定型化”特征，即从准备到日程安排均有详细的计划做指导。多数日本人更愿意参加旅行社组织的旅游团，参加旅游前的说明会，并努力遵守旅游中的各项要求，在他们看来，这些行为有助于提高旅行的效率。在外表上，我们也很容易识别出日本旅游者，他们中的大部分都是背包加相机、遮阳帽加旅游鞋的打扮。有些日本年轻人会在旅游前购买目的地的旅游手册，并按照手册中的建议穿着打扮。此外，日本人也很喜欢赠送礼物，很多人在旅游出发前都会制定一份礼品清单，按照清单购买、分发礼品。

亚文化群体主要包括以下几种：

(1) 民族亚文化群体。世界上很少有国家是单一民族组成的，我国有 56 个民族，美国则有 2000 多个民族。不同的民族拥有不同的文化传统和风俗习惯，这些差异表现在民族独有的语言文字和生活方式上。不同民族的人在旅游过程中，对于饮食、住宿、娱乐项目、观赏景点等的要求也存在差异。但是，并不是每一个民族都会构成一个民族亚文化群体，这受到民族人数的多少、有无自己的语言文字、对于民族传承性的重视等诸多因素的影响。有些民族因为没有自己的文字且人数太少，在社会发展中很容易被所处的强势民族文化所融合，进而逐渐消亡。民族亚文化群体往往是和地域亚文化群体相融合的，这是因为只有当少数民族的人们聚居在一起，他们的文化才能在当地保持一种强势的地位，不易为其他强势文化所消融，从而保持其独特性。

(2) 宗教亚文化群体。宗教的教规和戒律不仅会限制教徒的行为，也会影响其内心世界。宗教信仰不同，人生目标、生活习惯等也会不同，信仰的差异造成同一吸引物对不同人的吸引力也不同。例如，对于伊斯兰教徒来说，能够到圣地麦加去朝拜一次是他们很多人的梦想，朝圣旅游对他们就具有很大的诱惑力。但是这种旅游对于非伊斯兰教徒来讲就没有很强的吸引力。

(3) 种族亚文化群体。不同的种族，会因为生活习惯和文化传统的差异而形成亚文化群体。我国并不是一个多种族国家，但很多发达国家因为大量的国外移民和土著居民的同时存在，发展成为多种族国家，不同种族的人具有不同的消费倾向，而种族偏见也使得某一种族的人为了维持自己的独特性而特别偏好或排斥某种消费。这种偏好也会对其旅游消费产生影响。

(4) 地理亚文化群体。人们会因为生活地区自然条件的束缚而形成某种独特的文化传统，并产生一些该地区人所独有的旅游偏好，从而促成地理亚文化群体的出现。例如，对于居住在北欧的人来说，西班牙和其他地中海国家提供了享受温暖和阳光的最佳场所；而佛罗里达州则为许多居住在美国东北部各州的美国人提供了便利。

**(五) 政治因素**

一个国家内部的政治稳定与否不仅会影响到该国居民的旅游决定，也会影响到其他地区居民到该国旅游的决定。国内政局动荡不安，人们的出游安全无法得到保障，势必会影响到人们的出游热情，甚至会造成旅游活动的彻底消失。伊拉克战争期间，一般的旅游者不会到那里去旅游，而伊拉克本国居民也不会有出游活动。另外，国家之间的关系也会影响到人们的出游活动，当两国关系融洽时，两国之间的旅游活动得到双方政府的鼓励，必将兴盛起来。但如果两国关系紧张，双方相互的出游活动则会受到一定的影响。此外，国家对旅游活动所制定的政策、法律法规，也会对人们的出游行为产生强制约束作用。例如，2007 年 7 月，20 多名韩国人在伊拉克遭到恐怖分子绑架，其中 2 人被杀害。对此，韩国政府颁布了禁止国民去政局混乱国家旅游的规定，规定中说明如果韩国居民去政府禁止旅游的国家旅游，将被处以一定数额的罚款以及一定期限的监禁。

## 四、源自目的地的影响因素

源自目的地的影响因素包括旅游价格水平和旅游吸引力。

### （一）旅游价格水平

旅游产品的价格及其变化影响着旅游者的消费行为。经济学的需求规律同样也反映在人们对旅游产品的购买上。首先，旅游产品同其他某些商品和服务之间存在替代关系，旅游产品的价格同这些商品或服务价格不同的变化会导致人们对旅游产品需求量的变化。其次，由于人们的收入毕竟是有限的，因此当旅游产品的价格上升时，人们往往会减少对外出旅游的需求，这是由于价格变化所导致的收入效应。

旅游产品的价格是由资源的价值、生产成本、竞争水平和预期利润所决定的。与一般商品的成本决定供给价格、竞争决定成交价格有所不同的是，由于旅游资源的稀缺性和垄断性，旅游产品的价格往往是根据资源对游客的吸引力大小决定的。资源的稀缺性和垄断性强，旅游产品的吸引力就大，游客感知的价值高，就可以定高价，否则就必须以低价进入市场或通过某种手段提高游客的价值感知。

### （二）旅游吸引力

目的地的旅游吸引力是旅游者前往目的地旅游的决定性因素。其中，核心旅游产品的类型和品质决定了旅游者旅游经历的类型和满意度。旅游者会根据自己的需要而选择拥有不同类型的旅游目的地。如果目的地的旅游资源数量多，类型丰富，就会对许多不同细分市场上的旅游者产生吸引力，目的地的市场范围也会随之扩大。旅游产品的品质还会影响到旅游者的重游率，有些旅游产品具有持久而深邃的文化魅力或者娱乐价值，能够吸引旅游者多次购买。

对于旅游目的地和旅游企业来讲，需要通过宣传来树立目的地旅游产品的独特形象，通过持续的改进和创新，保持旅游产品强大的吸引力，实现目的地和企业的可持续发展。

## 五、媒介因素

媒介因素具体包括距离因素和营销因素。

### （一）距离因素

客源地与目的地之间的距离是旅游者能否顺利实现并完成出游活动的决定因素之一。

首先，距离因素表现在客源地与目的地之间的空间距离上，即二者之间的路程问题。受到余暇时间的约束，旅游者必须在有限的时间内完成旅游活动。当余暇时间不长时，旅游者不会选择远距离的旅游目的地。

其次，距离因素表现在客源地与目的地的时间距离上。随着交通工具的不断进步，当空间距离对于旅游者的约束越来越小时，时间对于旅游者的约束就变得日益突出起来。与旅游者空间距离差不多的甲乙两个目的地，甲地有机场，乙地没有机场，那么对于旅游者来讲，到乙地需要花费的时间就可能会超过到甲地所需的时间。在短短的旅游行程中，旅游者更愿意将时间花费在游览、娱乐活动上，减少乘坐交通工具的时间。

最后，距离因素表现在客源地和目的地之间的经济距离，即旅游者在旅游交通上的花费有多少。交通花费越少的旅游目的地，其竞争力就越强。

由于距离因素对旅游市场需求的影响，旅游目的地应注意提高其可进入性，既让旅游者进得来、散得开、出得去，又能够增加旅游者的价值体验，即提供安全、快捷、方便且价格合理的交通工具。

**(二) 营销因素**

传统观点认为旅游需求是旅游者主观创造的产物，是由旅游者的个性、文化素养、职业、经济条件等因素决定的，旅游企业则处于被动的地位，即只能提供各种产品和服务去迎合、满足旅游者的需要，创造旅游需求是不现实的想法。因此，旅游企业特别强调要以顾客为导向，尊重旅游者的旅游需求，根据旅游者的需求提供合适的产品和服务。一些相关的营销理论也随之出现，如一对一营销、定制化营销等等。

但是，需要旅游企业注意的是，旅游需求是能够创造的。消费者首先是一个复杂的社会人，在选择机会众多的情况下，他们的消费行为往往表现出困惑性、迷茫性、可改变性。旅游者在面对多条旅游线路、多个档次相当的住宿设施、琳琅满目的旅游纪念品时，往往不知道该怎样选择，他们更希望有人提供专业的知识来帮助自己作出选择，旅游企业完全可以利用旅游者的这一需要，通过市场宣传活动，激发旅游者深层次的消费需求，创造出新的市场，以此来求得生存与发展。对于旅游企业来说，尊重旅游者的需求固然重要，但是主动创造消费者的需求更加重要。

旅游企业的市场营销活动能够将有关的信息传递给旅游者，如新产品的信息、优惠的信息等等，引起潜在旅游者的注意。同时，恰当的营销活动能够给消费者留下很好的印象，并激起其购买的欲望。

**实训任务：**

围绕“学习导入”部分提出的三个问题，请同学们分组完成以下三项任务：

1. 设计科学、具有可操作性的旅游需求调研方案；
2. 按照方案实施调研；
3. 根据调研结果，撰写市场需求调研报告。

**小链接**

### 市场调研与问卷设计的方法

一、市场调研的方法

(一) 文案调查法

又称间接调查法，是指通过搜集旅游企业内、外部各种现有的文献资料和数据信息进行营销分析研究的一种调研方法，主要用于不需要特别准备的数据资料，只需要了解旅游市场的发展动向的调研。运用这种方法，信息收集容易，成本低。但其时效性差，且受资料全面性、系统性的影响大，多用于旅游企业没有条件进行大规模实际调查的情况。

（二）实地调查法

又称直接调查法，是在周密的调查设计和组织下，由调研人员直接向被调查者收集原始资料的一种调研方法。根据调研方式的不同，实地调研法主要有询问法、观察法和实验法三种。

1. 询问法。询问法是调研人员事先拟定调研提纲，然后才去以访谈询问的方式向被调查者了解旅游市场情况的一种方法。主要包括：

(1) 面谈法：调研人员与被调查者面对面交谈和讨论，听取意见并观察其反映，以便得到较为真实的信息，但该方法成本较高，调研结果受调研人员业务水平的影响较大。

(2) 电话调查法：调研人员通过电话与被调查者交谈获取信息资料的方式。这种方式速度快，且问题便于统一，但时间短，信息不深入、不详细。

(3) 邮寄调查法：将调查问卷表邮寄给被调查者，请他们按照要求填写后寄回，从中获取信息的调研方式。此方法调研范围广，且被调查者在时间、环境较为宽松的情况下回答问题，信息较为真实。但往往存在问卷回收率低，拖延时间长的局限性。

(4) 留置问卷法：调研人员将问卷表当面交给被调查者，并说明意图与要求后，留给其自行填写，再定期收回的调研方式。

2. 观察法。观察法是调研人员在现场对被调研人员进行直接观察或借助仪器设备进行记录以获取相关信息资料的方法。此方法最大的优点是能客观、真实地反映被调查者的实际行为和心理状态，资料真实可靠，对酒店服务质量、景点游客人数、旅游商场购物行为等方面的调研较为适合。如在酒店的餐饮中，营销人员可通过观察顾客用餐时的面部表情，听取对菜肴的评价来判断顾客对本酒店产品的满意程度。

3. 实验法。实验法是指将被调研对象置于特定的控制环境下，通过测量外界因素变化和相应的结果变化来发现它们之间的因果关系，获取信息资料的调研方式，是因果关系调研中经常使用的一种行之有效的方法。其优点是方法科学，资料真实。但由于客观市场营销环境异常复杂而严重影响试验结果的推广。

二、调研问卷设计

在利用函件通信和留置问卷调研时，问卷设计是关键，因为问卷设计是否科学有效直接关系调研的效果和取得的资料的真实性。一份完整的调查问卷由三部分组成：一是问卷说明，二是要提出的问题，三是个人资料。在这三部分中，中心是要设计提出的问题。

（一）设计问卷时应注意的问题

在问卷中，问题部分的设计非常灵活，要搜集的信息可以通过不同的形式去提问，问题的提问形式不同，获得的信息的表达形式也不同；问题的表达形式和排序不同，被调查对象对问题的理解和回答问卷的兴趣也不同。因此，在问卷设计中，必须对提什么问题、问题的形式、提问的措施以及问题的排序进行认真的研究。具体而言，设计问卷应注意以下几点：

1. 避免多义性问题

问卷的用词必须简单明了、含义清楚，切忌模棱两可、让人捉摸不清。

2. 避免一般性问题

问卷的本来目的是要取得某些特定的资料，但如果所提出的问题过于一般化，就会使得被调查者感到回答问题没有多少实际价值，使整个调研活动失去意义。

3. 避免引导性问题

问卷提问中所采取的措辞或语气不能带有某种倾向，或者暗示调研人员自己的观点或希望获得的答案。

4. 避免困窘性问题

凡涉及个人隐私或有碍声誉的问题以及不能为社会道德规范和文化风俗所接受的问题，都应给予避免。

5. 避免假设性问题

先假设一种情况，然后得知被调查人在假设的情况下将采取何种行动，这种提问方式常得不到真实的答案。

(二) 问卷设计的形式

根据具体情况的不同，问卷上的问题可以采用不同的形式，主要有以下几种：

1. 开放式问题

回答这种问题时，被调查对象可以自由回答问题，不受任何限制。换句话说，就是事先不规定答案。

例如："你为什么会选择到旅行社报名参加团体旅游活动?"这种问题的优点是被调查对象可以按自己的意见进行回答，不受限制，而且调研人员可以获得较为全面的答案。缺点是答案过于分散，不利于统计，若是由旅游调研人员记录答案的话，还容易产生调研人员的了解误差，使答案与被调研对象的本意出现偏差。

2. 封闭式问题

这种问题与开放式问题相反，它的答案已经事先由调研人员设计好，被调研对象只要在备选答案中选择合适的答案即可。封闭式问题又可以分为两项选择问题和多项选择问题。例如下列问题：

你是否准备在今年的"十一黄金周"与家人一同外出旅游？(　　)

A. 是　　　　B. 否

以上是一个两项选择问题，这类问题通常列出性质相反的两种答案。

下面是一个多项选择的问题：

你选择××旅行社参加团体旅游的原因是：(　　)

A. 朋友介绍　　　　B. 价格便宜

C. 服务好　　　　D. 随意选择的，没有特殊原因

封闭式问题的答案都是事先拟订，因而便于统计分析。封闭式问题还便于被调查对象选择，能够节省调查时间。但封闭式问题也有自己的缺陷，就是限制了被调查对象的自由发挥。被调查对象的答案可能不在所拟订的答案之中，因而他们也许会随意选择一种并非真正代表自己意见的答案。所以，在决定采用开放式问题还是封闭式问题时，必须考虑到问题答案的分散程度，如果

可能的答案较多，用封闭式问题会使答案的范围过于狭窄。在实际调研中，旅游营销调研人员常常结合开放式问题的特点，采用在末尾安排开放式问题的方式来解决这一问题。例如：

你选择××旅行社参加团体旅游的原因是：(　　)

A. 朋友介绍　　B. 价格便宜　　C. 服务好　　D. 其他________

在选项的末尾加上答案"D. 其他________"，使之成为开放式问题，这样，如果被调查对象由于其他原因选择了该旅行社，就可以选择答案D，并加以说明。

3. 态度测量问题

这是用来测量态度强度的问题。态度测量是市场调研中一个很重要的内容，设计问题的具体形式有很多种：

(1) 顺位式问题。即先列举若干答案，被调查对象根据自己的看法定出先后顺序。例如：

请根据食品质量，为下列酒店的餐厅评定等级。在食品质量最高的餐厅旁写上1，在食品质量第二好的餐厅旁写上2……在食品质量最差的餐厅旁写上5：

A酒店中餐厅________　B酒店中餐厅________　C酒店中餐厅________

D酒店中餐厅________　E酒店中餐厅________

顺位式问题的优点是：给予被调查对象一系列项目进行选择，旅游营销调研人员很容易对调查结果进行列表分析。缺点是：被调查对象对众多项目往往很难排定等级；项目排列顺序可能会引起倾向性，被调查对象可能会偏爱第一项和最后一项；营销调研人员无法了解被调研对象为什么这样排列顺序。

(2) 语意差别式问题。这是通过文字的不同含义来区分态度强度的问题。例如：

你今年"十一黄金周"想出去旅游吗？

A. 很想去　　B. 想去　　C. 不一定　　D. 不想去

E. 很不想去

(3) 数值尺度式问题。这是用数值来表示态度强度的问题。例如：

你认为××旅行社的服务质量：＋3＋2＋1－1－2－3

## 任务三　旅游营销环境分析

**任务目标：**

通过本次任务的学习和训练，你应该掌握从哪几个方面去分析企业的市场营销环境，哪些环境因素对旅游企业的经营至关重要。要达到学习要求，必须：

1. 了解形成旅游企业市场营销宏观环境的主要力量；

2. 了解构成旅游企业市场营销微观环境的关键环节；

3. 掌握旅游市场营销环境分析与评价的基本技能。

**学习导入:**

李小强在同学们的帮助下,了解到乡村旅游目的地对青年学生的吸引力到底有多大,令他对公司的市场前景充满信心。但当他去构想景区未来的总体营销战略时,总感觉像在迷雾中航行,市场需求就是远方的灯塔,虽然已经看到灯塔射出的光,但通往灯塔的航道仍然情况不明。在市场营销中,了解通往灯塔的航道是否安全、是否有暗礁、是否有风可以借势,就需要做“营销环境分析”。

## 一、旅游营销的宏观环境

旅游并非人们的生活必需,一场计划已久的旅游活动很可能会因为一场大雪、一次禽流感、一波汇率下滑、一个体育盛事而调整或取消。这只是一个局部的例子,告诉我们旅游业是一个高度开放的系统,许多企业无法控制、甚至难以预测的外部因素都能够对它产生影响。我们把影响旅游市场营销的宏观环境分解为七大主要力量,包括政治法律、人口、社会文化、经济、自然、科技、交通运输等。旅游企业开展市场营销,必须关注这七大环境因素的特征和变化,适应它的特点,了解它的趋势,有助于形成对环境变化更加积极和灵活的应对策略。

### (一) 政治法律环境

政治法律环境是影响旅游企业开展营销活动的重要因素,它包括政治环境、法律环境等,属于企业不可控因素。

1. 政治环境及其影响

政治环境包括政局、政府态度等,它们直接影响着旅游行业的发展和旅游企业的营销活动。

(1) 政局

政局是重要的政治环境因素之一。政局稳定是旅游市场营销活动得以正常进行的基本条件。一个国家的政局不稳定,旅游业首当其冲受到影响。政局是否稳定,涉及游客安全是否有保障以及旅游企业经营安全问题,其风险往往是旅游市场营销最大的外在风险。

(2) 政府态度

政府对旅游业的态度是政治环境的另一个因素,对旅游企业市场营销也有重大影响。如果政府把旅游视为吃喝玩乐、游山玩水,旅游市场就难以发展;如果政府把旅游业务经营机构作为接待性质的事业单位而不是作为自主经营、自负盈亏的企业,就谈不上什么市场营销。

2. 法律环境及其影响

旅游市场总是在一定的法律制度和道德规范下进行的。从约束力大小看,法律约束对旅游市场营销约束力最强,其次是制度性约束,再次是商业道德约束;从约束的层次看,旅游市场营销最起码要守法经营,较高的层次不仅要守法经营,而且要遵守有关制度，最高境界是恪守商业道德。

随着市场经济及旅游业的发展，为防止不正当竞争、保护旅游者利益、维护社会利益，各国政府纷纷出台许多规范旅游市场的法律和法规，来约束旅游企业的经营行为。这些法律法规主要有：

(1) 以规范旅游企业竞争为目的的法律法规

随着旅游市场竞争的加剧，一些旅游企业为在竞争中打败对手或凭借实力兼并同行、垄断市场，或通过低价竞销手段击垮对手，或凭借政府赋予的部分权力排斥竞争，如目前我国出境旅游业务就具有特许经营性质，因获得这种资格的旅游公司较少，故带有一定的政策垄断色彩。

为解决市场竞争的诸多矛盾冲突，规范市场竞争行为，各国政府纷纷出台相关法律，如美国的《谢尔曼反托拉斯法案》，中国的《价格法》、《反不正当竞争法》等。中国旅游业的基本法《中华人民共和国旅游法》已于 2013 年 10 月 1 日正式实施。

小链接

## 《旅游法》“十一”正式实施　旅游团涨价属理性回归

中国首部《旅游法》于 2013 年 10 月 1 日正式实施。业内人士表示，这部法律对旅游者的权益进行最大限度的保护。不过随着法律实施日期的临近，各大旅行社旅游团费均有不同幅度的上升。中国国家旅游局表示，旅游团涨价属理性回归，建议游客应理性消费。

近期，不少打算报团旅游的游客可能会发现，在今年 10 月 1 日前后，旅行社团费有较大的差距，记者走访了一些旅行社，在出境游方面平均涨幅达到 50%，国内旅游达到 20%—30%，那么，价格的上涨是否与《旅游法》的实施有关呢？中国国家旅游局政法司副司长李磊说：“旅行社以低于接待和服务实际费用的价格招徕旅游者，再通过安排旅游者在旅行社指定的具体购物场所购物、参加另行付费旅游项目等手段，获取不正当利益来弥补成本，即社会俗称的‘零负团费’的做法，是一种违反市场经济规律的、扭曲的经营模式，对旅游者合法权益和健康的市场竞争带来的负面影响和危害极大。因《旅游法》严禁旅行社‘零负团费’经营，旅游团费的上升，是剔除旅行社行业各种‘潜规则’、恢复规范经营模式的正常反应和理性回归。”

对于中国很多消费者来说，平时“跟团旅游”最担心的问题就是交了团费后又要支付一些隐藏的费用，如强迫购物、额外付费等等，而遇到问题后往往又投诉无门。针对这些问题，中国国家旅游局政策法规司司长刘小军表示，《旅游法》的实施将消费者消费的项目透明化。刘小军说：“把原来那种不公平不公开的经营方式产生的费用，拿到桌面上，原来是通过不正当的手段去牟利，现在通过合法经营，让消费者明白，这不是涨价，而是理性的回归。”

业内人士也提醒消费者要理性消费，谨防旅行社以各种方式诱骗购物或者参加另行付费旅游项目。中国消费者协会秘书长姜天波说：“消费者不要因为贪图便宜而吃亏上当。在实践中,有的旅游者认为,团费越便宜越好,导致消费者比较旅行团就用价格作为选择的依据,天下没有免费的午餐,旅行社以低于成本的团费诱使游客报名后,必然会从你的二次购物利润中得到解决,旅游者抱着'我坚决不购物'的心理,但往往被不自觉的引导和强迫性购物,导致吃亏上当。因此,旅游者在签订合同时一定要谨慎,仔细看清合同每一项内容。一定要理性。"

不过,也有消费者担心,《旅游法》的实施可能会带来旅游价格的上涨。对此,国家旅游局有关负责人以及旅行社的人士认为,全国有2.6万个旅行社,市场竞争压力很大,价格上涨的同时就意味着可能会失去消费者,在目前已经因价格上涨流失客源的情况下,多数旅行社在市场机制下不会雪上加霜。此外,国家旅游局还强调,将对不法经营者借此抬高团费和蒙骗游客的行为进行查处。

(资料来源:人民网旅游频道)

(2) 以保护旅游消费者权益为目的的法律法规

为保护旅游消费者正当权益不受侵害,保证旅游消费者在正当权益受到侵害时得到应有赔偿,我国出台了《消费者权益保护法》、《国内航空运输游客身体损害赔偿暂行规定》及航空、铁路、公路运输等有关游客人身财产损害赔偿的法规。有关部门出台了《旅游安全管理暂行办法》、《旅游投诉暂行规定》、《中国国际旅游价格管理暂行规定》、《旅游外汇管理办法》、《中国公民自费出国旅游暂行办法》、《边境旅游暂行管理办法》、《关于星际饭店价格的有关规定》、《旅行社管理条例》等。这些法规全部或部分以保护旅游消费者合法权益为目的。

(3) 以维护社会利益为目的的法律法规

在旅游市场营销活动中,经常会遇到权益利益相冲突的问题。为此,国家颁布了调整两者利益关系的一系列法律法规。涉及旅游业和旅游市场的法律法规有:《风景名胜区管理暂行条例》、《中华人民共和国自然保护区条例》、《野生动物保护条例》、《野生植物保护条例》、《中华人民共和国文物保护法》、《中华人民共和国环境保护法》、《中华人民共和国水污染防治法》、《中华人民共和国消防条例》、《娱乐场所管理条例》、《旅游安全管理暂行办法》等。

在国际上,许多国家也都制定了在各自国家进行旅游市场营销时必须遵守的法律法规,如许多国家的法律法规都规定了旅游企业在开发自然旅游资源中必须采取措施保护生态环境,防止出现破坏性建设和建设性破坏问题;在开发利用人文景观时,必须以保护为先,在保护中开发,在开发利用中更好地保护文物古迹;在开发旅游项目时,必须防止"三废"污染、噪声污染等问题。

国际旅游组织也通过一系列国际法律法规,如1995年可持续旅游发展世界会议通过的《可持续旅游发展宪章》和《可持续旅游发展行动计划》成为世界范围内指导旅游市场可持续营销的行为准则。

### (二)人口环境

旅游者是旅游市场的主体,旅游市场是由既有旅游愿望又有支付能力的人组成的。从人口环境角度分析,人口总量、性别结构、年龄结构、教育程度、职业、地理分布、人口密度等都会对旅游市场营销产生重大影响。

1. 人口总量的发展变化及其影响

从人口环境的大趋势看,人口总量增长快,人口环境呈现新动向。1914 年世界人口为 20 亿,到 1970 年增长到 36 亿,1990 年为 55 亿,截至 2013 年 1 月,全世界人口达 70 亿,人口呈现"爆炸性增长"趋势。中国、印度等许多国家正面临着越来越大的人口膨胀压力,而北美、中西欧等地区人口增长缓慢,有的国家人口增长率为零甚至为负增长。1995 年 2 月 15 日,我国人口总量(不包括香港、澳门特别行政区和台湾省)达 12 亿,截至 2013 年 2 月,中国人口突破 13.5 亿,仍为世界第一人口大国。我国由于人口众多,加上经济发展速度快,从旅游人次上看,我国已成为世界最大的国内旅游市场。

2. 人口老年化趋势及其影响

近年来世界人口老龄化趋势明显,包括中国、日本等在内的许多国家,老龄人口比重超过 10%,进入了老年化社会。到 21 世纪中叶,中国的老年人口将超过 4 亿,占到全国总人口的 1/4 左右,"银发"旅游市场面临着新机遇。相应的,在老龄化人口结构中,青少年所占比重相对下降,青少年旅游市场面临着新挑战。

3. 人口流动的区域化和国际化趋势及其影响

近年来,人口的流动性越来越大,并呈现区域化、国际化趋势。过去由于人口的流动性较小,人们的消费观念、消费习惯、消费方式有明显的地域性,但是随着人口的流动性增大,因地域不同所导致的消费观念差异逐渐消失,旅游企业开始面对一个人口在全球范围流动的大市场,全球人口流动潜藏着巨大商机。

4. 女性与儿童地位的提高及其影响

随着女性的政治、经济地位的大大提高,所谓的"辫子旅游市场"将展现风采;随着儿童在家庭中的中心地位进一步突出,满足新生代旅游消费需要的所谓"太阳市场"也将有较大潜力。

5. 人口地理分布及其影响

西方发达国家的人口 80%以上集中在城市,而发展中国家的城市化水平较低,大部分人口集中在农村。分析国际旅游市场客流规律可见,城市化水平高的西欧地区、北美地区,区域内客流较为密集,与其他区域相比较,这两个区域之间的游客流量最大。我国地处东亚,周边邻国多数都是发展中国家,与世界两大主要客源市场空间距离较远,因而从地域条件看,我国东部和中部地区人口密度高,西部地区人口密度低,西藏、新疆等地有的地方每平方公里甚至不到 1 人,这种状况决定了我国东部和中部地区是旅游企业争夺国内旅游市场的主战场。人口大省河南、四川、江苏、广东、山东、湖北等省也成为国内旅游大省。

6. 人口的收入情况及其影响

2006 年,我国人均 GDP 超过 1000 美元,但各地经济发展不平衡,东部地区经济较为发达,部分沿海地区的人均 GDP 已接近中等发达国际水平。旅游消费是高层次消费，只有人均收入特别是人均可任意支配收入较高时，旅游消费才会形成气候。东部地区由于收入高，因而旅游市场规模相应较大，中部地区次之，西部地区旅游市场规模较小。同一地区人均收入也有较大差异，如城市高于农村，城郊地区的农村又高于远郊地区等。这些都是旅游企业在运作市场时值得重视的环境因素等。

**(三) 社会文化环境**

社会文化因素的内容十分广泛，包括价值观念、社会风尚、宗教信仰、语言文字、文化教育、民俗风情、道德观、婚姻制度等。不同的国家和地区、不同的民族，有不同的价值观念、行为准则和生活方式。异质文化对旅游者有极大的吸引力，向旅游者呈现现实空间维度等，都会吸引游客游览。分析目标旅游市场的社会文化环境，有助于旅游企业制定适应社会文化环境的营销战略和策略。

1. 价值观念与宗教信仰及其影响

旅游者的价值观念会影响其对旅游产品的评价，符合其价值观念要求的旅游产品就会被认为是好产品而受欢迎；相反，不符合其价值观念的旅游产品就会被认为是不好的产品而受到冷遇，甚至会遭到抵制。因此，旅游经营者要充分认识旅游者价值观念对市场营销的影响作用。

当今的旅游者越来越注重自我实现，体现其个人价值和个人成就的旅游产品受到青睐。自助旅游线路的推出就十分受这些游客的欢迎。体现参与乐趣的旅游项目很能吸引游客，如“做一天中国农民，体验中国农家生活”对西方客人很有魅力；再如，在参观民俗风情表演的旅游项目中，旅游者既是观众，又可上场表演，这对许多游客来说很有吸引力。在旅游活动中，旅游者渴望开放、放松的人际关系，营销活动和旅游组织过程展现亲和力、营造轻松的环境氛围将给游客留下深刻印象。

旅游市场营销活动还必须尊重游客的宗教信仰，否则会引起客人的反感和不满，对旅游企业的市场营销产生不利影响。

2. 生活方式和行为准则及其影响

分析旅游者生活方式和行为准则，可以使旅游企业市场营销活动适应各类旅游者生活方式和行为准则的要求。按生活方式和行为准则可以把旅游者分为五类。

(1) 革新型。这类旅游者观点新颖，不随俗，爱创新，往往会引导旅游企业找到新卖点。

(2) 探险型。这类旅游者富于冒险，冒险旅游往往让其趋之若鹜。

(3) 逃避型。这类旅游者倾向逃避现实，十分向往宁静幽雅的环境。

(4) 自我型。这类旅游者往往追求个人旅游需求的满足而不太考虑其对社会、对他人的影响。

(5) 大我型。这类旅游者很重视社会公德，爱护环境，如游客认同“世界万物、生命之网”，在旅游活动中注意保护环境，破坏性建设的旅游项目对他们来说是“抵制性需求”。

3. 文化教育和语言及其影响

人们的文化水平、受教育程度和所使用的语言，对旅游市场营销会有一定的影响。

(1) 文化教育

科教强国已成为许多国家和地区的共识，世界教育的发展势头迅猛，人们受教育程度逐步提高，文化水平不断提高。其中，欧美等国家的高等教育已实现普及化，中国等部分发展中国家的高等教育正从“精英教育”阶段迈向大众化教育阶段。文化教育事业的发展，对未来旅游产品开发和旅游服务项目设计提出了更多的要求，也为网络营销等新型旅游营销手段的运用创造了良机。

文化程度高的人，往往收入水平也较高，成为旅游者的可能性也越大。这些人旅游意愿较强，知道自己旅游应追求什么。文化教育的普及，使旅游者队伍不断壮大，并呈现出新的特点。教育旅游、修学旅游本身也成为旅游的新热点。

(2) 语言

语言包括口头语言、书面语言和形体语言三种。语言的差异往往导致经营者与旅游者沟通上的困难，有时甚至因语言表达不当而引起客人误解。如有的国家点头表示否定、摇头表示肯定，即使是同样的肢体语言却可能有不同的理解。中国人常用的几句问候语，在旅游企业员工与外国旅游者或客户进行沟通时却不一定恰当。

**(四) 经济因素**

旅游市场不仅需要人口，而且需要购买力。根据旅游经济学的基本原理，成为旅游者的最基本条件是“有钱”和“有闲”。“有钱”是指要有一定的收入，特别是个人可任意支配的收入；“有闲”是指要有一定的闲暇时间，特别是个人可任意支配的时间。这两个条件都与社会经济发展状况和经济周期有关。社会经济越发达，旅游市场规模相应也就越大。当宏观经济处于景气或繁荣阶段时，旅游市场也会较兴旺，而在宏观经济处于衰退或危机阶段时，旅游市场也随之凋零。在经济全球化时代，世界经济状况对许多国家的旅游市场特别是出入境旅游市场会产生重大影响。

1. 世界经济及其影响

中国旅游市场与世界经济联系日趋紧密，特别是加入 WTO 后，中国旅游市场与世界经济的依存度进一步提高。2006 年中国的入境旅游接待人数达到 1.25 亿人次，其中入境过夜旅游人数 4960 万人次，旅游外汇收入 335 亿美元，我国已成为全球第四大入境旅游接待国，旅游外汇收入居全球第六位，入境旅游已成为我国最大的国际分贸易领域。世界经济和区域经济状况在很大程度上影响中国的入境旅游市场。

2. 国民生产总值和个人可任意支配收入及其影响

国民生产总值(GDP)与旅游市场的发育程度密切相关。一般认为当人均 GDP 达 300 美元时，近距离旅游需求产生；人均 GDP 达 600 美元时，旅游业开始起步；人均 GDP 达 800 美元时，国内旅游市场进入“起飞”阶段；人均 GDP 达 1000 美元时，跨国旅游转旺；人均 GDP 达 3000 美元时，洲际旅游需求兴盛。2006 年我国人均 GDP 超过 1000 美元，国内旅游市场已进入了加速发展阶段，沿海地区、大中城市的出境旅游市场十分红火，商机无限。与旅游市场关系十分密切的是个人可任意支配的收入。公式为：

个人可任意支配的收入 = 个人收入 − 税收 − 生活必需品开支

由于旅游需求是追求高层次精神文化生活的需求，是追求享受和发展的需求，不属于基本生活需求。因此，分析个人可任意支配的收入对旅游市场营销更有价值。一般情况下，当个人可任意支配收入提高时，旅游市场营销的机遇随之增加。

3. 储蓄、投资与消费及其影响

一般情况下，人们不会把个人可任意支配的收入都用于旅游消费。人们会把个人可任意支配收入中的一部分用于投资，如购买股票、国债、企业债券等，另一部分则用于储蓄，只有一部分用于消费(包括旅游消费)。在可任意支配收入不变的情况下，储蓄率高时，即期消费支出就会降低，即期旅游支出一般也会下降；相反，储蓄率低时，投资降低时，即期消费支出会增加，即期旅游支出一般也会增加。2007年1月人民币储蓄存款余额16.2万亿元，同比增长9.3%，潜在购买力巨大。我国银行业已推出了旅游消费信贷，但目前是启而不动，主要原因是在东方文化背景下，人们大都不愿借钱旅游，加上居民信用制度不健全，办理旅游消费信贷手续繁琐，影响了旅游消费信贷的发放，带给旅游市场营销机会甚少。

4. 经济周期及其影响

经济周期是宏观经济呈周期性循环。经济周期分为四个阶段：繁荣期、衰弱期、萧条期和复苏期。一个国家和地区的经济处于经济周期的哪个阶段，也直接影响旅游业的发展：繁荣期意味着该地区的国民收入和经济活动高于正常水平，这一阶段的特点是生产迅速增加、投资增加、信用扩张、就业增加、价格水平上涨、公众对未来非常乐观，人们愿意把富余的收入花费在旅游上；萧条期意味着该地区的国民收入和经济活动低于正常水平，这一阶段的特点是生产急剧减少、投资减少、信用紧缩、失业严重、价格水平下降、公众对未来非常悲观，人们较少进行旅游消费；衰退期是从繁荣期到萧条期的过渡时期，人们用于旅游方面的支出比繁荣期大为减少；复苏期是从萧条期到繁荣期的过渡期，人们用于旅游方面的支出比萧条期明显增加。

**(五) 自然环境**

旅游企业市场营销必须考虑自然环境因素。对旅游者而言，优美的环境本身就具有“挡不住的诱惑”。不利的自然环境，经过换位思考，通过市场运作，也可能成为游客的向往之地。

随着社会经济和旅游业的发展，环境污染等问题日益突出，青山绿水在一些环境污染问题较为突出的地区已成为“稀缺资源”，“环境安全”问题日益受到重视。

旅游市场经营中，受“无烟工业”观念的影响，出现了不少破坏环境、污染环境等问题，表现为：旅游景观因超过环境容量的开放，造成资源退化，景区建设“伤筋动骨”，导致水土流失严重、美景不再；旅游饭店众多，废水、废气、废渣不能达标排放；旅游旺季，特别是旅游黄金周期间，许多景点人满为患，旅游车辆浓烟滚滚，成为“旅游公害”。旅游业的可持续发展问题显得十分突出。

在旅游市场经营中，要改变一味以追求经济效益为中心的“改造自然、征服自然”的传统观念。下面的案例就是这种传统观念所带来的后果。

旅游企业在市场营销中应强调人与自然和谐，保护环境就是保护旅游经营的生存空间。旅游企业在市场营销活动中也要讲究生态效益和环境效益；通过对旅游景点和旅游项目的科学开发，既为山河增色，又提高旅游景点的“含金量”；旅游企业还应通过文明的经营行为，增强游客环境道德意识。

日趋严峻的环境问题引起了社会各界的广泛关注，唤醒了人们的“绿色”意识，绿色旅游已成为一种时尚。据估计，全世界每年绿色旅游收入在200亿美元以上，绿色旅游成为一种高雅的旅游形式，旅游企业的绿色营销也就应运而生。树立绿色营销理念，发现旅客绿色需求，制定绿色营销战略，确定绿色定位，开发绿色资源和绿色产品，打造绿色品牌，拓展绿色营销渠道，实施绿色沟通与促销手段，推行绿色营销管理。某省根据其绿色旅游资源优势，打出了"没有污染长寿岛，回归自然好去处"的旗号，吸引了大量喜好绿色旅游的客人。绿色营销在国际上也有许多十分成功的案例，如地处中欧的瑞士是个矿产资源稀少而山川美丽的小国，它的重要资源就是自然风景，通过瑞士人的市场运作，瑞士的旅游业与钟表业构成两大产业，成为瑞士的支柱产业。

在旅游市场营销中，要警惕突发性自然灾害的影响。我国台湾省2000年的"9·21"地震、2001年9月的"百合"台风，都对岛内旅游区带来了严重威胁，再加上政治因素，台湾旅游市场受到很大冲击。

**(六) 科技**

"科学技术是第一生产力。"20世纪60年代以来，以电子技术为代表的新技术革命，使劳动生产率大大提高，极大地丰富了社会产品，也促进了旅游交通的改进，缩短了旅游的时空距离，并使旅游更安全、更快捷、更舒适。劳动生产率的提高，使人们的工作时间缩短，闲暇时间增多，带薪假期延长。随着传统的工业社会向信息化社会迈进，网络营销成为旅游市场营销的新宠。又因为E时代带给人们更多的是虚拟空间，使人们更渴望真实的人文关怀，旅游营销活动中的情感营销、个性化营销、文化营销因而更凸显其价值。E时代的旅游者要求在旅游市场上有更大的发言权。面临"信息化"的诸多现实，旅游企业正由传统集权型、多层次、垂直结构转型为分权式、扁平化、柔性化结构。构建适应E时代潮流的新型企业文化，重塑旅游市场营销的营销理念，将更为旅游企业所关注。

现代科学技术广泛运用于旅游经营和旅游景点的开发，其中不乏成功案例，但应当注意到科学技术有时也是一种"创造性破坏"的生产力。如深圳"世界之窗"等三大人造景观借助现代科技开发，取得了巨大成功，一时间不少地方纷纷效仿，不顾市场条件、不顾对环境的破坏，一哄而上大建科技含量虽高但品位却很低下的人造景观，一些人造景观建成后即成为"旅游垃圾"。

科学技术的发展使得旅游企业与游客或潜在游客之间的沟通更为便捷(如通过B to C平台)，成本更为低廉，对游客的个性化需求可以针对性地予以满足。网络虚拟旅游，还能把人们带入栩栩如生的旅游景点，让许多人足不出户便可游遍名山大川、古迹名胜。

科学技术的发展，特别是旅游网络营销平台的出现，导致旅游市场竞争更为激烈，旅游者信息来源更为广泛，旅游需求变化速度加快，"见异思迁"的游客会增多，对特定旅游企业和旅游产品的忠诚度会下降，旅游企业之间争夺游客由"一对多"转变为"一对一"、"多对一"的形式，旅游市场竞争日趋白热化。

**(七) 交通运输**

交通运输环境是影响旅游市场营销的重要因素。旅游者出行的安全性、便捷性、舒适性对旅游质量有很大影响，特别是旅游景点的可进入性还是景点营销成败的关键因素之一。一些旅游景点由于交通不便，不少游客乘兴而来、扫兴而去，甚至有“花钱买不自在”的抱怨；一些旅游饭店生意曾十分兴旺，但随着自驾车来消费的宾客增加，却因泊车场所严重不足而失去了昔日的风光。

现代交通运输条件的改善，大大缩短了通往旅游地的时空距离。如波音 747 - SP 型飞机飞行速度已达每小时 1000 千米，高速公路车速可达每小时 100 千米以上。便捷舒适的交通为旅游市场的发展创造了良好的条件。

旅游交通工具的进步，还为旅游市场带来了新型游客。例如英国的“伊丽莎白皇后号”、德国的“欧洲号”、美国的“君王占领号”等大型游轮举世闻名，我国长江旅游船年接待能力已达 45 万人次。一些旅游交通工具还丰富了旅游产品，如滑竿、旅游缆车、雪橇等特色旅游交通工具本身就是旅游市场上吸引力很强的旅游项目。

旅游交通运输条件的改善给旅游市场带来了新机遇，但经营者也要警惕因突发交通事故而导致的经营危机，如 2001 年我国台湾省的华航空难曾一度导致赴台观光的游客下降。

## 二、旅游营销的微观环境

一次完整的旅游经历包含食、住、行、游、购、娱等六大要素，六大要素决定了旅游者的主要消费需求。由于这六大需要所涉及的产品数量庞大、品种繁多，仅仅依靠单个旅游企业很难完全满足。旅游企业围绕六大要素形成专业分工，并相互合作或竞争，形成了旅游产业的生态环境，决定了旅游营销的微观环境。旅游营销微观环境中的主要参与者及其相互关系如图 1 - 1 所示。其中，旅游供应商→旅游企业→旅游营销中介→旅游者链条为营销系统的核心链条，它们之间相互依存、相互影响。

图 1 - 1 旅游市场营销微观环境中的主要参与者及相互关系

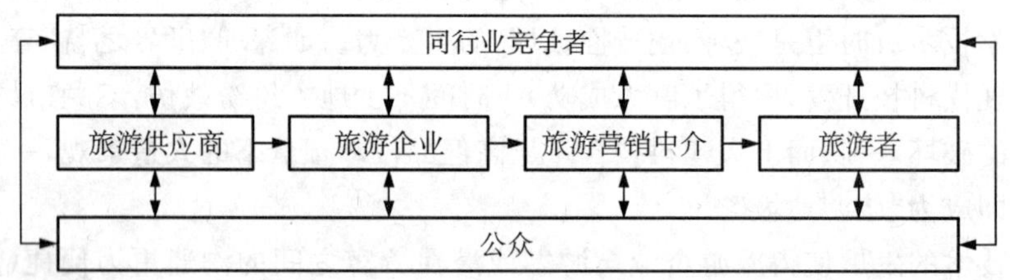


### (一) 旅游企业

旅游企业内部环境是旅游市场营销的可控环境，包括人力资源状况、技术实力、资金实力、运作市场的能力、企业组织结构、管理模式、企业文化、品牌印象度、知名度和美誉度等。对于旅游市场营销而言，企业内部各部门之间相互配合的默契程度十分重要。因为旅游企业经营基本上是面对面的服务，顾客满意程度体现在对购买和消费旅游产品和服务全过程的满意程度，任何一个环节出了问题，都会导致顾客对整个旅游企业的不满。

**（二）旅游供应商**

旅游供应商是指向旅游企业提供满足其经营活动所需各种资源的企业。如向酒店提供客源的旅游公司，向旅游公司提供客房、餐饮产品的酒店，向旅游公司提供观光场所的景点单位，向旅游企业提供位置产品的生产单位，提供旅游交通服务的运输企业，等等。

旅游供应商所提供产品和服务的数量、质量、时间、价格等对旅游企业市场经营活动有一定影响，如在每年的三个旅游黄金周期间，由于某些产品和服务不能充分保证供给，有些旅行社不得不婉拒游客；还有一些企业因供应商所提供的旅游产品数量和质量没有保证而与对旅游企业产生不满情绪的游客对簿公堂。

**（三）旅游营销中介**

旅游市场营销中介是指协助旅游企业推广的单位，销售和分配旅游产品给旅游者的所有企业和单位，包括旅游中间商、实体分配企业、旅游市场营销服务机构和金融机构等四类。

1. 旅游中间商

这是指协助旅游企业寻找旅游者或直接与旅游者交易的旅游中介企业，包括旅游经销商和旅游代理商。旅游经销商包括旅游批发商和旅游零售商，其特点是通过购买旅游产品的所有权，再把旅游产品转卖给旅游者；旅游代理商的特点是不取得旅游产品的所有权，而是根据一定的价格条款，按售卖数量的多少，从旅游产品生产者或提供者处取得佣金。旅游产品生产者或提供者需要与中间商打交道，依靠中间商去分销旅游产品，扩大旅游市场的范围。

2. 实体分配企业

实体形态的旅游产品与其他产品并无多大区别，只不过它的售卖对象是旅游者。要解决生产与销售的时空矛盾，实体形态的旅游产品的生产者常常需要仓储公司、运输公司的协助，依靠这些公司进行实体分配。在选择实体分配企业时，其安全性、便捷性和储运成本都是旅游企业所要考虑的内容。

3. 旅游市场营销服务机构

这是指协助旅游企业了解市场的调研公司、协助旅游企业向目标市场推介旅游产品的各种广告和策划公司、各种广告媒体。选择好营销分机构有助于旅游企业向特定市场传播信息，有利于提高旅游企业和旅游产品知名度。

4. 金融机构

这是指为旅游企业经营活动提供信贷资金和结算服务及保险服务的银行、保险公司等。旅游企业需要与银行打交道以取得所需的融资；旅游保险是降低经营风险特别是意外风险的补充途径，有的保险项目还带有强制性，如按最新行业规定，每家公司都要投保旅行社经营责任险。

**（四）顾客**

旅游企业目标市场由旅游者市场、中间市场和机构市场等三种顾客市场所组成。

1. 旅游者市场

这是指最终购买并消费旅游产品的家庭和个人，包括国内旅游者市场和国际旅游者市场。

2. 中间市场

购买或代理旅游产品不是为了自身消费而是通过转卖取得盈利，包括旅游者批发市场、旅游零售市场和旅游代理市场。

3. 机构市场

其一是政府机构市场。我国政府严禁公款旅游，但政府机构必要的接待需经常购买酒店、景点等旅游企业的旅游产品，政府拨款的事业单位亦同。其二是企业机构市场。企业机构的接待需购买酒店、景区景点等旅游企业的旅游产品，企业的奖励旅游也需购买旅游公司的产品。

各种不同市场各有其特点，旅游企业根据其特点进行营销运作，有助于满足不同顾客的需要。

**(五) 同行业竞争者**

旅游行业是竞争性行业，旅游企业在市场营销活动中会面临来自众多的同行业竞争者的挑战，正确认识、了解和看待竞争者，方能做到知己知彼、百战不殆。

1. 旅游市场竞争中的"3C"关系

在旅游市场转变为买方市场时，顾客（customer）称为主宰，任何一个企业（company）都面临着众多的竞争者（competitor），形成了以争夺顾客为焦点的竞争型"3C"关系。

当前旅游市场从宏观上看形势大好、一派兴旺，旅游者(顾客)享有充分的自主权和选择权，但从微观上看不少旅游企业的日子却并不好过，它们在充分竞争甚至过度竞争的旅游市场中惨淡经营、面临生存危机。

如何处理好与竞争者的关系，值得旅游企业重新审视。在传统思维中，竞争者是敌人，竞争就是你死我活；而现在的认识是竞争者不是敌人而只是对手，可以与之建立合作竞争关系。

2. 旅游市场竞争五个层次

在争夺旅游者的竞争中既有低层次的竞争，又有高层次的竞争，归纳起来有五种层次，从低到高分别是：旅游产品价格竞争、品种与项目竞争、质量与服务竞争、品牌竞争、与旅游者结成战略联盟。

在旅游市场竞争中，旅游产品的价格竞争是最原始的竞争方法，从经营实际看，价格战的受益者往往寥寥无几，参加价格战的各方基本上都是受害者。目前，旅游市场上的低价竞争已到了旅游企业所能承受的临界点。

在旅游市场竞争中，一些旅游企业采取了较高层次的竞争方式，不打价格战，而通过增加品种与旅游项目的办法与对手竞争，收到了较好的效果；而采取提高产品与服务质量竞争办法的旅游企业则更胜一筹；在此基础上打造名牌，提高旅游产品的认知度的企业则收益匪浅；旅游市场营销最高层次的竞争，是旅游企业与旅游者形成利益共享的命运共同体，结成"企业与顾客的战略联盟"是旅游企业市场营销孜孜以求所要达到的理想境界。

### (六) 社会公众

社会公众是指对旅游企业营销有现实或潜在影响的群体。处理好与社会公众的关系,有助于维护旅游企业的良好形象。影响旅游企业营销的社会公众主要有以下六类。

1. 媒体

媒体主要包括电视台、报纸、杂志、电台、网络等五类。旅游企业的信息要借助它们向社会传播,这些媒体还对营销活动起舆论监督作用。

2. 政府

政府是社会利益的代表,旅游企业的经营活动必须随政府的法律和政策的调整而变化,旅游企业应做遵纪守法、文明经营的模范,让政府放心。

3. 民间团体

旅游企业经营还要受行业协会等自律组织的约束,受消费者权益保护组织和环境保护组织等民间团体的监督。如某酒店长期以不适当低价竞争,受到当地酒店业协会的批评并按有关自律条款予以处罚;又如,某著名景区的一家三星级酒店,因排污影响水质而受到当地环保组织的谴责,最后在政府干预下酒店被拆除。

4. 社区组织

社区组织是当地公众团体,旅游企业处理好与社区组织的关系,不但可以赢得形象,而且能带来商机。如不少中低档次酒店的餐馆、康乐等产品,其所在社区客人消费占相当比重。

5. 一般公众

一般公众是指不是有组织地对旅游企业采取行动,而其对旅游企业的印象却影响游客对该企业和产品看法的群体。一般公众的评价对企业来说既有威胁,又有机遇。

6. 内部公众

旅游企业内部公众包括从总经理到一线工作人员等所有员工。旅游企业只有开展内部营销管理,培养团结协作精神,激发每位员工的积极性,才能把经营管理搞好。同时员工满意是游客满意的基础。

## 三、旅游营销环境的分析方法

构成旅游营销环境的因素众多,分析时头绪多,难以入手。我们可以依靠一些技术手段来进行简化的分析,列表分析法和矩阵分析法是最常用的两种分析方法。

### (一) 列表分析法

列表分析法是指从定量的角度表示环境影响的强弱和事件发生的概率。如给定+5～－5 表示强弱程度,以 0～1 之间表示事件发生的概率,以强弱程度的得分和概率大小的得分相乘,得到的乘积就能显示影响的重要程度。如表 1－2 所示,某自然保护区原来每天平均进入游客 2000 人,现在将有 1/3 区域被有关部门划分为核心区,能进入核心区的游客数量将受到一定限制。这一政策性环境因素可能影响该自然保护区旅游经营的效益。

表 1-2

环境事件重要程度分析表

| 事件:核心区划分 | 对该景区影响 | 发生概率 | 潜在机会(+)或威胁(-)的重要程度 |
|---|---|---|---|
| A. 核心区游客减少 | -5 | 0.5 | -2.5 |
| B. 非核心区游客增加 | +5 | 0.5 | +2.5 |
| C. 本区替代旅游项目增加 | +3 | 0.3 | +0.9 |
| D. 邻近区域同类旅游区出现 | -3 | 0.5 | -1.5 |
| E. 邻近区域其他旅游项目的出现 | -1 | 0.2 | -0.2 |

从表 1-2 可见:A、B类事件最为重要,其次为 D类事件,再次为 C类事件,E类事件可忽略。在制定营销对策时,应分清主次进行考虑。

**(二) 矩阵分析法**

将影响旅游市场营销的事件分为机会和威胁两大类,将影响程度和发生概率大小分为高低两档,这就是矩阵分析法。根据图 1-2,借助矩阵分析法可分别列出机会矩阵和威胁矩阵,从图 1-2(a)可见:A类事件发生概率大,且一旦发生对企业所造成的威胁大,因此经营者应把注意力重点放在应对 A类事件的威胁;D类事件发生概率较大,且一旦发生对企业所造成的威胁也较大,因此经营者也要适当注意 D类事件威胁;E类事件发生概率不大,且一旦发生对企业所造成的威胁轻微,因此经营者稍加注意即可。从图 1-2(b)可见,旅游市场营销要充分把握 B类事件的机遇,同时注意把握 C类事件的机遇。

对任何旅游企业来讲,环境机遇和环境威胁并存,既不存在只有机遇而没有威胁的环境,也不存在只有威胁而没有机遇的环境,因此经营者需要综合分析旅游环境,如图 1-2(c)所示。

从图 1-2(c)可见:处于"1"区间内的旅游企业面临的环境机遇最佳,而受到的环境威胁最轻,是旅游企业梦寐以求希望达到的境界,被称为"理想的企业";处于"2"区间的旅游企业面临机遇环境少,而受到环境威胁也小,被称为"成熟的企业";处于"3"区间的旅游企业,环境机遇和环境威胁都高,被称为"冒险的企业";处于"4"区间的旅游企业,面临环境机遇少,而受到的环境威胁大,被称为"困难的企业"。

图 1-2

矩阵分析

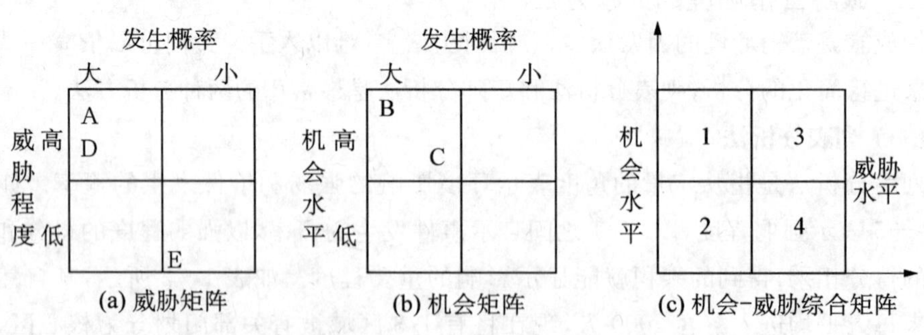


(a) 威胁矩阵 (b) 机会矩阵 (c) 机会-威胁综合矩阵

## 四、营销环境变化的应对

旅游企业需要在对旅游市场环境分析的基础上找出环境机会或环境威胁,作出正确的经营决策。

### (一) 认识与态度

旅游企业环境机会与环境威胁常在。对环境机会视而不见或缺乏准备,任凭机遇擦肩而过,将使企业失去发展良机;对严重的环境威胁采取"鸵鸟心态",会使旅游企业面临灭顶之灾。旅游企业遇到这样或那样的风险是常态,经营者对环境威胁要给予足够的重视,那种在环境威胁面前畏首畏尾、不敢拼搏进取或缺乏理性、一味蛮干的旅游企业,必将面临生死考验。

### (二) 把握环境机会

环境机会对每个旅游企业都是公平的,但要把环境机会转变为市场利益,旅游经营者就要善于发现机会、把握机会、运筹机会。环境机会总是青睐对它有准备的旅游企业。

环境机会在状况上具有偶然性,在时间上具有不可预料性。旅游经营者要有"机不可失、时不待我"的紧迫感,看准机会要当机立断,并迅速行动。

旅游企业应当认识到环境机会和环境威胁之间转换的特性,特别是当企业处于最佳环境状态时,要居安思危,保持一分清醒。不少旅游企业在惊涛骇浪的逆境中经受住了严峻考验,却在取得骄人业绩的情况下,由于对悄悄到来的风险缺乏应有的理性认识,最终被"冷水煮青蛙式"的环境威胁带上了不归之路。旅游企业还要对"机会陷阱"有清醒的认识,当机会趋势十分明显时会吸引众多的追逐者,结果会导致旅游产品的供给急剧增加,使环境机会失去其经济价值。因此,在运筹环境机会时,明智的办法是防止"从众行为",避免因盲目追逐机会而落入"陷阱",放弃被大众所认识到的主流机会,另辟蹊径努力寻找"人无我有"的市场机会,争取进入旅游市场的无竞争领域。

旅游企业的经营管理人员要善于辨别环境机会的发展趋势,大胆假设,谨慎思考,在环境变化中把握机会,一旦瞅准机会,就立即采取现实行动,充分挖掘机会价值并使之变成旅游企业的经济效益和社会效益。

### (三) 应对环境威胁

当遇到重大环境威胁时,旅游企业可根据实际情况,采取如下四种对策。

1. 对抗

旅游企业经营者分析环境威胁程度,结合自己实力,当有条件与环境威胁抗衡时,可以采取对抗方式迎接挑战、化解危机。经营者在决定采取"对抗"措施前,一定要认清形势,不能逆大势而行动,盲目对抗,否则无异于螳臂当车,自取灭亡。

2. 减轻

当环境威胁使旅游企业不可避免受损时,经营者不得不"两害相权取其轻",努力减轻威胁程度。

3. 转移

如本行业所遇到的环境威胁十分严重,但又无法对抗或减轻时,旅游企业可采取"走为上"的办法转移到其他行业。经营者需要注意避免"转移"的盲目性,如 20 世纪 90

年代初，酒店、旅行社面临一定的经营压力，一些酒店、旅行社经营者就错误地认为本行业环境威胁严重，不如转向搞运输、开商店效益高，转而经营这些不熟悉项目，结果拖垮了不少旅游企业，造成了巨大损失。

4. 转化

旅游企业在面临环境威胁时如果措施得当，有时可化害为利。通过机会—威胁综合矩阵分析可见，不论是处于何种状况，旅游企业都有机遇，即使是“困难的企业”也不是只有威胁而全无机会。通过转化，有时可化危险为机遇。如 1994 年千岛湖突发治安事件，游客锐减，当地旅游业陷入了生存危机。在此情况下，公安部门与旅游行业主管部门、旅游企业联手打击刑事犯罪，狠抓社会治安综合治理，规范经营秩序，经过一年多的综合整治，社会治安好转，经营秩序良好，重新赢得了游客；又经过多年努力，该地社会治安良好，环境保护成效卓著，文明经营形成风尚，游客又可放心地体验“千岛碧水画中游”的美妙意境，“环境威胁”于是转化为“环境机会”。

**实训任务：**

每组各选择一家旅游景区做现场调研并对管理人员进行访谈。调研和访谈之前，请拟定详细的调研访谈大纲，要求必须了解该景区的主要竞争对手和景区采取的营销对策，并用矩阵分析法分析该景区的竞争环境。

# 项目二

# 旅行社营销

## 导语

我国的旅行社总数已经超过2万家，有7个省的旅行社数量超过1000家，主要分布在东部沿海地区。在如此庞大的旅行社行业中，全国旅行社总资产仅为666.14亿元，由此可见旅行社是典型的“轻资产”行业。不断有旅行社开张，也不断有旅行社关门，但全国百强旅行社的上榜名单历年变化并不大。旅行社并不好经营，因为旅行社的线路产品涉及旅游产业链中的各个环节，资源整合能力、产品策划能力、采购议价能力、网络渠道、计调水平、服务质量等环环相扣，具有显著的“流通性”特征，旅行社就类似于服务业中的贸易公司，不同的是旅行社销售的是无形的旅游产品。流通性企业的生命线在于营销，全国百强旅行社无不在产品策划、渠道建设、促销组合等方面各有建树。本章的三个任务，意在使同学们了解旅行社的产品特性、渠道建设、价格策略等业务关键环节，对旅行社的营销特性有较为全面的理解。

## 任务一　旅行社产品策划

**任务目标：**

通过本次任务的学习和训练，你能够完成基本的旅游产品策划和方案制定，这是旅行社产品销售推广前最重要的前期工作。要完成这项工作，我们必须：

1. 掌握旅行社产品的基本特征、旅游产品的分类；
2. 能够根据旅游市场的需求特征，分析和开发设计相关的旅游线路产品；
3. 能够进行旅游线路产品设计工作，并写出具体的旅游产品开发报告。

**学习导入：**

### 浪漫休闲之旅

出游地：泰国，新加坡，马来西亚

作为较早开放的旅游目的地，新马泰市场没有因为后来开放的国家而降温，反而因旅行社的精心设计而变得更加火爆。

由于众多旅行社通过包航线、包飞机的形式，使得新马泰旅游价格锐减，特别是泰国布吉岛这条旅游路线，从原来的5800元锐减到3800元左右。同时，旅行社另辟蹊径，设计出更独特新颖的线路，使得新马泰旅游的玩法月月有新意，季季玩不同，吸引了游客的游趣。最近旅游市场做得最火的莫过于去新加坡坐游轮旅游和包机去泰国的布吉岛了。广东中旅推出了"蜜月情侣浪漫之旅"，则是以泰国布吉岛等地的浪漫景致为卖点，加上赠送心形蛋糕，颁发纪念证等策略吸引新婚夫妇。广东青旅则强化了泰国布吉岛的休闲性，特意安排游客在布吉岛住两晚，使旅客充分领略布吉岛的海岛风情。

**学习要求：**

分小组收集本省两家旅行社针对同一海岛旅游目的地的线路产品销售信息，列出相同点和不同点，组内讨论哪家旅行社的产品更有吸引力。

同学们在比较不同旅行社的同一类产品时，可能会感到信息庞杂，涉及吃、住、行、游、购、娱等多方面的内容，怎样有条理有依据地比较呢？学习完任务一的内容，你就知道从哪些方面去比较和评价了。

## 一、旅行社的主要产品

旅行社的主要产品是旅游线路，旅行社营销的主要内容是对旅游线路的营销。旅游线路是指为了使旅游者能够以最短的时间获得最大的观赏效果，由旅游经营部门利用交通线串联若干旅游点或旅游城市(镇)所形成的具有一定特色的合理走向。

旅游线路由旅游服务部门设计，贯穿整个游览过程，包括若干活动内容和服务内容，最终能够体现顾客价值需求。旅行社营销的内容主要包括包价旅游线路、散客旅游线路、自助游旅游线路。

### (一) 包价旅游线路

1. 全包价旅游

全包价旅游是指将交通、住宿、门票、餐饮和文娱等费用全部包含在内的旅游产品形式。其优点是产品全面、综合、方便，非常适合远程旅游消费者和国际旅游消费者。其缺点是可选择性差且直观价格高。

按照国际惯例，包价旅游也叫团体旅游，是指参加旅游的人数至少为15人的旅游团。包价旅游始于综合包价旅游，我国称为全包价旅游，是指旅行社经过事先计划，组织活动项目，向旅游大众推出的包揽一切有关服务工作的旅游形式。

包价旅游线路一般规定旅游的日程、目的地、交通、住宿、饮食、游览的具体地点及服务等级和各处旅游活动安排，并以总价格的形式一次性收取费用。这种产品是旅行社的主要产品形式，是旅行社的主要业务，也是传统产品。包价旅游线路将旅途中的吃、住、行、游、购、娱的标准公开，包括每天游览项目、游览点的游览时间，饮食的餐标，住宿的星级、地段,用车的车型、车况,导游标准,地接社资格,消费等,并承诺不销售自费项目,如有不符,则旅行社承担相关责任。

2. 半包价旅游

半包价旅游是指在全包价旅游的基础上,扣除中、晚餐费用的一种包价形式。其中又包括小包价旅游和零包价旅游两种。

(1) 小包价旅游,是指并非将旅游全程的食、宿、行、游全部包含在内,只是其中的某几项串联组合而成,又称可选择性旅游,它由非选择部分和可选择部分构成。非选择部分包括接送、住房和早餐,旅游者在旅游前预付旅游费用。选择部分包括导游、风味餐、节目欣赏和参观游览等。旅游者可根据时间、兴趣和经济情况自由选择,费用可预付,也可现付。

(2) 零包价旅游,是一种独特的产品形态,多见于发达国家,参加这种旅游的旅游消费者必须随团前往和离开旅游目的地,但在旅游目的地的活动是全自由的,形同散客。

**(二) 散客旅游线路**

散客旅游是相对团体旅游而言的,主要指个人或10人以下的自行结伴旅游。散客旅游线路通常只是旅行社为散客设计组合单项或部分旅游产品。

**(三) 自助旅游线路营销**

一般是由旅行社提供打折机票、火车票和酒店折扣,游客自行决定旅游日期和行程安排,自己安排旅游期间的一切活动,包括景点选择等。

## 二、旅行社营销的特点

**(一) 超前性**

旅行社营销的超前性表现为:一方面,旅游消费者在购买旅行社产品之前,需要时间对旅行社产品进行比较,了解优势、劣势及信誉等,研究后才能决定购买什么样的旅行社产品;另一方面,组团旅行社等客户旅行社对营销旅行社进行反复调查、修改交易的价格和优惠条件,特别是对旅行社新产品,客户旅行社往往要亲自考察后才会签订合同购买产品。例如,对于旅行社推出的新产品,不少客户旅行社,特别是日本、中国台湾的客户,经常要亲自踩点考察后,才肯签订合同购买产品。

**(二) 灵活性**

旅行社在销售产品的时候,有很多不确定因素,这些不确定因素要求旅行社要灵活应对,每一位营销人员都应懂得产品价格的构成,掌握价格构成中可变因素及固定因素,具有较强的应变能力、沟通能力、谈判能力等,并通过自己的营销能力来销售旅行社产品,为旅行社带来直接利益。

**(三) 批量性**

旅行社销售渠道多种多样,大多数旅行社销售的主要渠道是以组团旅行社为主的客户旅行社。客户旅行社一般采购能力都比较强,成批量、成系列的购买产品,销售影响比较大,也能为销售产品的旅行社带来较大的经济效益。

**(四) 时效性**

如果旅游市场上的同类产品或者可替代产品比较多,当客户旅行社购买一个旅游目的地的地接旅行社产品时,可选性会比较大,因此地接旅行社之间的竞争非常激烈。

所以旅行社产品的销售有很强的时效性，它要求旅行社销售人员能及时得到客户信息，根据市场需求及时调整旅行社产品价格，做好产品销售策划，选择有效的促销方案，促进及时销售。

## 三、线路产品的构成

### （一）旅游交通

旅游交通作为旅游业三大支柱之一，是构成旅行社线路产品的重要因素。旅游交通可分为长途交通和短途交通，前者指城市间交通（区间交通），后者指市内接送（区内交通）。交通工具有：民航客机、旅客列车、客运巴士、轮船（或游轮、游船）。旅行社编排线路产品时，对安排旅游交通方式的原则是：便利、安全、快速、舒适、平价。

### （二）旅游住宿

住宿一般占旅游者旅游时间的三分之一。旅游住宿是涉及旅行社线路产品质量的重要因素，销售旅行社线路产品时，必须注明下榻饭店的名称、地点、档次以及提供的服务项目等，一经确定，不能随便更改，更不能降低档次、改变服务项目。

旅行社对安排旅游住宿的原则通常是根据旅游者的消费水平来确定的，对普通旅游者而言就是：卫生整洁、经济实惠、服务周到、美观舒适、位置便利。

### （三）旅游餐饮

旅游餐饮是线路产品中的要素之一。旅行社对安排餐饮的原则是：卫生、新鲜、味美、量足、价廉、营养、荤素搭配适宜。

### （四）游览观光

游览观光是旅游者最主要的旅游动机，是线路产品产生吸引力的根本来源，也反映了旅游目的地的品牌与形象。旅行社对安排游览观光景点的原则是：资源品位高、环境氛围好、游览设施齐全、可进入性好、安全保障强等。

### （五）娱乐项目

娱乐项目是旅行社线路产品构成的基本要素，也是现代旅游的主体。许多娱乐项目都是参与性很强的活动，能极大地促进旅游者游兴的保持与提高，加深旅游者对旅游目的地的认识。

### （六）购物项目

线路产品中的购物项目分为定点购物和自由购物两种，前者是旅游者到旅行社指定的商店购物，后者是旅游者利用自由活动时间自己选择商店购物。《旅游法》要求旅行社对安排定点购物必须是游客自愿，且列入旅游合同的条款，合同中必须明确规定购物次数、购物时长、购物场所名称等。

### （七）导游服务

旅行社为旅游者提供导游服务是线路产品的本质要求，大部分线路产品中都含有导游服务。导游服务包括地陪、全陪、景点陪同和领队服务，主要是提供翻译、向导、讲解和相关服务。导游服务必须符合国家和行业的有关标准及有关法规，并严格按组团合同的约定提供服务。

**(八) 旅游保险**

旅行社提供线路产品时，必须向保险公司投保旅行责任险，保险的赔偿范围是由于旅行社的责任致使旅游者在旅游过程中发生人身和财产意外事故而引起的赔偿。

以上各种要素的有机结合，构成了旅行社线路产品的重要内容。旅行社线路产品是一个完整、科学、人性的组合，完美的旅行社线路产品必须满足旅游者各个层次的需求。

## 四、线路产品策划

### (一) 策划程序

1. 市场调研。即旅行社通过科学的方法去寻找市场信息，捕捉商机。旅行社信息来源有：门市部游客的咨询、旅游目的地旅行社或旅游部门的推介、各种国内与国际的旅游交易会、展览会和其他渠道。

2. 产品开发。从操作层面对选定的旅游目的地进行考察(旅游目的地可进入性、区域位置、旅游景点、旅游接待设施、容量等)，挖掘产品(线路)能提供给游客的核心价值，同时调查游客的可接受性，即是否有足够的时间和支付能力，以及游客对本产品的兴趣程度(市场需求偏好)。在统筹各项旅游资源要素的基础上，根据线路主题，确定线路名称。

3. 确定价格。旅行社对其所开发的产品(线路)，在充分考虑各种定价因素和定价目标的基础上，确定产品的合理价格，并进行报价。

4. 寻找并选择销售渠道。与当地供应商谈判或协商，选取合适的地接社。

5. 市场促销。选择包括电视广告、报纸广告、宣传手册、网络广告、人员推销等方式。通过有特色的宣传活动、灵活的推销手段、周到的售后服务，在消费者心目中树立起不同一般的形象。

6. 效果评估。对旅行社实施方案的情况进行效果评估，随时调整并优化策划方案。

### (二) 策划原则

旅游线路策划是旅行社的生命力，旅游线路策划需要创新，通过策划来打造品牌，赢得旅游消费者认同，才能创造效益。但许多旅行社所做的线路，还是老生常谈，一条条包装精美的线路，看似在策划，其实还是景点的简单组合，最后只能让游客选择一些"鸡肋之物"。旅行社应打破传统的以观光为主的旅游方式，变被动为主动，让大家参与到旅游中来，真正享受旅游的乐趣。

1. 主题内容鲜明。在策划旅行社的旅游线路时，一般应突出某个主题，如"草原风光旅游"、"中国佛教文化考察旅游"等，都有自己鲜明的主题。同时，旅行社还应围绕主题策划丰富多彩的旅游项目，让旅游者通过各种活动，从不同的侧面了解旅游目的地的文化和生活，领略美好的景色，满足旅游者休息、娱乐和求知的欲望。

2. 顺序节奏适当。即在条件许可的情况下，一条旅游线路应尽量避免重复经过同一旅游点；景点间距离要适中，在交通安排合理的前提下，同一线路旅游点的游览顺序应由一般的旅游点逐步过渡到吸引力较大的旅游点。

3. 行程丰富节约便利。行程安排是旅游产品的主要组成部分，直接关系着游客对产品的整体感受和印象。行程的丰富既要体现出产品内涵的丰富，又要创造性地设定每天的行程主题，使得每天都有一个核心的亮点，有一个体验的高潮。同时在行程的安排上不应将性质相同、景色相近的旅游点编排在同一线路中。

4. 服务设施确有保障。旅游线路途经旅游点的各种服务设施必须得到保障，如交通、住宿、餐饮等。这是旅行社向旅游者提供旅游服务的物质保证，缺少这种保证的旅游点一般不应考虑编入旅游线路。

**(三) 策划要点**

产品设计是一种生产和创造的过程，好的线路产品是知识、经验、灵感的结晶，是经历和文化的感受。一个好的线路设计者，必须要有丰富的旅游基础知识，产品设计人员还需具备旅游行业工作的技巧，敏锐的商业意识，足够的市场、财会方面的知识。好的线路设计者还要懂得顾客的需求和心理，还要了解供给方面的情况。

一个成功的旅游观光线路的设计应注重旅游行程中所包含的每个要素，涉及地接社、批发商、组团社及旅游提供商等一系列的企业。确保旅游产品中每个服务环节的高水准是旅行社在产品设计和线路规划中所应遵循的基本原则。

1. 行程中一定要包括旅游目的地的主要旅游吸引物

观光旅游产品行程的核心，是对旅游者产生吸引力、导致其产生旅游动机的旅游景点。因此，在线路设计中，对于核心景区吸引物的安排是最重要的。

2. 充分考虑游客的期望值

在旅游产品线路的设计过程中应充分考虑到消费者的类型和其对产品的需求。应根据消费者年龄、文化背景和兴趣进行简单的分类，针对其消费需求设计旅游线路。

3. 充分考虑企业现有资源和操作能力

旅游线路产品的设计应考虑到旅行社目前所拥有的人力、物力、财力，不要设计超出企业负荷的大型产品和超出企业运作能力的豪华产业，既要保持企业的盈利性，也要考虑到企业的承受力。

4. 旅游时间与旅游者安排一致

旅游时间的长短应根据目标旅游者的预算、时间安排、对旅游节奏的需求、旅游客源地与目的地的距离、交通方式等因素来决定，以保证旅游时间的设计和旅游者的期望值的一致。

5. 旅游产品的频度

设计线路产品的时候，一定要分清是一次性团队产品还是常规的定期开班发团的产品。

6. 设计旅游路线时应注意旅游节奏

要根据旅游者的年龄和体力状况，合理安排旅游线路的节奏，老年旅游者的节奏一般要尽量适于休闲，在旅游过程中尽量多安排一些休息时间，以便于老年人恢复体力。

7. 观光点的数量

观光点数量的多少和游览顺序的设计，应充分考虑游客的特点，依时间状况等因素灵活决定。

8. 天气条件

旅游线路的产品设计应该对天气情况有所考虑，出现特殊天气状况时，应该有完善的行动调整方案。一些特殊的自然景观对天气有所要求，在设计这些旅游产品时应予以充分的考虑。比如吉林省吉林市的雾凇只在冬天的一段时间出现。

9. 交通要素

交通的安排应根据旅游行程、旅游团队的类型和规模来确定。比如从饭店到机场、火车站、码头的接送客车的数量,车型和承载人数,来选择小巴、巴士或豪华包车。野外探险,一定要选择环境适应能力强的,四驱的越野车等。坐火车一定要弄清卧铺的类型等。

10. 行前考察

设计好旅游路线时,旅行社应进行行前考察工作,这样可以充分发现产品弱点,及时改进。

目前,很多旅行社已经开始针对细分旅游市场的需求和旅游目的地旅游资源的特点,对产品线路进行主体化的包装,同时根据游客个性化的需求推出一系列的旅游产品。

**实训任务:**

分析一份旅行社线路产品"千名老人游丝路"的行程单。

## 千名老人游丝路

——驼铃声声走戈壁、异域歌舞醉游人

(新疆敦煌、甘肃兰州、西宁青海湖、嘉峪关、吐鲁番、乌鲁木齐双卧 10 天、单飞 9 天)

一、行程安排

| 日期 | 行 程 安 排 | 用餐 | 交通 | 住宿 |
|---|---|---|---|---|
| 5 月 11 日(周五) | 杭州火车站集合,乘火车前往上海,转乘 T118 次火车 16:43 分赴兰州。 | —/—/— | 火车 | 火车上 |
| 5 月 12 日 | {金城之旅}中午 12:05 兰州接团,午餐品尝兰州风味牛肉拉面,餐后游览具有"拥抱金城"之雄姿的白塔山,山巅之白塔为元代时所建。参观屹立在黄河岸边,为古代人们提供农业灌溉的古水车,中华民族的摇篮象征,目前全国诸多表现中国母亲河黄河的雕塑艺术品中最漂亮的一尊——黄河母亲像,黄河上的第一座铁桥——中山铁桥,参观陇萃堂矿石展,下午乘汽车前往西宁,途中举行歌咏比赛,抵达西宁,晚餐后为过生日的老年人举行生日派对,入住酒店休息。 | —/中/晚 | 大巴 | 西宁 |
| 5 月 13 日 | {青海湖风光}早餐后前往中国最大咸水湖——青海湖(面积 4456 平方里,平均水深 19 米,环湖周长 360 公里,比我国最大的淡水湖鄱阳湖还大 1000 多平方公里),经青藏公路,远观日月山(唐蕃古镇上的重要关隘)、日月亭、倒淌河、青海草原、雪山、蓝天、白云,尽情摄影。远眺西部歌王王洛宾《在那遥远的地方》原创地——金银滩草原。 | 早/中/晚 | 大巴 | 西宁 |

续 表

| 日期 | 行 程 安 排 | 用餐 | 交通 | 住宿 |
|---|---|---|---|---|
| 5月14日 | {艺术三绝——酥油花}早餐后参观藏传佛教六大宗主寺之一,藏传佛教格鲁派创始人宗喀巴的诞生地,以"艺术三绝"而闻名遐迩的塔尔寺,后乘车返回兰州,车程时间约3小时左右,晚餐后乘火车硬卧前往嘉峪关。 | 早/中/晚 | 大巴 | 火车上 |
| 5月15日 | {河西走廊}早抵嘉峪关,游览"天下第一雄关"万里长城最西端的嘉峪关,外观保存完好的明长城城楼——嘉峪关城楼,参观矿石厂,中餐后乘车赴敦煌,途中远观桥湾古城,沙漠、戈壁风光。抵敦煌市区。晚餐后游览沙洲夜市。 | 早/中/晚 | 大巴 | 敦煌 |
| 5月16日 | {艺术宝库——莫高窟}早餐后游览沙漠与泉水共存的自然奇观——鸣沙山月牙泉,自费骑骆驼畅游沙漠,感受驼铃古道的韵味,参观保存最完整规模最大艺术价值最高的"石窟艺术宝库"。被联合国教科文组织列为"人类文化遗产"的莫高窟,至今仍保存有492个石窟、有壁画2500多幅,另有多尊色塑像如沙漠中的天然画廊。参观夜光杯厂,晚餐后乘火车硬卧前往有"火洲"之称的吐鲁番。 | 早/中/晚 | 大巴 | 火车上 |
| 5月17日 | {沙漠绿洲吐鲁番}吐鲁番/乌市早上火车站接游客,然后乘空调旅游车1小时左右赴火洲吐鲁番,参观《西游记》中唐僧师徒西天取经翻越的火焰山、万佛宫(包括传承区葡萄谷),举行"丝路风采,千名老年登火焰山比赛",并颁发火焰山景区纪念品。下午游览坎儿井(沙漠植物园、海拔零点),下午安排老人走进维吾尔族人家,亲身感受新疆民族风情。后乘车返回乌市,沿途远眺古丝绸之路军事要隘"白水涧道"——达坂城古镇,穿越"中国死海"——盐湖、风力发电站、柴窝铺湖,晚抵达乌市。晚餐后安排"丝路风情书画大赛"现场评比,现场颁奖! | 早/中/晚 | 大巴 | 乌市 |
| 5月18日 | {瑶池仙境}乌市/天山天池/乌市(汽车全程280公里)早赴国家4A级景区天山天池(乘缆车或区间车上下山35元自理),欣赏天池美景。下午参观东西亚商品交汇地——二道桥国际大巴扎。后在民族风味浓郁的餐厅品尝新疆特色餐及欣赏新疆民族歌舞的表演。 | 早/中/晚 | 大巴 | 乌市 |
| 5月19日 | 早餐后乘火车返回,5月20日抵达杭州;或乘飞机返回杭州,当天抵达。结束愉快行程,回到温暖的家。 | 早/—/— | 火车/飞机 | 火车/飞机 |

二、费用:

双卧3380元　单飞价格:4350元(不含火车餐)

(60—70岁门票优惠:150元/人,70岁以上门票优惠:40元/人)

费用含:往返火车硬卧、景点首道门票、餐费(14正7早)、二星标准用房、全程空调旅游车、赠送VCD、全程导游服务、旅游保险。

报名电话:×××××××××、×××××××××

备注:具体情况请在报名时咨询。

三、服务标准:

住宿:全程二星或同级酒店标准间

交通:景区空调旅游车

餐饮:全程用餐七早十四正;十人一桌,八菜一汤

门票:全程景点第一大门票

导游:全程优秀导游服务

馈赠:记录旅游全过程VCD一张

大交通:兰州/嘉峪关硬卧　　敦煌/吐鲁番硬卧

四、发团时间:

第一班:2009年5月11日杭州发团

第二班:2009年6月11日杭州发团(7、8、9月根据情况开专列或定期发班)

备注:上海/兰州硬卧:×××元/人

乌鲁木齐/杭州机票全价:××××元/人(届时按实际折扣结算)

五、说明:

1. 报名时需提供游客的姓名、身份证号码、儿童必须报姓名及出生年月。

2. 在不减少景点的前提下,本社有权视具体情况对景点进行顺序上的调整。

3. 因不可抗拒的因素所产生的费用由客人自行承担,如遇国家政策性调整,本社将收取差价。

4. 如果出现单男、单女将与其他客人拼房或加床,多用床位需现付房费。

5. 此报价不含机建、燃油费。

**实训要求:**

1. 根据这份行程单,请你梳理出该线路产品的构成要素,并列简表说明;

2. 根据线路产品设计原则,对行程单进行完善和改进,并说出修改依据。

## 任务二　旅行社渠道建设

**任务目标:**

通过本次任务的学习和训练,你能够建立起开展旅行社销售渠道建设工作的基本思路,这是旅行社营销工作中至关重要的环节。要完成这项工作,我们必须:

1. 了解旅行社产品销售渠道的概念和类型;

2. 掌握建立旅行社分销渠道的一般策略；

3. 掌握选择和管理旅游中间商的基本方法。

**学习导入：**

### 2013全国旅行社渠道运营商年会圆满落幕

2013年8月23日，由众多知名旅行社渠道运营商发起，旅行社杂志、旅行社资讯网承办的北京国际旅游汇特约之“2013全国旅行社渠道运营商年会”在北京华腾美居酒店圆满落幕。本届年会以“专注分销，铸就稳固价值链”为主题，吸引了来自全国各地300余位批发商、组团社、地接社、优秀门市代表以及媒体等业者。渠道商年会通过主题演讲、嘉宾座谈等形式与业界精英共同探讨旅游业渠道建设，南开大学旅游管理系姚延波教授发布中国旅行社连锁经营报告，特许经营专家李维华教授讲述特许经营发展史，还有神舟国旅集团门市公司总经理刘玉松和北京青年旅行社总经理李盛江与台下业者的精彩问答互动，从具体操作分析到渠道在旅游行业中的盈利模式以及发展前景。下午研讨会依旧座无虚席。业者一起头脑风暴，跟大家分享了目前连锁经营中的机遇与挑战，批发商与零售商也首次同台出席，相互分享各自的经营方式，并指出合作中经常出现的问题。而渠道终端的优秀门市代表作为本场研讨会的压轴环节，向业者分享了奋战在前端的直接反馈信息。

本次渠道商年会得到了来自北京国际旅游汇、皇家加勒比国际游轮公司、TravelZoo旅游族、Club Med、北京凤凰假期国际旅行社有限公司、快钱、北京智旅动力科技有限公司、北京中广国际旅行社有限责任公司、深圳捷旅国际旅行社有限公司、海南牵手国际旅行社、海南椰晖旅行社有限公司、海达路德游轮之旅、北京市华远国际旅游有限公司、深圳沃可仕视听旅游设备有限公司、北京新日国际旅行社有限公司、美航国际、财富旅业、北欧风情、卓越行、北京阳光假期国际旅行社有限公司、大象旅游、环境国旅·南亚大自然、北京春秋旅行社有限公司、同盛假期、新疆鲲鹏国际旅行社有限公司、海南康泰国际旅行社、北京中国旅行社有限公司、越柬行踪、金色非洲、乐道旅行、易游天下国际旅行社有限公司、中国妇女旅行社澳新处、北京炫风情国际旅行社有限公司、纵横美洲、美国旺盛旅游集团北京公司的鼎力支持和赞助。

（资料来源：搜狐网旅游频道）

**学习要求：**

仔细阅读“学习导入”提供的材料，找出材料中共提到几种出席年会的渠道商。

## 一、旅行社产品销售渠道的概念和类型

旅行社产品的销售渠道是旅游线路报价后的完善，旅游线路报价即使很有竞争力也需要正确的销售渠道进行分销。因此旅行社销售渠道的正确与否直接关系到前续工作的成效。

### （一）旅行社产品销售渠道的概念

旅行社产品销售渠道是指旅游产品从生产领域到达旅游消费领域所经过的路线或途径，又称销售分配系统。旅游产品销售渠道的选择是否合理，直接影响着旅游产品的销售。在市场营销中，由于旅游市场、旅游企业、旅游中间商以及旅游消费者等多种因素的影响，旅游产品营销渠道也就形成了多种多样的状态，即便是同一种旅游产品也可能通过不同的营销渠道销售。

### （二）旅行社产品销售渠道的类型

旅行社产品的销售渠道主要包括两大类：直接销售渠道和间接销售渠道。

1. 直接销售渠道

直接销售渠道又称为零环节分销渠道，是指在旅行社和旅游消费者之间不存在任何中间环节，旅行社将产品直接销售给旅游消费者的一种销售方式。

（1）直接销售渠道的形式

直接销售渠道的形式有两种。第一，旅行社直接在当地旅游市场上销售其产品。第二，旅行社在主要客源地区建立分支机构或销售点，通过这些机构或销售点向当地居民销售该旅行社的旅游产品。

（2）直接销售渠道的优缺点

直接销售渠道是一种产销结合的产品销售方式，优点是：

① 简便。旅行社直接向旅游消费者销售其产品，手续简便，易于操作。

② 灵活。旅行社在销售中可以随时根据旅游消费者的要求对产品进行适当修改和补充。

③ 及时。旅行社通过直接向旅游消费者销售产品，可以及时将旅行社开发的最新产品尽快送到旅游消费者面前，有利于旅行社抢先于其竞争对手占领该产品的市场。

④ 附加值高。旅行社在销售某项产品时可以随机向旅游消费者推荐旅行社的其他产品（如回程机票、车票、品尝地方风味等），增加产品的附加值。

⑤ 销售成本低。直接销售渠道避开了旅行社与旅游消费者之间的中间环节，节省了需支付给旅游中间商的手续费等销售费用。

直接销售渠道的缺点是：覆盖面比较窄，影响力相对差。旅行社受其财力、人力等因素的限制，难以在所有客源地区均设立分支机构或销售点，对旅行社在招徕客源方面会产生一定的不利影响。

2. 间接销售渠道

间接销售渠道是指旅行社通过旅游客源地旅行社等中间环节将旅行社产品销售给旅游消费者的途径。

（1）间接销售渠道的形式

按照销售渠道所包含的中间环节数量，间接销售渠道包括单环节销售渠道、双环节

销售渠道和多环节销售渠道。

(2) 间接销售渠道的优缺点

间接销售渠道的优点:①影响面广。旅游中间商往往在客源地区拥有销售网络或同当地的其他旅游机构保持着广泛的联系,能够对广大的潜在旅游消费者加以影响。②针对性强。旅游中间商对所在地区旅游消费者较了解,能够有针对性地推销最适合旅游消费者需要的产品。③销售量大。旅游中间商是以盈利为目的,专门经营旅游业务的企业,具有较强的招徕能力,能够成批量地购买和销售旅行社的产品。

间接销售渠道的主要缺点是销售成本高。由于间接销售渠道中存在着一个或多个中间环节,导致旅行社产品的最终价格提高,容易对旅行社产品的销售量造成某些消极影响。

## 二、旅行社产品销售渠道策略的选择

激烈的竞争促使越来越多的旅行社重视销售渠道策略的研究,因为这是影响旅行社产品销量的关键因素之一。可供旅行社选择的销售渠道策略包括直接销售渠道策略和间接销售渠道策略两大类。

### (一) 影响旅行社产品销售渠道选择的因素

旅行社应当在明确本社的销售目标、了解目标市场的基础上,对旅游中间商特别是客户旅行社进行认真的考察,并在此基础上选择渠道策略。一般来讲,在选择销售渠道策略时要考虑以下因素:

1. 旅行社同目标市场的距离

这是指旅行社所在地与目标客源市场所在地之间的距离。当目标市场距离旅行社较近或者与旅行社同在一个城市或地区时,旅行社应选择直接销售渠道,达到节省费用、提高利润的目的。当目标市场较远时,旅行社应选择间接销售渠道。具体原因如下:

(1) 熟悉市场。由于生产产品的旅行社远离目标市场,很难对那里的潜在旅游者十分了解,而当地的旅行社长期与该地区的旅游者接触,比较熟悉所在地区的情况,能够根据当地旅游市场的特点进行有的放矢的宣传促销,从而吸引更多的潜在旅游者购买其产品。

(2) 节省销售费用。旅行社如果派遣销售人员到远离其所在地的旅游客源地直接销售其产品,需要花费包括长途交通费、食宿费、销售人员工资或销售佣金等大量销售经费,而利用目标市场所在地旅行社进行销售,则只需付出一定比例的销售佣金,一般低于直接销售的费用。

2. 客源市场的集中程度

旅行社应该在客源集中的旅游市场上选择直接销售渠道,以获得降低销售成本和能直接招徕旅游者的效果。对于范围广、潜在旅游者非常分散的客源市场,旅行社则应选择间接销售渠道,以广泛招徕旅游者。

3. 旅行社自身条件

旅行社的自身条件包括旅行社的声誉、财务能力、管理经验和对销售渠道的控制能力等重要因素。如果旅行社拥有良好的声誉、丰富的管理经验、充裕的资金和较强的分销渠道控制能力，应该选择直接销售渠道；反之，则应该选择间接销售渠道。

4. 经济效益

旅行社还应该根据不同销售渠道带给旅行社的经济效益来决定选择哪种分销渠道。一般情况下，旅行社通过旅游中间商销售其产品所获得的销售收入要低于由旅行社直接进行产品销售所获得的收入，因为旅游中间商要将产品销售的部分收入留下，作为它帮助旅行社销售产品的报酬，使旅行社的产品销售利润降低。然而，旅行社通过旅游中间商进行产品销售可以为其节省大量的销售费用，降低了旅行社产品的销售成本，从而提高旅行社的利润。因此，旅行社应该对实际经济效益进行对比，以选择经济效益比较好的分销渠道。

**(二) 旅行社分销渠道策略**

旅行社的分销渠道策略同一般旅游企业一样，有直接渠道或间接渠道策略、分销渠道长度选择策略或分销渠道宽度选择策略之分。目前，我国大部分旅行社广泛采用间接销售渠道策略，所以，在此主要介绍旅行社分销渠道宽度选择策略。

1. 广泛性销售渠道策略

广泛性销售渠道策略是指旅行社通过多家旅游中间商把产品广泛散布到各个零售商，以便及时满足旅游消费者需求的一种销售渠道策略。对经营国际出境旅游业务和国内旅游业务的旅行社来说，广泛性销售渠道策略是指广泛委托各地旅行社销售产品、招徕客源的一种销售渠道策略。

广泛性销售渠道策略的优点是采用间接销售方式，选择较多的批发商和零售商销售产品，可方便旅游者购买。由于销售渠道广泛，便于旅行社联系广大旅游者和潜在旅游者，在旅行社开始向某一市场推销产品时，采取这种渠道策略有利于旅行社发现理想的中间商。不利之处在于成本较高，而且由于产品销售过于分散，会给旅行社的销售管理增加一定的困难。

2. 选择性销售渠道策略

选择性销售渠道策略是指旅行社只在一定市场中选择少数几个中间商的渠道策略。在旅游市场中采用广泛性销售渠道策略的旅行社在经过一段时间后，往往可以根据中间商在市场营销中的作用、组团能力以及销售量变化情况，选择其中有实力的几家中间商。

这种策略的优点在于集中少数有销售能力的中间商进行产品销售，可以降低成本。缺点是如果中间商选择不当，会影响旅行社产品的销售状况。

3. 专营性销售渠道策略

专营性销售渠道策略是指旅行社在一定时期、一定地区内只选择一家中间商的渠道策略。通常情况下，作为旅行社总代理的中间商不能同时代销其他竞争对手的产品。专营性销售渠道策略的优点在于可以提高中间商的积极性和推销效率，更好地为旅游者服务。此外，旅行社与中间商联系单一，可以最大限度降低销售成本，由于产销双方利害关系紧密，能更好地相互支持和合作。这一销售渠道策略的不足之处在于，如果专营中间商经营失误，有可能降低市场份额，甚至完全失去该市场。

## 三、旅游中间商的选择与管理

### (一) 旅游中间商的选择

在选择旅游中间商之前，旅行社应首先进行综合分析，明确自己的目标市场，建立销售网的目标，确定产品的种类、数量和质量，旅游市场需求状况和销售渠道策略，在此基础上才能有针对性地选择适合自己需要的旅游中间商。旅行社可以通过有关专业出版物、参加国际旅游博览会、派遣出访团、向潜在的中间商寄发信件资料或通过接团等方式发现合适的旅游中间商，并主动与中间商进行接触和联系。但必须首先对旅游中间商的情况进行详细地调查与分析，待时机成熟时，再与旅游中间商合作。

旅行社对旅游中间商的考察主要包括以下几个方面：

1. 中间商可能带来的经济效益

旅行社选择中间商的目的在于扩大销售、增加收益。因此，旅行社应选择成本相对较低、利润相对较高的销售网和中间商。旅行社应根据自己的经营实力，在利润大小和风险高低之间进行平衡与选择。

2. 中间商目标市场与旅行社目标市场的一致性

中间商的目标群体必须与旅行社的目标市场相吻合，而且在地理位置上应接近旅行社客源较为集中的地区，这样便于旅行社充分利用中间商的优势进行产品销售。

3. 中间商的商誉与能力

旅游中间商应当有良好的信誉和较高的声誉，并具有较强的推销能力和偿付能力。讲究信誉是旅行社利益不受侵害的保证。中间商的声誉将决定旅游者对他的信任程度，从而直接影响中间商的推销能力，而中间商的偿付能力是双方合作的经济保障。

4. 中间商对旅行社的业务依赖性

中间商的业务范围不同，对旅行社的依赖程度也存在差异。有的国外中间商专营中国旅游业务，对我国旅行社具有相当大的依赖性，如英国促进旅行社、日中和平观光株式会社等，全部经营赴中国旅游业务。而有的中间商则是经营许多国家、许多旅行社的产品，对某个具体旅行社依赖性较小，甚至不存在任何依赖性。

5. 中间商的规模与数量

旅行社在同一地区应选择适当数量、适当规模的中间商。因为中间商过多，会造成促销方面不必要的重复与浪费，中间商过少有可能形成垄断性销售或销售不力的局面。中间商的规模与数量的选择取决于旅行社的经营实力和销售渠道策略。

6. 中间商的合作意向

产品销售是两厢情愿的交易，面对同一地区的众多旅行社，应在有合作意向的旅行社间进行选择。

小链接

## 信息技术是旅行社的终结者吗?

目前对旅行社营销影响最大的信息技术就是互联网。旅行社不仅可以利用网上信息传播范围广、交互性强、成本较低的特点为企业和产品做宣传,还可以在互联网上建立自己的网站,开展网络营销和电子商务。随着互联网的日益普及,人们可以在任何时间,在住所、办公室、图书馆以及其他任何有网络连接的地方,方便快捷地查询旅游目的地的相关信息,直接预订全世界的航班和旅馆,甚至可以购买包价旅游产品。很显然,信息技术的发展对旅行社的营销活动产生了极大的影响。

旅行社的零售代理业务受到了信息技术发展的巨大冲击,甚至有观点认为旅行代理商作为销售的中间环节将最终从市场上消失。理论界和实业界也从多个角度探讨信息技术发展背景下旅行社尤其是旅行代理商未来的走向和发展问题。多数观点认为,旅行代理商还会存在下去,但旅行代理商将不再把单纯的接收预订作为其主要业务,而是要转为主要向旅游者提供有价值的专业咨询服务,帮助旅游者选择恰当的目的地和出游线路,帮助旅游者控制和节省开支,并从为顾客服务中获取报酬。传统旅行社还可依靠其丰富的管理经验、较稳定的顾客关系以及强有力的品牌,通过与大型旅游网站的联合来创造和保持竞争优势。与此变化相对应的是,较大的旅游经营商则更多地通过网络直接与旅游消费者进行接触,从而节省了支付给旅行代理商的佣金和费用,降低了销售成本。

不同的旅游细分市场购买旅游产品的渠道会有很大不同。例如,出游不频繁的老年旅游市场受多种因素的影响,很有可能继续通过传统的旅行社购买旅游产品,而中青年旅游市场或者频繁出游的商务旅游者则更有可能使用在线服务预订旅游产品。因此,传统旅行社可以进一步细分市场并选择合适的目标市场进行经营;同时,通过设计高质量的、满足顾客个性化需要的产品和差异化的服务来增加对顾客提供的价值。

近年来,利用互联网进行市场沟通已成为旅行社新兴的信息沟通方式。旅行社的散客市场分散,而互联网具有信息量大、覆盖面广、信息传输迅速等优势。旅行社通过企业主页以及各种旅游信息站点,就能够与市场进行全天候的信息双向交流。而在传递信息的同时,旅行社也能获取大量的市场信息,从而能够更好地满足旅游者的需求。

信息技术的发展使得旅行社建立游客数据库成为可能。利用游客数据库,旅行社可以实施卓有成效的直接营销和“一对一”的营销,例如,旅行社在征得顾客的许可后,可以通过电子邮件或直邮信函的方式与顾客沟通。通过这种方式,旅行社可以向顾客发送企业及产品和服务的信息并可附带一定数量的商业广告,如企业新闻、新推出的旅游线路的介绍;可以强化与顾客的关系,如在重要节日或顾客生日时发出问候;还可以提醒顾客持续关注企业的网站,或者提醒顾客对某旅游产品做预订。旅行社可以从游客数据库中调出即将出团的老顾客的旅游档案,包括他们曾经旅游过的目的地、饮食偏好及其他特殊要求、身体状况等等,在旅游过程中有准备地为他们提供个性化的服务;在旅游结束后,通过邮件或旅行社网站跟踪顾客意见与反应。

总之,信息技术的发展改变了传统的旅行社营销模式,催生了很多新的营销观念和营销方式。我国旅行社在信息技术的运用方面虽然取得了长足的发展,但比起世界发达国家仍存在很大差距。在日益激烈的竞争环境下,我国旅行社必须不断关注游客需求和整个市场环境的变化,充分利用现代信息技术和手段进行营销创新和管理,在更有效满足市场需要的基础上创建自身的竞争优势。

(资料来源:比特网行业频道)

### (二) 旅游中间商的管理

1. 日常管理

(1) 建立业务档案。建立业务档案是旅行社管理中间商的一种重要方法,业务档案应按照旅游中间商的名称建立,记录每一个旅游中间商的历史和现状、输送旅游者的人数频率、档次、欠款情况、付款时间等信息。通过对这些信息的分析和研究,旅行社销售人员能够对不同旅游中间商的能力、信誉、合作程度、合作前景等做出预测,并据此对他们分别采取相应的对策。

(2) 及时沟通信息。及时沟通信息是旅行社加强对旅游中间商管理的重要措施之一。旅行社及时向旅游中间商提供各种产品信息有助于旅游中间商提高产品推销的效果。同时,旅行社也能够根据旅游中间商提供的市场信息改进产品的设计,开发出更多的适销对路的产品。

2. 折扣策略

折扣策略是以经济手段鼓励旅游中间商多向旅行社输送客源、调节旅游中间商输送旅游者的时间或鼓励中间商及时向旅行社付款,以避免不良债权的重要方法。折扣策略包括数量折扣策略、季节折扣策略和现金折扣策略三种类型。

3. 实施客户评价

旅行社应对客户档案中的信息进行评价,以掌握每一位旅游中间商的现实表现及合作前景。客户评价应包括:客户的积极性、中间商的经营能力和旅游中间商的信誉。

4. 适当调整客户

旅行社在管理旅游中间商的过程中还可以根据旅游市场、旅游中间商和旅行社的自身发展等因素的变化对与之合作的旅游中间商做出适当的调整。

**实训任务:**

每组同学各选择一家不同的国际旅行社,用该社正在销售的一款出境游线路产品为调研对象,通过访谈和收集网站资料等方式,从组团社开始追溯到这款产品的批发社和地接社,列出一个完整的国际旅游线路产品分销渠道。

# 任务三　旅行社产品定价

**任务目标：**

通过本次任务的学习和训练，你能够学会分析观察设计旅行社产品的基本定价方法。要完成这项工作，我们必须：

1. 掌握旅行社产品的定价原则和旅游产品定价的影响因素；
2. 掌握旅行社产品的定价方法，并对旅行社新产品进行合理定价；
3. 能够选择合适的产品定价技巧；
4. 能够掌握旅行社新产品进入市场的定价法与现有产品的价格调整法。

**学习导入：**

## 乌镇与周庄的定价策略对比分析

周庄镇位于苏州城东南38公里的地方，被称为“中国第一水乡”，一直深受旅游消费者的喜爱。“上有天堂，下有苏杭，中间有一个周庄”的说法在旅游业界广为流传，周庄称为传统水乡游的首选。2004年9月，周庄景区大幅度涨价，门票价格从60元提高至100元，涨幅高达2/3。此后，周庄明显受到了游客的冷遇，甚至遭到京、沪等上百家旅行社的集体封杀，游客流入量和访问量急剧下降。

一位旅游业界人士透露：“2004年之前，周庄的旅游收入在江南六大古镇（江苏的周庄，同里，角直；浙江的南浔，乌镇，西塘）中排在首位，而远在第二名之前，当门价上涨后，周庄的旅游人数猛跌，实际收入估计都不敢对外公布。”

在周庄遭受到冷遇的同时，其周边的水乡景点正在悄然崛起，其中包括乌镇、西塘等。这几处水乡由于本身也极具韵味，自然景

观并不比周庄差，在江南水乡游方面正逐渐成为替代周庄的旅游产品。

尤其是离周庄不远的乌镇，从2001年对外开放以来，始终坚持不涨价，开业八年来一直保持60元的门票。周庄景区门票涨价后，原先去周庄的旅游团一半都改到了乌镇，乌镇景区迅速占领了周庄原有的市场份额。2012年，乌镇景区的年经营收入一举突破5亿元，成为江南水乡古镇的龙头产品。当地媒体记者打趣地说："周庄涨价封杀后，倒是乌镇捡了个大红包"。

**学习要求：**

请同学们分组讨论并思考如下问题：

1. 请分析周庄景区提价策略失败的原因。
2. 乌镇的成功之处主要是价格原因吗？

在学习导入的过程中，同学们已经了解到相似旅游产品之间由于定价的不同导致了截然不同的市场反应。本次任务旨在帮助同学们在了解常规性定价方法的基础上，建立基于细分市场特点来定价的理念。

## 一、旅行社产品价格的主要内容

旅行社产品的价格，是指旅行社向消费者提出的产品及服务价值的货币表现。由于旅行社提供的旅游产品是一个整体概念，有单项的旅游产品（如交通，住宿，餐饮等），也就有了单项产品价格（如交通费，住宿费，餐饮费等）。而相对于单项旅游产品单价而言，综合旅游产品，也就是消费者一次性购买的旅游产品的价格，也就是包价，是指一次旅游消费中所有产品和服务价格的总和，但又不完全是每一单项价格的简单加总。从根本意义上讲，旅游产品的价格还是由旅游市场的供求关系决定的。

## 二、影响旅游产品价格的因素

影响旅游产品定价的因素有很多，由于价格是市场供给关系的综合反映，因此在影响旅游产品定价的诸多因素中，既有供给方面的因素，也有需求方面的因素，还包括旅行社内外部的因素。

### （一）旅行社内部因素

1. 旅行社的市场定位对其定价的影响

旅行社在其自身发展、市场份额以及投资回报等方面的战略决策会直接影响到其旅游产品的定价。准确的市场定位，是旅行社以及所有企业走向成功的第一步，这包括形象定位和产品定位，都需要通过其产品价格来实现。比如，一家定位于奢华型的酒店，其入住价格就要采取高价法，以展示其酒店产品的豪华高档。

2. 成本是影响旅游产品定价的重要因素

产品成本价格加上企业利润就形成旅游产品的价格，旅游产品的成本由生产旅游产品、提供服务以及销售成本构成。由于旅游产品的特殊性，使得其成本的变动性较大，因此旅游产品的价格往往有较大的浮动空间。同时由于旅游产品的价格弹性较大，而价格在很大程度上影响着旅游需求，所以旅游产品的合理定价以控制合理的价格浮动显得尤为重要。

**（二）旅行社外部因素**

1. 旅游者市场需求对价格的影响

与其他产品一样，市场需求会影响到产品价格。旅游市场的需求变化相对较大，例如消费者的收入、消费观念、交通状况、季节、气候等，很多因素都可能对旅游市场需求量产生影响。因此，只有及时跟踪旅游市场的变化，及时调整旅游产品价格，才能保证旅行社稳定的收入和客源。

2. 同行业的竞争

旅游产品定价受到竞争者的影响也比较明显，旅行社通常要借助一些手段来减少自己产品线路的可替代性，使企业在产品定价方面能保持主动，避免卷入同行内的价格战。

在旅游业中，为了竞争客源的需要，尤其在应对竞争者的价格行动而采取措施的情况下，旅行社很有可能在产品定价方面丧失短时期的主动权。为避免以上情况，旅行社可采取以下措施：

(1) 提供产品的附加利益，以争取更多的客源。比如越来越多的旅行社开始提供并推出各种各样的特别优惠和会员特权等活动，给持卡人提供便利，特别服务，免费提升产品价值，享受特别待遇等利益。

(2) 实行潜在降价，也就是暗降。比如，很多旅行社推出家庭游，随行小孩免费，或三人同行一人免费等促销手段来争取客源。旅行社采取潜在的降价措施，有利于其争取客源，同时也可以维持企业的品牌形象。

## 三、旅行社产品的定价方法

旅行社产品价格的构成非常复杂，旅行社产品是“后生产性”产品。整体设计好了，销售出去的实际是一套旅行社产品生产方案，然后才是价格与价值的一一验证。

生产旅行社产品过程中，代收代付几乎贯穿旅行社产品生产的始终。熟悉价格行情和讨价还价能力是旅行社产品设计人员必备的专业素质之一。

**（一）旅行社产品的价格构成**

有两种不同的产品价格构成算法：

1. 代收代付＋[综合服务费×(1＋税率)]

综合服务费指车费、导游服务费等。这种价格构成，旅行社的成本容易夸大，目前比较少用。

2. 代收代付＋[成本加成×(1＋税率)]

这种价格构成，成本公开透明，旅行社产品成本分项单列，非常清晰。目前多使用此种算法。

**（二）产品制作成本的价格核算**

1. 代收代付签约

代收代付签约是跟具体的房、车、餐、票以及地接旅行社的签约。

注意：把代收代付款项的转移法定为法律责任的转移，即“代收代付的转交即被视为法律关系中赔偿责任的转移”写进旅游合同，基本上可以从结构上改变代收代付款项及时收而不及时付的问题。

2. 核算产品价格成本需考虑的因素

第一，对旅游者的报价中的每一个单项的价格，都不能高过该单项对游客的报价；

第二，综合考虑单团规模，做大团；

第三，不可忽视司陪人员费用；

第四，季节变化给旅游产品成本带来的影响；

第五，旅游供给局部的短缺与过剩给旅行社产品成本带来的变数。

**(三) 心理定价**

心理定价是旅行社根据消费者心理因素，有意识地将旅游产品价格定得高些或低些，以满足消费者的心理、物质和精神的多方面需求，提高消费者的购买满意度。常用的心理定价策略有整数定价法、尾数定价法、声望定价法、招徕定价法和习惯定价法。

1. 整数定价法

整数定价法是指旅行社有意识地将旅游线路产品的价格制定成整数，对零数分角忽略不计。整数定价法便于计算，适用于价格比较昂贵的产品，有利于提高产品的身份，促进旅游产品的销售。

2. 尾数定价法

尾数定价法是指旅行社在给旅游线路产品定价时，利用消费者求廉的心理，有意识地留有尾数的定价方法。这种定价法直观地给消费者一种便宜、价格计算精确的感觉，从而激起旅游消费者的购买欲望，促进产品销售量的增加。同时可以迎合旅游消费者对不同数字的喜欢心理，如中国人喜欢尾数为 6 和 8，而美国人喜欢以 9 做尾数等，以此产生购买好心情，增加销售。该策略一般适用于一些价值较小的旅游线路产品。

3. 声望定价法

声望定价法是为产品设定高价格，和普通的低价法不同的是，这是一种长期的定价方式，是指旅游产品在其整个生命周期一直保持高价格的定价法。设定高价格是为了突出该产品的高品质和好形象，同时这种高价格本身也会刺激消费者的消费。因此，这一定价法适用于知名度高、有较大市场影响、深受旅游市场欢迎的旅游产品。

4. 招徕定价法

这种定价法经常被旅行社作为吸引旅游市场消费者走进旅行社的一种方式。招徕定价是指旅行社有意制定的一种特殊定价法，发挥促销导向的作用，吸引潜在的旅游消费者，从整体上提高旅行社的销售收入，增加盈利。旅行社往往把某些旅游产品的价格定得很低，甚至是亏损，以低廉的价格吸引求廉心态的消费者走进旅行社的一种方法，借机带动并扩大其他旅游产品的销售。

5. 习惯定价法

习惯定价是指某种产品由于长期使用在消费者心理上认可的难以改变的产品价格。当旅行社为产品定价时，应当遵循旅游消费者对产品价格的习惯理解来确定价格。这种定价法适用于价格长期固定不变的旅游线路产品，以及在旅游消费者心目中具有独特文化价值的经典旅游线路产品。

**(四) 促销定价策略**

促销定价策略指企业根据产品的销售对象、成交数量、交货时间、付款条件等因素的不同，给予不同价格折扣的一种定价决策。其实质是减价策略。这是一种舍少得多，鼓励消费者购买，提高市场占有率的有效手段。其主要策略有以下几种：

1. 现金折扣

指对按约定日期付款的消费者给予一定比例的折扣。典型的例子是“2/10，n/30”，即10天内付款的消费者可享受2%的优惠，30天内付款的消费者全价照付。其折扣率的高低，一般由买方付款期间利率的多少、付款期限的长短和经营风险的大小来决定。这一折扣率必须提供给所有符合规定条件的消费者。此法在许多行业已成习惯，其目的是鼓励消费者提前偿还欠款，加速资金周转，减少坏账损失。

2. 数量折扣

指根据购买数量的多少，分别给予不同的折扣。购买数量越多，折扣越大。典型的例子是“购货100个单位以下的单价是10元，100个单位以上9元”。这种折扣必须提供给所有消费者，但不能超过销售商大批量销售所节省的成本。数量折扣的实质是将大量购买时所节约费用的一部分返还给购买者，其关键在于合理确定给予折扣的起点、档次及每个档次的折扣率。它一般分为累计折扣和非累计折扣。数量折扣的目的是鼓励消费者大量购买或集中购买旅行社产品，以期与本企业建立长期商业关系。

3. 交易折扣

指企业根据交易对象在产品流通中的不同地位、功能和承担的职责给予不同的价格折扣。交易折扣的多少，随行业与产品的不同而有所区别；同一行业和同种商品，则要依据中间商在工作中承担风险的大小而定。通常的做法是，先定好零售价，然后再按一定的倒扣率，依次制定各种批发价及出厂价。在实际工作中，也可逆向操作。

4. 季节折扣

指经营季节性商品的企业，对销售淡季来采购的买主给予折扣优惠。实行季节折扣，有利于鼓励消费者提前购买，减轻企业仓储压力，调整淡旺季间的销售不均衡。它主要适用于具有明显淡旺季的行业和商品。

5. 复合折扣

企业在市场销售中，因竞争加剧而采用多种折扣并行的方法。如：在销售淡季可同时使用现金折扣、交易折扣，以较低价格鼓励消费者购买。

6. 价格折让

指从目录表价格降价的一种策略。它主要有以下两种形式：(1)促销折让。指生产企业为了鼓励中间商开展各种促销活动，而给予某种程度的价格减让。如：刊登地方性广告、布置专门的橱窗等。(2)以旧换新折让。指消费者购买新货时将旧货交回企业，企业给予一定价格优惠的方法。如：“双喜”牌压力锅的以旧换新策略。

小链接

## 对特殊旅行社产品定价策略失当
## 北京旅行社错失 F1 商机

（新浪网报道）F1 上海站比赛 2004 年 9 月 26 日盛装落幕，十余万来自国内外的观众一齐涌到上海。其中北京的游客，未将自助散客计算在内至少也有 2000 人。但遗憾的是，北京的旅行社却没能成功地组出一个“F1 赛事游”团来，让人大跌眼镜，卖了票却未组成团。

F1 上海站比赛的观赛票在中国总共销售了 15 万张，在开赛前一个月就已全部售完，从 300 多元的站票到最高近 3 万元的贵宾围场票，分别由上海的多家机构负责分销，其中包括中国最大的国内社——上海春秋国旅。它在北京的全资子公司北京春秋国旅向总社申请了 1027 张票，这是北京分到的散票量。北京春秋国旅总经理杨洋介绍，1027 张票在 8 月底就已经售完，北京春秋想向总社追加时，发现上海总社的票都不够卖，无法追加。北京春秋卖这 1027 张票可以得到 3%—18%的回佣，卖票赚了多少钱，杨洋并不透露，只告诉记者，卖满 1000 万元才能得到 18%的回佣，卖满 100 万元只有 3%回佣。按每张票最高 3700 元计算，北京春秋的门票销售额最多也才 380 万元，能得的回佣不过区区几万元。此前 7 月，北京春秋曾向媒体表示要借助票源优势，对该社北京出发的华东 5 日游添加 F1 赛场参观以及观赛项目，打造成“F1 观光游”，而昨天杨洋苦笑着说，北京春秋基本没有组织人进行“F1 观光游”，目前走的还是普通的华东 5 日游。问其原因，他只表示“说来话长”。

记者向中青旅、国旅、港中旅等其他北京大社了解的情况也不乐观。各社负责人纷纷表示，由于没有获得门票的代销权，缺乏首要的成团因素——观赛票，且向春秋买票来再卖成本更高，加上 F1 有一定专业性，所以他们根本没有过要开发 F1 相关旅游产品的想法。因而，虽然北京有庞大的 F1 迷群体，北京旅行社在相关旅游产品和配套服务的开发和运作上几乎是一片空白。

谈到这次几乎交了白卷的原因，杨洋对记者大倒苦水，他表示北京春秋拥有了卖票权之后不是不想赚钱，而实在是不确定因素太多：

上海当地的交通问题。本来以为可以像以前一样采用普通包车，每位游客每天 20 元即可，后来却发现上海临时规定每辆包车都需要购买专用通行证，每天场外 400 元、场内 600 元，而且不同车之间不能转用，如果用出租车，只能停在离赛场 3 公里的地方，游客只能步行，所以多出来的成本让旅行社措手不及。

酒店房价问题。普通三星在平时只要 150 元人民币，而 F1 期间临时疯长到 700—1000 元，五星级酒店如新锦江更是从 260 美金涨到 600 美金，对于需要提前向客人报价的旅行社来说实在是动作跟不上变化。

游客消费心理问题。真正有钱的、专业的车迷不会选择跟旅行社去看 F1，会自己定好住宿和交通，不会在意价格。相当一部分人是公司买单，也不通过旅行社。

综合而言，旅行社需要在基础报价上加 2000 元才能保本，例如原来的华东5日游报价需从1800元涨到3800元，这是令普通游客无法承受也无法理解的。此外，还有机票折扣变化和当地临时政策变化，都令北京的旅行社晕头转向，所以旅行社没有对F1专项旅游产品做宣传和包装。

但负责F1专项操作的上海春秋副总周卫红却有不同的说法。周卫红介绍，北京很多大客户如HP、中石化、联通都是直接向上海春秋买票，每家动辄几百张，所以北京专门前来的人至少有2000人，还不包括一些自助散客，但这些人中几乎没有人是被北京的旅行社组织而来的。而与北京春秋的无所收获相比，其总社上海春秋却大赚了一笔，销售的票达到了1.2万多张，销售额达到1000多万元，销售额在上海众多分销商中排第一。按18%的回佣率计算，上海春秋卖票就赚了近200万元。此外，上海春秋还接待了几千人的F1专项旅游，该社所开发的这条线路，是以普通华东5日游的报价为基础报价，游客再随意选择添加不同的票的等级，由于F1期间各项成本提高，华东5日游的报价翻了2—3倍。

## 四、旅行社新产品定价策略

新产品定价的重点在于旅行社无法确定其新产品在进入市场后消费者的接受程度。如果新产品定价过高，产品将很难进入市场，而如果新产品的定价过低，就会直接影响到旅行社的利润。同时，定价也是营销组合中最灵活的部分，其他要素都可以看做是成本，但是产品的价格和企业所提供的服务是决定旅行社利润的重要因素。而旅行社的目标当然是利润最大化。所以，产品的定价战略是旅行社营销战略的重中之重。

### (一) 渗透定价

当旅行社进入一个新的市场，那么它首先需要占领一定的市场份额。当旅行社的新产品以一个较低的价格进入市场，最大的好处是可以迅速诱使消费者尝试购买该产品。采用渗透定价的旅行社利润无疑会下降，但是低价法可以使旅游线路产品迅速为市场所接受，并借助大批量销售达到规模经济以降低单位产品成本，获得长期稳定的市场定位。同时，低利润可以很好地防止新竞争者的进入，增强自身的市场竞争力。

### (二) 撇脂定价

撇脂定价法是指新产品上市之初，将产品价格定得较高，在短期内获较高的利润，尽快收回旅行社的投资。撇脂定价不仅能在短期内获取大量利润，而且可以在竞争加剧时采取降价的方法来限制阻止竞争者的加入，又符合了旅游市场消费者对待价格从高到低的客观心理反应。撇脂定价成功的关键要素在于，该市场上不能存在着过于激烈的竞争，否则消费者就会直接购买相对低价的产品。它适用于一条新的旅游路线产品进入一个全新的细分旅游市场。这种定价法作为一种短期的价格策略，适用于具有独特技术、不易模仿、生产力不能迅速扩大等特点的旅游新产品，同时市场上存在高消费的需求。

### (三) 满意定价

满意定价法也叫作适中定价法，是一种相对折中的定价法，也可以称之为温和定价法。其价格水平居于以上两种定价之间，即采取比撇脂定价低但是比渗透定价价格高的折中定价。这种定价策略兼顾了市场供给者与需求者双方的利益，既保证了旅行社有固定稳定的收入，又能使消费者满意，从而形成稳定的购买者。这种定价法的缺点在于产品的定价是被动的适应市场，而不是积极主动地参与市场竞争，因此可能使旅行社难以灵活地适应千变万化的市场状况。

## 五、其他的定价方法

近年来，随着旅游业的快速发展，旅行社之间为了争夺客源盲目降价，定价违反了旅游行规和市场竞争规则，这不仅影响旅行社的获利能力，而且最终损害了消费者的利益。旅行社要针对不同情况实行差别定价，如分级定价策略、差价策略。

### (一) 分级定价策略

分级定价策略就是旅行社根据不同层次旅游者的不同消费心理，将一系列功能相近的旅游产品分成几个不同的档次，每个档次制定一个价格，以满足不同旅游消费者需要的定价策略。一方面，市场上有一部分人不在乎价格而愿意购买最好的产品；他们往往高估产品的价值，可能愿意支付 10 元钱来购买旅行社只多付出 1 元钱成本的产品；另一方面，对于价格敏感的顾客来讲，门槛较原来更低的起价有助于满足这块细分市场的顾客需求。

旅行社要能够将市场划分为购买愿望和购买能力不同的各类群体，推出不同档次的产品价格。例如，旅游的交通有飞机、火车和汽车，飞机有头等舱、普通舱和经济舱之分，火车有软卧、硬卧和硬座的差别。对于不同档次的交通工具，定价当然不一样。另外，住宿等级、用餐标准、服务层次的不同，定价自然也不同。一般情况下，在门槛值较高的产品中，住宿等级、用餐标准上的适度提高更能实现利润的大幅增加。

### (二) 差价策略

差价策略体现在多个方面，是旅行社根据不同地区、不同顾客和不同季节等，对同一种产品采用不同价格的定价策略。下面就季节差价和新老顾客差价进行论述。

1. 季节差价

旅游需求的季节性很强，在淡季需求降低，客源减少。由于旅行社产品具有不可转移性、不可储存性的特点，而旅游需求又具有较高的弹性，所以旅行社要善于利用价格杠杆，在淡季主动出击，适度降价，最大限度利用资源，争取客源。需要指出的是，这种季节差价策略不同于恶性削价，而是旅行社根据供需状况，灵活运用价格杠杆的有效策略。旅游旺季定价更加繁杂。旅游是吃、住、行、游、购、娱的结合体，地接、住宿、机票、餐饮等价格的变化都会影响到旅行社的定价，尤其是机票和住宿，在旺季一天变化三次的情况都会发生。从客人报名到出游日，其间价格变动的可能性很大，旅行社在定价时，一定要及时、灵活。与游客签订合同时，既要明确有效期限，又要告诉客人涨价的可能性。一旦涨价，及时协商补足差价。

总之，季节差价定价策略需要旅行社及时抓住市场的变化，做到定价及时、准确、可信。

2. 新老顾客差价

每个旅行社都拥有一定数量的老顾客。这些老顾客的忠诚度一方面反映了他们对旅行社的信任和满意，另一方面对他们自身而言，更期望得到旅行社在价格上给予他们以新顾客享受不到的优惠。旅行社在定价时应根据顾客的身份，对老顾客给予适当优惠。这对于旅行社留住老顾客、稳定客源、防御竞争对手、保持市场占有率无疑是大有裨益的。对新顾客的定价要适当高一点，这有利于新顾客形成“高价优质”的产品印象，同时也为“杀价”留有余地。但是高要高得“合理可行”，不可随意拔高。需要说明的是，顾客对定价的公平性的看法至关重要。对新顾客来说，如果他们得知旅行社对自己的定价偏高，他们会转而购买其他旅行社的产品。然而对旅行社而言，定价、报价的灵活性在很大程度上掩盖了这种价格差别，也是符合定价原则的。

**实训任务：**

## 分析旅行社产品定价策略

1. 请每组同学各选择一家本地旅行社，通过现场观察、工作人员访谈和收集网络资料调查了解其产品价格，分析其定价策略，列出主打产品的价格清单，分析该旅行社所采取的定价方法和定价策略。

2. 每个实训小组应根据旅行社调研的情况，以 PPT 的形式向全班汇报。要求 PPT 制作简要，重点突出，针对旅行社所采取的定价方法和定价策略，给出评价并提出可行性建议。每组演讲时间不少于 5 分钟。

# 项目三

# 饭店营销

## 导语

从我们耳熟能详的“龙门客栈”到迪拜超豪华的帆船饭店，饭店业发展始终伴随社会经济文化的发展，是旅游业中历史最悠久、也是最成熟的企业类型。饭店业还是我国最早对外开放的经济领域，目前已有40多个国际饭店管理集团的70多个品牌落户中国。到2012年底，全国仅纳入统计的星级饭店就有12807家，床位近300万张，整个饭店业的接待规模更是数倍于此。可想而知，饭店业的市场竞争有多么激烈。因此，市场营销是所有的饭店经营者都极其重视的一项工作，而饭店业的市场营销水准也是旅游业中的佼佼者，他们为旅游营销界创造了非常多的经典案例，启发了无数的学习者和管理者。

# 任务一 饭店的产品组合与定价

**任务目标:**

通过本次任务的学习和训练,你能够完成基本的饭店产品组合设计和定价方案制定,这是饭店产品销售推广前最重要的前期工作。要完成这项工作,我们必须:

1. 了解饭店产品和服务的主要内容;
2. 掌握产品处于生命周期各个阶段的主要表现,并了解各个阶段的营销策略;
3. 在营销策略的指导下,选择一种恰当的定价方法。

**学习导入:**

杭州西湖边黄金地段某四星级涉外饭店的12楼餐厅生意一直不错,近两年回头客越来越少,多以住店客人的大堂消费为主,顾客平均花费也有下滑趋势,但总的来说还过得去。饭店管理层也注意到了这个现象,大家一致认为是由于多年来一成不变的装修风格、菜式和价格,逐渐失去了吸引力。是否重新装修被提上饭店高管会议的议程。

以财务总监为主的部分高管认为,重新装修费时费力费钱,还要冒风格定位失败的风险,客房刚刚装修过,企业财务压力比较大,现在的生意也还过得去,可以通过优惠活动和与客房组合销售等手段提高上座率,装修的事情不如等到实在没生意的时候再说。以营销总监为代表的另一部分高管认为,趁现在生意还过得去的时候重新装修,给市场留下一个较好的口碑,装修好之后,重新把市场做起来就比较容易,如果等到客人们都不愿意来了再去装修,要重新把市场做起来就得费不少功夫,甚至比新开一家店还要难。

经过多次会议讨论之后,饭店决定对餐厅实施整体改造。对于具体改造的方案,管理层又形成了两种意见。营销总监认为餐厅的改造应体现饭店一贯的风格,与大堂和客房一样,选择欧式贵族风格;财务总监认为应跟进饭店餐饮大众化的趋势,装修成体现巴蜀风情的特色川菜餐厅,很关键的一点是装修费用大大低于欧式风格。

最终饭店从降低成本和规避市场风险的角度考虑,采纳了后一种意见进行全面改造。改造后的餐厅重新开业,客人到餐厅后可以坐在“杜甫草堂”,遥见一座绿林茂密的林园,旁边就是“草堂故居”;走进“东坡厅”可品尝具有特色的“东坡

(图片来源:百度图库)

肉”等美味佳肴;“宝瓶口餐厅”表现了李冰父子科学治水的主题,客人走进此地,似乎依稀可以听见都江堰的涛声在诉说李冰父子的千秋功绩;“卧龙村餐厅”里表现出孔明征战时的画面,并在左右墙壁上分别悬挂了古筝和羽毛扇来体现巴蜀风情。不仅如此,饭店还以川菜为主更新了菜单,由于菜品的变化,整体用餐价格也更加实惠。

经过此番餐厅改造,树立了餐厅新的巴蜀文化特色,虽与饭店大堂装修风格和客房风格不一致,但却获得了消费者的极大欢迎。不仅国内客人喜欢来此就餐,外国宾客也赞不绝口。从饭店经营的层面看,餐厅营业收入提高了,总的利润额虽有所上升,但除去装修的折旧,与装修前生意好的时候差不多。

**学习要求:**

1. 分小组收集一家具体饭店的组织结构信息,列出饭店的高管层职位和对应的主要职责。

2. 组内成员练习角色扮演,分别担任总经理、营销总监、财务总监、餐饮总监、客房总监,每位同学认真理解各自扮演角色的岗位职责,根据导学案例中的情景,讨论饭店餐厅需不需要重新装修,如果装修,采用什么定位和风格。

---

在学习导入的过程中,同学们已经接触到真实的饭店,对饭店的组织构架有了大致的了解,这是我们了解饭店产品及其营销的一个起步。

## 一、饭店产品

饭店产品是围绕满足旅游者过夜需求延伸开来的系列产品,即包括有形的设施设备,如客房、餐厅、游泳池等,也包括无形的服务,如前厅服务、客房服务、用餐服务等。与一般的产品概念不尽相同,它是一种特殊的服务性质的产品,是指饭店出售的能够满足旅游消费者需要的有形产品和无形服务的总和。对旅游消费者来说,各种不同的饭店产品是给他们提供的一种经历,这种经历是由一系列的服务构成,是饭店在对不同细分市场的需求特点来进行预测分析后设计并组织起来的。饭店产品组合的构成十分复杂,简单地说,就是一系列经历和感觉的组合。

以服务内容相对完整的大型饭店为例,其提供的服务分属于不同的职能部门,主要内容如下:

### (一) 预定服务

包括处理日常的查询和接受预定,包括电话、邮件和互联网预定系统客房、机票和火车票等。

### (二) 接待储存以及账务等服务

比如登记入住和办理离店退房服务等、核对预定和分配房间、开具发票和结账,还包括必要的辅助性服务,比如行李搬运、行李储存等。

### (三) 餐饮服务

包括餐厅美食、自助性早餐下午茶、酒吧、咖啡厅等。

### (四) 客房服务

提供客房以及必要的客房服务,包括清洁、维护、送餐服务等。

### (五) 娱乐服务

包括商店、休闲娱乐措施、秘书服务、洗衣服务等。

## 二、饭店产品的特点

### (一) 以服务为主

服务产品看不见、摸不到,但却能被客人真实地感受到。例如一位客人在傍晚时入住了一家四星级饭店,按照国际惯例,他购买的是一间客房从入住起到次日中午的使用权,也就是饭店常常提醒客人的“请在中午 12 点以前退房”。饭店绝非给客人一个房间、一张床就能完成交易,还需要围绕客人安全舒适度过夜晚的核心需求,提供前厅接待、客房清洁、开夜床、叫醒等服务。当然,如果客人需要,有些饭店也提供水果、鲜花、书籍、酒水、零食等有形的产品。但我们应该记住,饭店的核心产品就是服务。

### (二) 不可储存性

一般的实物产品暂时销售不出去还可以放进仓库,以后再销售,并不影响产品的价值体现,但饭店产品无法储存。比如客房,今天没有租出去,就意味着今天的客房收入损失了,就算明天租出去,也不能弥补今天的损失。

### (三) 综合性

饭店产品的综合性是由宾客需求的综合性所决定的,从需求涉及的范围来看,包括饮食、住宿、娱乐、会议、服务等多方面功能,几乎涉及了消费者日常生活的绝大部分领域,综合性较强。

### (四) 文化性和指向性强

饭店是一个企业物质文化、精神文化的体现,也是一个国家、地域、城市文化的精华总和。其文化性是建立在外观形象上的差异和内在经营管理和服务的独特性上。饭店建筑常常是一地的标志性建筑,如湖州太湖旅游度假区的月亮饭店,已经成为一个旅游景点。饭店产品还具有较强的指向性,即客源类别不同导致饭店的市场定位不同,例如有度假饭店、商务饭店、会议饭店、温泉饭店等。

### (五) 有淡旺季之分

不同类型的饭店淡旺季节都有所不同,由于旅游市场需求固有的季节性特征,一年和一周的不同时间段,所有的饭店都存在经营的高峰期和低谷期,导致饭店产品的需求差异巨大,利润差异也巨大。

### (六) 产品质量不稳定

饭店产品的质量受人为因素影响较大,由于生产和消费的同步性,使得饭店服务质量很容易受到服务人员本身的素质、技能、情绪等因素的影响,而产生服务产品质量的不稳定和不一致。

## 三、饭店产品组合

### (一) 组合内容

对独自住饭店的客人(商务客人或度假客人)来说,饭店产品就是一系列感觉或经历的“组合”,即通过宣传册或其他宣传媒体选择饭店时的最初体验和反应。它可以分解为:

1. 预订过程中的最初体验
2. 进入饭店时的第一印象
3. 抵达饭店办理入住手续的过程
4. 房间和配套设施的档次
5. 与饭店员工接触的体验
6. 膳食供应和其他附属服务
7. 离店时的退房手续
8. 离店后所接受的售后服务

对于旅游者来说,产品组合相对于单项产品,提供的应是一种更加有主题感的经历。这种经历由一系列产品和服务构成,是供给者在对不同细分市场的需求特点进行预测后设计并组织起来的。

在大型饭店企业中,这些服务分属不同的职能部门,其中最重要的包括:

1. 预订服务
2. 接待/结账服务
3. 客房服务
4. 餐饮服务
5. 其他服务

### (二) 组合结构

饭店产品组合又称为饭店产品的搭配,它是指饭店销售的产品线和产品项目的组合。顾客消费的饭店产品并非是饭店的单个部门或是个人能够完全提供的。一方面,顾客需要的不仅仅是单个饭店产品,而是多种饭店产品的组合。另一方面,因为顾客的需求是多种多样的,从而要求饭店提供不同组合的产品以供选择。饭店企业要针对不同层次的消费者,因此要开发不同的饭店产品组合,形成不同系列的饭店产品。饭店产品组合的结构包括宽度、长度、深度和关联度四个方面。

饭店产品组合的宽度是指饭店企业所拥有的不同产品线的数量,也就是指饭店所拥有的分类产品数量,比如客房服务、餐饮服务、娱乐服务、会议服务等,产品线数量越多说明其宽度越广。

饭店产品组合的长度是指饭店企业所开发的每一个不同类型产品中所拥有的不同的服务产品的数量,如一家海滩度假饭店的客房种类可包括标准房、山景标房、海景标房、山景套房、海景套房、山景豪华套房、海景豪华套房、家庭套房等。

饭店产品组合的深度是指一项服务包括的多少相关联的服务内容,比如KTV包厢内提供多少服务,有无茶水、夜宵、歌曲数量的多少等。

饭店产品组合的关联度是指各种各类产品和各种服务项目之间在使用功能、生产条件、销售渠道之间的关联程度。如客房产品和餐饮产品之间的关联度,如果都是定位于高端商务客人,那么关联度很高,可以向商务客人组合销售;如果客房定位于高端商务客人,而餐厅定位于大众消费者,那么关联度是不高的,组合销售的意义不大。

饭店企业可以通过扩充或缩减饭店产品组合的宽度、长度、深度,调高饭店产品组合的关联度,从而使得饭店拥有更加多元的产品结构,让顾客有更多的选择,从而更加具有市场竞争力。

## 四、生命周期理论

产品生命周期阐述了产品如何走过一系列发展阶段,从导入市场到最终被市场其他产品和服务所替代的全过程。饭店产品生命周期是指饭店产品从投放到旅游市场到退出旅游市场的全过程。

饭店产品在市场上生命周期有长有短,一般分为投入期、成长期、成熟期和衰退期等四个阶段。与一般的产品生命周期不同的是,饭店产品生命周期不是指饭店产品价值的存在和消失,而是指饭店产品是否被旅游市场接受及接受的程度。随着经济的发展,市场需求变化的多样性,大多数饭店产品的生命周期呈现出越来越短的趋势。由此而见,饭店的产品和服务不能固守陈规,应该及时推出新产品新特色,使旅游消费者需求的多样化得到及时满足,从而对市场保持"青春永驻"般的魅力。

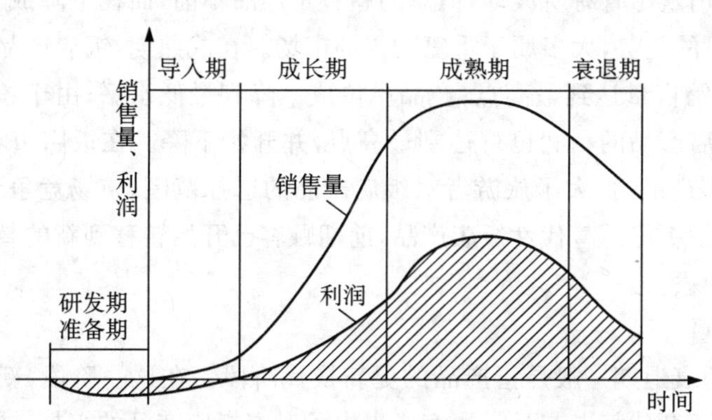


图 3－1

饭店产品生命周期各阶段示意图

### (一) 导入期

导入期一般是新产品刚开发出来投放市场,销售缓慢增加的阶段。新的饭店和饭店娱乐设施落成,新的饭店项目、饭店服务首次向市场推出,都算是新产品的导入期。

由于饭店产品刚投放市场,还未被广大消费者所认识,因此新产品在市场上知晓度很低。在导入阶段,由于饭店产品刚刚面世,饭店产品还有待完善,消费也有一定的风险,更谈不上了解和接受。而饭店开发企业通过加强宣传促销,一部分求新和好奇的游客消费者开始出现,而更多游客消费者往往持观望态度,因此导入期的饭店新产品需求量很少,销售量增长缓慢而无规律。

由于前期投资大,市场开发费用高,饭店产品的单位成本较高,因而价格较高也是制约饭店新产品销售增长缓慢的重要原因。企业为了使旅游者了解和认识饭店产品,需要做大量的广告和促销工作，产品的销售费用较大。在这个阶段内，旅游者的购买很多是尝试性的，重复购买尚未出现，由于饭店新产品的销量小，利润低甚至亏损，成功与否前景莫测，竞争对手往往还持观望态度，市场还未出现竞争。

**(二) 成长期**

饭店产品经过导入阶段的顾客试探性消费，一旦感觉良好，顾客稳定增加，就会进入饭店产品的成长期。在成长阶段，饭店产品克服了前期暴露的缺点，并逐步完善，饭店产品基本定型并形成一定的特色，开发阶段的宣传促销开始收效，在饭店市场上知名度逐步提高，顾客对产品更加熟悉，越来越多的顾客进入购买体验，同时还有部分回头客也开始出现。

与此同时，饭店产品的开发投资也逐步减少，尽管对饭店产品促销总费用还在继续增加，但分摊到单个顾客的促销费用迅速下降。由于饭店产品需求的大幅度增加和成本大幅度下降，导致该饭店产品的利润迅速上升，由导入期的亏损出现净利润额。在成长期，饭店产品表现出良好的市场前景，在饭店产品利润和良好市场前景的吸引下，竞争对手开始开发类似的替代饭店产品推向市场，市场上出现竞争。

**(三) 成熟期**

饭店产品到了成长期后期，顾客和销售量的增长势头必然放慢，于是进入了饭店产品的成熟期。成熟期又可以划分为增长成熟期、停止成熟期和下降成熟期三个阶段。在增长成熟期，饭店产品销售量继续增加，但增长幅度逐步减缓，趋于停止的平稳状态；在停止成熟期，销量尽管有所波动，但总的趋势是停滞不前；而在下降成熟期，销量下降并成为一种明显的趋势，大多属于重复购买的市场。在成熟期，饭店产品的市场需求量已达饱和状态，销售量达到最高点；产品单位成本降到最低水平；由于销量和成本共同作用的结果，饭店产品的利润也将达到最高点，并开始下降。在饭店市场，竞争者开发了很多同类饭店产品，扩大了旅游者对饭店产品的选择范围，市场竞争十分激烈，更为严重的是，出现了更好的替代性饭店产品，前期顾客已开始转移到新的替代性饭店旅游品的消费市场中去。

**(四) 衰退期**

饭店产品的衰退期一般是指产品的更新换代阶段。在这一阶段，新的饭店产品已进入市场，正在逐渐代替老产品。顾客或丧失了对老饭店产品的兴趣，或由新饭店产品的兴趣所取代。原来的饭店产品中，除少数主要产品外，市场销售量日益下降。市场竞争突出地表现为价格竞争，价格被迫不断下跌，利润迅速减少，甚至出现亏损。由于衰退期顾客数量急剧下降，顾客数量有限，不能容纳更多的饭店企业的生存，因此不少竞争实力弱的对手因财务问题，或者因有更好的饭店产品而逐渐退出衰退期的市场。

应该指出的是，饭店产品生命周期是指饭店产品的一般发展规律，不能用来套用于每个饭店产品进行生命周期分析，不同的饭店产品其生命周期是不同的，其生命周期所经历的阶段也可能不同。一些资源的特殊性和文化内涵，以及这些饭店所处的地理位置的不可复制性，其产品生命周期可能非常长久；而有些饭店产品由于可以进行大量复制，一旦竞争产品大量出现，其生命周期必然变短，比如很多地方的农家乐；有些饭店产品、服务项目由于种种原因甚至未进入成长期就夭折了。

小链接

建立产品生命周期的概念，对实际的营销工作具有以下几点意义：一是建立有限生命的理念，再好的产品都有衰落的一天，只有不断创新才能永远保持市场竞争力；二是不同生命周期阶段的产品有不同的市场表现，企业需要理性判断产品所处生命周期，制定有针对性的营销策略；三是在不同生命周期阶段的产品，利润高低差异很大，企业万不可只看重短期利润，而忽视培育一个具有长期价值的好产品；四是企业万不可希望"一招鲜，吃遍天"，要及时判断产品生命周期的更替，针对市场需求及时更新换代。

## 五、产品生命周期各阶段的营销策略

研究饭店产品生命周期的目的是为了帮助饭店企业根据各阶段的不同特点，制定更有针对性的营销策略。

### (一) 导入期的营销策略

饭店新产品的市场知晓度低是制约顾客接受和使用饭店产品的限制条件，因此饭店企业在导入期的营销重点就是提高饭店产品的市场知晓度。其主要的措施有：一是完善饭店新产品，提高服务质量的稳定性；二是利用各种促销手段大力宣传饭店新产品，尽快在目标市场上提高其知名度，提高顾客对饭店产品的了解和认知程度，扩大市场覆盖面。同时饭店经营者应在饭店产品还未上市之前就进行广告宣传，突出饭店产品独特的优势，引领新的消费时尚，争取潜在顾客群，激发顾客的购买欲。

同时饭店新产品在价格上不能定得太高，否则顾客接受起来很困难，但是对饭店新产品如果定价太低，也会导致该饭店产品在后期提价困难。饭店常用的解决方法是，按照目标成本加上合理利润制定目标价格，但根据导入阶段的特点，按目标价格给予较大的折扣，以鼓励顾客试用新产品。

### (二) 成长期的营销策略

成长期的营销目标是保持饭店产品的销售增长率，旨在提高饭店产品的市场占有率。经过导入期的饭店产品已经表现出明朗的市场前景，尽管由于顾客的快速增长，可以给饭店企业带来利润，但是对饭店企业来说还远不是收获利润的时候。饭店企业对该饭店产品不能杀鸡取卵，应该把经营重点放到开拓市场和提高效率上，以持续提高饭店产品的市场占有率和竞争能力。

成长期主要的营销策略有：

1. 改善产品品质。以提高饭店产品质量、完善功能为核心，在提高饭店产品特色的同时，开始创立名牌，增加新的功能，改变产品款式等。以基本饭店产品为主体继续增加新的衍生品种，提高产品的竞争能力，满足顾客更广泛的需要，从而吸引更多的消费者。

2. 适时降价。把价格恢复到正常价格水平，并配合旅游需求的季节波动，进行适当的价格浮动，适时降价，考虑根据不同目标市场和地区顾客的经济承受能力实行饭店产品差别定价，推动产品更广泛的市场渗透，提高饭店企业的市场占有率。

3. 调整广告宣传重点。新产品阶段的重点是提高产品知晓度，而成长期要把促销的重点转变到品牌的忠诚宣传上，树立饭店产品的形象，维持老顾客，吸引新顾客，使饭店产品形象深入人心。

4. 寻找新的细分市场。前期的市场策略相对比较集中，无论是针对目标市场还是地理区域都比较集中，产品进入成长期，应该对产品潜在的饭店市场进行细分，并考虑向新的细分市场渗透的策略。

**(三) 成熟期的营销策略**

在整个饭店产品生命周期中，处于成熟期的时间最长，饭店企业大多时间面临的是制定成熟期产品的市场营销策略。

在成熟期，产品的市场需求开始出现增长缓慢并逐步饱和的情况，因而市场竞争异常激烈，同时饭店产品的成本也达到最低点。饭店企业应该根据成熟期的市场特点来制定饭店产品的营销目标和策略。成熟期要想继续增加饭店市场需求总量是不现实的。因此对饭店企业来说，饭店产品在成熟期比较理性的营销目标是以攻为守，维持和提高旅游产品的市场占有率，获取最大利润额。

饭店产品在成熟期的营销策略可从饭店市场开发、饭店产品组合和其他营销因素等三个方面来扩大饭店产品的销售量，稳定饭店企业的市场占有率，以延长饭店产品的成熟期，并与竞争对手有效竞争。

1. 加强市场开发。保持原饭店产品内容和品质的基本不变，在饭店产品的市场开发方面下工夫。饭店市场开发策略可从两点入手，一是发掘现有饭店市场的潜在顾客，饭店企业可首先分析旅游产品的现有市场覆盖情况，再研究各细分饭店市场的销售潜力，努力找出空白的区域性细分市场，以及覆盖密度小的细分市场，再针对这些细分市场顾客的特点，制定相应的营销策略；二是鼓励老顾客重新购买饭店产品，比如可以调整饭店产品的组合，适当增加一些饭店新产品或是服务新项目，给顾客以更多的价值，让曾经消费过的顾客产生再次消费的欲望。

2. 改良产品本身。一是继续提高饭店产品本身的质量；二是适当调整饭店产品组合，增加饭店产品的项目和内容，让顾客从中得到新的价值；三是提高饭店产品服务的质量和内容。

3. 调整营销策略。这是饭店企业通过改变饭店产品的价格、分销渠道和促销等营销策略来促进饭店产品的销售的方法。首先，对顾客最有效的营销因素莫过于价格因素，饭店企业可以通过适当调低产品价格，针对某些特殊的细分市场对顾客开展特价，并根据具体情况进行价格折扣等优惠措施，吸引顾客的消费。其次是调整饭店产品的销售渠道和网络来促进销售，一是积极探索和开辟新的销售方式来销售饭店产品，比如建立网上电子商务平台进行网络销售；二是在原有销售渠道基础上增加新的销售网点，以提高销售网点的密度；三是给销售中间商旅行社以更大的激励措施，比如职能折扣、销售量折扣，以调动其促销饭店产品的积极性。

4. 调整促销方式。首先，对广告进行调整，比如通过适当变动饭店产品广告的内容，或者改变所采用的广告媒体，或者调整广告频率和广告的时间；其次，加强人员推销的力度，改进推销人员的推销方法，以及对推销人员的管理方式，强化旅游推销人员的激励考核方式等；再次，适当增加营业推广措施，比如参加饭店产品展销会，实行饭店产品的有奖销售等措施。

**（四）衰退期的营销策略**

饭店产品一旦进入衰退期，就意味着产品竞争者推出的旅游替代产品日趋成熟，已经能够对该产品完全替代，并具备大量投放市场的能力，造成消费者购买力的转移，等到该产品的供给能力过剩，带来饭店产品成本增加，利润下降甚至消失。对饭店企业来说，主要的战略目标应该是：稳住后期消费者，并适度压缩营销费用，进行市场收缩，同时积极开发新的饭店产品，以替代衰退期的饭店产品。

衰退阶段的营销策略主要有三个方面：

1. 主动出击。调整饭店产品的组合，给消费者以新的感受和更多的价值，同时增加饭店产品的促销费用，以吸引更多的消费者，促使饭店产品的销售再度增长，从而延长饭店产品生命周期。

2. 坚守阵地。维持饭店产品原有的营销策略和费用，以不变应万变，静待竞争对手退出市场，这样投放的与对手竞争的购买力将转向购买饭店企业的饭店产品，从而使饭店企业饭店产品的销售量再度增加，市场占有率提高，这实际上是一种消极的防守。

3. 收缩战线。对于有多种饭店产品组合的饭店企业来说，可以在分析各种饭店产品的收益和前景的基础上，收缩饭店企业的饭店产品线、市场覆盖面、分销渠道，以减少费用支出，把资金和能力集中于效益好的饭店产品、目标市场和销售渠道。这样会使饭店企业财务状况好转。

4. 全面放弃。与其继续惨淡经营衰退期的饭店产品，还不如以退为进，干脆全面放弃衰退期的饭店产品，把饭店企业的资源和能力转移到其他饭店产品和其他领域。

## 六、饭店产品定价方法

常用的产品价格核定方法有以下五种。

**（一）成本加成定价法**

产品成本是影响价格的最直接因素，决定了产品的最低价格。这是在饭店企业产品单位总成本的基础上，加上固定百分比的利润来确定饭店产品的销售价格。

其计算公式为：

$$\text{单位产品价格} = \text{单位产品总成本} \times (1 + \text{加成率})$$

其中的加成率是指预期利润占单位产品总成本的百分比，在不同时间或者不同市场的环境下，饭店产品的加成率有所不同。

比如，某饭店餐厅的一道菜肴成本价为 10 元，餐厅经理把其加成率定价为 2，那么这道菜肴的市场价格定位为：

$$P = 10 \times (1 + 2) = 30\text{ 元}$$

成本加成定价法在饭店企业中主要用于食品和饮料等产品的价格定价。这种定价法由于既考虑到了产品的成本，又考虑到了产品的预期利润，同时简化了定价的过程，所以是当今运用较普遍的一种产品定价方法。

### (二) 投资回收定价法

投资回收定价法是饭店为确保其投资可以按时期收回并取得预期利益,根据投资生产的产品成本费用及预期生产的产品数量,确定能实现营销目标价格的定价方法。这种方法能确定的饭店产品的价格在投资回收期内回收,不仅包括了饭店产品单位产品应分摊的投资额,也包括了饭店产品单位产品新发生或者经常性产生的成本费用。

计算公式为:

饭店单位客房年总经营费用 = 投资总费用 /(客房数 × 回收期) + 单位客房年追加营销服务费用

饭店单位客房价格 = 单位客房年总经营费用 /(年日历数 × 客房平均利用率)

例如:某新建成的三星级饭店,总投资 8000 万元,拥有标准客房 350 间,预计投资回收期是 6 年。预计 6 年中,理想的状况下年平均客房出租率能达到 70%,最差也可以达到 60%,每一间客房每年所要分担的服务管理费用为 8000 元,同类饭店标准客房每间的日标准售价为 220 元/天。试计算能保证投资按期回收的单位客房标准每日收费价格。假设能保证投资按期回收的单位客房日收费标准为 P。

饭店单位客房年总经营费用 = 投资总费用 /(客房数 × 回收期) + 单位客房年追加营销服务费用
= 80000000/(350 × 6) + 8000 = 46095.24 元

饭店单位客房价格(P) = 单位客房年总经营费用 /(年日历数 × 客房平均利用率)
= 46095.24/(365 × 60%) = 210.48 元

需要注意的是,应以饭店客房的出租率最差的情况作出保守的估计和预算,所以这家饭店客房的日平均收费标准为 210 元,六年内可如期保证收回投资。应注意的是投资回报定价法是一种静态的计算方法,而未考虑资金投入使用的时间价值等动态因素,所以其计算结果只能供饭店企业在定价时作为参考,不能作为唯一定价依据。

### (三) 感知价值定价法

感知定价法是指饭店根据消费者对饭店产品价值的感觉和理解度而制定价格的方法。现在越来越多的饭店根据顾客对饭店产品价值的感知来定价,而不是将饭店产品的成本作为定价的关键。饭店可以利用宣传产品的质量和性能,产品的宣传度,以及额外的利润等来建立和构造消费者头脑中的感知价值,并确定以适当的价格对饭店产品进行定价。它一般决定了价格的上限,如果饭店产品的价格超过了消费者所理解的产品价值,消费者就会认为不值而放弃购买,从而影响饭店产品价值的实现。

### (四) 需求区别定价法

需求区别定价法是指对具有不同购买力、不同需求强度、不同购买时间或不同购买地点的顾客,可以根据他们的需求强度和消费感觉不同,采取不同的价格,又称之为差别定价法。比如淡旺季不同的客房价格就是以时间为基础的差别定价法,对大客户的签约价格就是以顾客为基础的差别定价。

以顾客为基础的差别定价是指饭店针对不同购买客户的需要和购买的数量等因素，对同一产品或者服务采取不同的定价法。采取这种定价方法是为了稳定客源。

以时间为基础的差别定价是指饭店对相同的产品和服务，按照消费者需求的不同时间而制定不同的价格。由于旅游市场具有明显的季节性需求差别，所以这是饭店企业最常用的饭店产品定价法。在旅游旺季，由于需求量巨大，采取差别定价法能帮助饭店企业获取高额的利润。在旅游淡季时，由于需求量降低，普遍存在着供大于求，设备设施产品闲置的情况，采用这种定价法有利于鼓励旅行社和消费者增加淡季时对饭店产品的购买频率和力度，以提高饭店的整体收益水平。

**(五) 追随核心定价法**

追随核心定价法是指根据饭店市场中同类型的产品的平均价格，或以竞争对手的价格为基础的定价法则。饭店企业所处的市场中，由于行业内竞争激烈，大部分的饭店企业都经营着类似的产品。若饭店产品价格高于别家就可能失去顾客。若定价低于别人，就必须增加饭店产品的销售额来弥补其降低了的单位产品利润，而这样又可能造成竞争对手跟随定价，失去价格优势，还有可能导致恶性价格战。由于在饭店产品市场上，平均价格常被认为是合理的定价，从而比较容易被消费者接受，同时又可以保证饭店企业具有与竞争对手相对一致的利润，避免恶性价格战的出现。所以，大部分饭店企业都趋于与同行业内的饭店经营者保持相对一致的价格。

**实训任务：**

1. 请同学们以导学时分析过的饭店为调研对象，通过实地考察、访谈相关管理人员和二手资料收集，分析其对营业收入贡献最大的产品组合及其所处的生命周期，以及饭店对其采取的定价方法和定价策略。

2. 以小组为单位撰写《×××饭店产品组合与定价策略分析报告》。

3. 各小组以 PPT 的形式简要汇报分析报告的核心内容。要求 PPT 制作简洁，重点突出，并针对饭店所采取的产品组合策略与定价策略提出优化建议。每组演讲时间以 8 分钟左右为宜。

4. 由教师和学生成员组成评委，对每个小组的汇报进行评估，并提出改进意见。教师需结合本任务需要学习的知识点，点评各组分析的优缺点。

## 任务二　饭店的市场定位

**任务目标：**

通过本次任务的学习和训练，你应该学会分析观察饭店客源的主要结构及其特殊需求，这是饭店产品销售推广前最重要的前期工作。要完成这项工作，我们必须：

1. 了解酒店业市场调查的方法；

2. 掌握酒店市场细分的依据，并进行有效的市场细分；

3. 掌握酒店目标市场选择的策略；

4. 能够运用正确的方法为不同类型、档次的酒店做市场定位。

**学习导入：**

## 7天连锁酒店锁定“会员直销”模式

7天连锁酒店创立于2005年，2009年11月20日在美国纽约证券交易所上市。作为第一家登陆纽交所的中国酒店企业，7天连锁酒店秉承让顾客“天天睡好觉”的愿景，以直销低价模式，快乐自主的服务理念，致力为会员提供干净、舒适、快乐的住宿环境和氛围，满足客户的住宿需求。

2013年7月17日，7天连锁酒店被铂涛酒店集团成功私有化收购，成为该集团旗下的全资子品牌。

截至2013年9月30日，7天连锁酒店已拥有分店超1888家，覆盖全国近300个主要城市，业已建成经济型连锁酒店全国网络体系。

7天连锁酒店建立的“7天会”拥有会员达7000万人，是中国经济型酒店中规模最大的会员体系。作为业内科技领航者，7天是目前少数能“7×24小时”同时提供多达5种便利预订方式的连锁酒店，包括：网上预订(www.7daysinn.cn)、电话预订(40087 40087\+8620 89224488)、手机触屏版(m.7daysinn.cn)、微信预订(搜“7天会”)、手机客户端。数据显示，会员对7天收入的贡献率高达98%。庞大的会员体系大大减少了对第三方代理的依赖，节省中介代理费用，将更多的利益回馈给顾客。

(资料来源：7天连锁酒店官网 http://www.7daysinn.cn)

**学习要求：**

1. 登录7天连锁酒店官网，全面浏览7天连锁酒店的网站内容；

2. 分析7天连锁酒店的主要目标市场；

3. 对比隐居世界预订官网(http://www.19yin.com)的页面内容，列表分析比较两家连锁酒店集团市场定位的差异。

---

在学习导入的过程中，同学们已经了解到不同饭店之间的市场定位存在差异，成功的饭店企业都有非常清晰的目标市场，其产品组合设计、定价、营销策略都会围绕目标市场的特点来展开。那么，饭店是如何进行目标市场的选择和市场定位的呢？下面的内容能够帮助我们了解。

## 一、市场细分

### (一) 市场细分对饭店的重要性

饭店市场细分是指饭店按照消费者在需要、爱好、购买动机、购买行为、购买能力等方面的差别或差异，把整体市场(全部消费者)划分为两个以上不同类型的消费者群，再把每种需要或愿望大体相同的消费者，归类成消费者群体(子市场)的求同存异的方法。

市场细分是20世纪50年代中期由美国著名市场学家温德尔·斯密(Wendell R. Smith)提出的新概念。这一概念的提出，表明西方市场营销思想和战略进入了一个新的阶段。市场细分和目标市场营销已成为企业市场营销战略的一个核心内容，是决定企业营销成败的一个关键性的问题。市场细分对饭店有重要的意义，概括地讲有以下三个方面：

1. 有利于发现和比较市场机会

通过市场细分过程，可以深入了解不同子市场中的消费者的不同需求，因此，更容易发现新的营销机会，形成新的目标市场。另外，还可比较不同细分市场(或子市场)中的需求情况和竞争者在各个细分市场中的地位，在充分了解竞争态势的前提下，确定自身适当的位置。

2. 有利于有效地分配人、财、物力

通过市场细分，使营销人员更清楚地知道各细分市场的消费者对不同营销措施和策略的反应及差异，据此对企业的人、财、物力全面分派、使用，不仅可以避免企业资源的浪费，而且可以使有限的资源用在最适当的地方，发挥最大的功效。

3. 有利于饭店自身的应变和调整

通过市场细分过程饭店比较容易发现购买群体的反应，信息反馈快，因此，根据市场的变化调整产品结构、营销目标，提高饭店的应变能力。

### (二) 市场细分的依据

由于年龄、性别、收入、社会地位、居住地区等因素的影响，不同的顾客会有不同的需求，这些不同的需求是饭店进行市场细分的依据，即“细分因素”。只有正确地选择细分因素，才能有效地细分饭店市场，为饭店找到理想的经营空间。在市场细分中，常用的依据是地理因素、人口因素、心理因素和行为因素等。

1. 地理细分

所谓地理细分，就是饭店按照顾客所在的地理位置以及其他地理因素(包括城市农村、地形气候、交通运输等)来细分顾客市场。地理细分简单明了，往往是进行市场细分的第一步。

由于处在不同地理位置的顾客对饭店的产品和服务有明显不同的偏好，他们对饭店的产品价格、分销渠道、广告宣传等有明显不同的反应。除此之外，市场潜能和成本费用也会因市场位置不同而有所差异，饭店应该选择那些企业能最好地为之服务的、营销效应较高的地域作为自己的目标市场。目前按地理位置来划分，大范围的可分为国内市场和国际市场；国内市场又可以继续细分为东北、华北、西北、华东、西南等市场；国际市场又可细分为欧洲市场、北美市场、亚洲市场……不同地理位置的顾客对饭店产品的需求是有一定的共性的，如广州某个星级饭店，靠近火车站某服装批发市场，该饭店成为在广州做服装生意的东北人集中的地方，但该饭店的餐厅以住店客消费为主，菜系以粤菜为主，东北人刚住下时，喜欢来餐厅尝鲜，但是连吃几次后再也不来了，原因是东北人嫌粤菜清淡，不合口味，最终该餐厅换了厨师，推出东北特色菜，生意才逐渐有起色。

2. 人口细分

所谓人口细分，就是饭店按照人口因素，如年龄、性别、收入、职业、教育水平、家庭规模与结构、宗教信仰等来细分饭店市场。人口因素一直是细分市场的重要依据，这主要是因为人口因素比其他因素更容易测量。

(1) 年龄、性别与家庭生命周期

不同年龄的顾客有不同的需求特点，如青年人选择饭店的过程中喜欢刺激、新颖的产品，消费水平高，但逗留时间往往取决于商务活动的需要，因此营销者可以根据年龄来细分市场，根据不同年龄阶段顾客的不同特征来选择子市场。

饭店需求会因需求者的性别不同而产生明显的差异。一般来说，男性住饭店，对客房的设施并不特别敏感，但对于饭店的服务项目，如娱乐设施、酒吧服务等会较为重视；女性则注重饭店地点的选择，对价格较敏感，关注客房的服务细节，如卫生、房间设计(如情调、环境等)，特别重视人身和财产的安全。

家庭处在不同生命的周期阶段，家庭的规模、结构和收入状况等都会直接或间接地影响旅游需求的数量和需求结构。因此，营销人员就需要将其进行具体地细分，研究不同周期阶段家庭消费特点。

值得注意的是：饭店顾客的欲望和需求往往会受到多种因素的影响，所以人口细分需要和其他的细分因素结合起来才会更为科学。否则，就会陷入“单因素细分”所设的“陷阱”。例如，有些饭店认为女性顾客对安全是最重视的，因此模仿某些外国饭店专门设置女性楼层，谁知客房推出后并不受欢迎，男士认为因为极少数不良分子而让自己也被拖累，很不公平；女士认为自己被视为天生的弱者被保护，不需要且不必要。使这些饭店原想以此为销售亮点最终却不得不自动取消。

(2) 收入、职业、受教育程度与社会阶层

可自由支配的收入是入住饭店必不可少的条件，其水平的高低直接影响消费的水平和消费结构，因此以收入来细分饭店消费市场具有实际意义。人们的收入往往与其职业、受教育程度是相互联系的。而社会阶层的划分，多以收入为基础、职业为代表、受教育程度为参考，尤其是在发达国家。因此，营销者应综合分析人口因素的社会属性，并依此进行市场细分。

3. 心理细分

所谓心理细分，就是按照顾客的生活方式、个性特征等心理因素来细分饭店市场。从上面的事例可以看出，顾客的欲望、需要和购买行为不仅受人口因素影响，而且受心理因素影响，所以还要对其进行心理细分，只不过心理细分与人口细分相比，测量难度会更大。

(1) 生活方式细分

生活方式是指一个人或群体对消费、工作和娱乐的特定习惯和倾向性的方式。生

活方式不同的顾客对饭店产品有着不同的需要;在营销实践中,有越来越多的饭店都按照顾客不同的生活方式来细分市场,设计与不同生活方式相适应的服务产品,并有针对性地安排饭店市场营销组合。例如,有些饭店为“背包客”设计饭店服务项目和设施等。对于生活方式的细分,饭店可以用“AIO”尺度进行测量:活动(activities):如顾客的工作、业余消遣。休假、购物、体育等活动。兴趣(interests):如顾客对服装的流行款式、娱乐等的品味和兴趣。意见(opinions):如顾客对社会、政治、经济、文化教育、环境保护等问题的意见。

饭店可派出调研人员去搜集顾客的有关活动、兴趣、意见的信息,经过统计、分析和处理,从而发现生活方式不同的顾客集群。

(2) 个性细分

个性是指一个人比较稳定的心理倾向与心理特征,它会导致一个人对其所处的环境作出相对一致和持续不断地反应。通常,个性会通过自信、自主、支配、顺从、保守、适应、冒险等性格特征表现出来。如精品饭店多吸引那些讲究生活质量、追求生活享受、具有艺术气质的顾客;饭店应努力使这些个性不同的顾客对本饭店的服务产品产生兴趣,吸引他们进行消费。

4. 行为细分

所谓行为细分,就是饭店按照顾客的购买时机、所追求的利益、购买形式以及购买数量与频率等行为因素来细分饭店市场。

(1) 购买时机

根据顾客对旅游产品产生需求、购买、享用的时机加以区别。譬如,航空与人们出差、度假或探亲等时机有关,航空公司可以在这些时机中选择为人们的特定目的服务。我国不少饭店在春节、中秋节等传统节日期间大做婚宴广告,借以促进宴会产品的销售。

(2) 利益

就是根据旅游者对旅游产品所追求的不同利益而形成的细分市场方式。以宴会为例,婚宴消费者追求的利益则主要是喜庆、实惠;大型公司的宴会则是追求气派和声誉。饭店假如以追求利益来细分市场,就必须使自己的旅游产品突出某种特性,并分别确定自己的形象,最大限度地吸引某一个或几个客户群体。

(3) 购买形式

购买形式是指顾客购买饭店产品构成的组织形式和所通过的渠道形式。依据购买形式变量将市场细分为团体市场和散客市场。它是饭店市场最基本的细分形式之一。团体住客具有省心、省事、省时的优点,但存在着个体适应性和过程灵活性较差的缺点。散客自主性强、选择灵活,但却有费用较高、安全性差的缺陷。

(4) 购买数量与频率

根据顾客对饭店产品的购买数量与频率可将其分为少量购买者、中量购买者、大量购买者。大量购买者往往在实际和潜在顾客总数中所占比重不大,但他们所消费的服务数量在消费总量中所占比重却很大。

5. 忠诚度分析

饭店按照顾客对品牌(或者企业)的忠诚度来细分市场。所谓品牌忠诚度是指由于价格、质量等诸多因素的吸引力，使顾客对某一品牌的产品或者服务情有独钟，形成偏爱并长期地选择这一品牌的行为。提高品牌的忠诚度对于一个饭店的生存与发展、扩大市场占有率极其重要。品牌忠诚度的高低，可用顾客重复选择的次数、所挑选的时间、对价格的敏感程度等标准进行衡量。

根据消费者心理规律，一般来说，在一定时期内，顾客对某一品牌重复选择的次数越多，说明他对这一品牌的忠诚度越高；反之，则越低。例如，有人长期在一家饭店用餐，并形成了偏爱，产生了高度的信任感，在需要时往往会"指牌"消费。除此之外，顾客对价格的敏感程度主要取决于：对产品的喜爱和依赖程度；产品对于人们的必需程度的高低，必需程度越低，则对价格的敏感度越高；产品的市场供求状况和市场竞争程度。当供过于求时，人们对价格变动非常敏感。如果饭店产品市场上替代品种多，竞争激烈，则人们对其价格的敏感越高；反之，则越不敏感。

按照消费者对品牌的忠诚度这种行为因素细分，可以把所有的消费者分为 4 类不同的消费者群：铁杆品牌忠诚者、有限品牌忠诚者、游移忠诚者和非忠诚者。每一个饭店市场都不同程度地包含有上述 4 种类型的集群。铁杆品牌忠诚者人数多、比重大的市场叫作品牌忠诚市场。饭店通过分析研究上述 4 种类型的顾客群，可以发现问题，以便采取适当措施，改进市场销售工作。例如，饭店在分析研究时发现有游移忠诚者，他们从前忠诚于本饭店的品牌，现在转而忠诚于其他品牌，这说明本饭店的产品质量或营销工作有缺点，需要立即采取适当措施改进工作。又如，饭店发现有非忠诚者，他们不喜欢本饭店的品牌，就应采取适当措施（如提高产品和服务质量、加强广告宣传等）来吸引他们，促进销售。

6. 态度细分

旅游企业可以按照消费者对饭店产品的态度细分市场。对饭店的产品，顾客的态度一般分成 5 种：热爱、肯定、漠不关心、否定和敌对。饭店对待不同态度的顾客应分别采取不同的市场营销措施。例如，对漠不关心的顾客，饭店应通过广告宣传，以缓和他们的情绪，改变他们的态度，使他们转变为肯定的甚至是热情的顾客。

### （三）市场细分的原则

要使饭店市场细分能真正有效地发挥作用，还必须符合以下原则。

1. 可测量性

可测量性是指细分后各子市场的规模、购买力能够被具体测量。当细分市场的规模及其购买力能够支撑饭店长期、稳定地获取利润，才会对饭店有实际意义。

2. 可进入性

可进入性是指饭店有能力进入所选定的子市场。它包括客观上有接近的可能（可接近原则）和主观上有能开发的实力（可行动原则）。可接近原则是指营销者要与客源市场能进行有效的信息沟通，有通畅的营销渠道。可行动原则是指营销者要有吸引和服务于细分市场的实际操作能力，否则再有吸引力的细分市场对饭店也是没有意义的。

3. 可营利性

可营利性是指饭店进行市场细分后所选定的子市场的规模和购买力足以使饭店达

到有利可图的程度,即细分的市场要有开发的经济价值。例如,某饭店发现当地高级商务客人逐渐增多,对套间客房的需求有增加的趋势。但只有在分析其规模、潜力、持续性以及饭店的投入产出比之后,才可以决定是否进行相应的改建和扩建。

4. 稳定性

有效市场细分是一项复杂而细致的工作,因此,细分出的市场应该具有相对稳定性。如果变化太快、太大,会使饭店的营销组合很快失效,遭受重新调整资源的各种损失,并形成饭店市场营销活动前后脱节的被动局面。

5. 合法性

有效市场细分还必须在法律允许的范围内进行,法律或者道德所不允许的,即使有厚利可图,也不得选为本饭店的目标市场。

## 二、目标市场选择

### (一) 目标市场营销策略

从饭店目标市场的选择来看,饭店的目标市场范围宽窄不一、大小有别。针对不同的目标市场,饭店应采用不同的营销策略。按照涵盖目标市场的方式,可将饭店目标市场策略概括为三种:无差异目标市场策略、差异化目标市场策略、集中化目标市场策略。

1. 无差异目标市场策略

无差异目标市场策略是指饭店不考虑细分饭店市场的差异,将整个饭店市场视为饭店的目标市场,也称之为整体市场策略。采用这种策略的饭店对整个旅游市场只提供一种产品和服务,用以满足消费者共同的需求。饭店依靠大规模宣传以便在人们头脑中树立他们的产品形象。

无差异目标市场策略能够降低成本、简化市场调研及分析过程;容易形成垄断性名牌产品的声势和地位。但是,由于采用无差异目标市场战略,饭店一般只针对最大的饭店市场提供单一的饭店产品和服务,当几个饭店同时参与竞争时必然会加大他们之间的竞争激烈程度,最终导致由于较大的细分市场因吸引来的激烈竞争使其减少利润,而较小的饭店细分市场需求又得不到满足。所以,无差异目标市场策略不能满足对目前日益增长的饭店多样化需求。适用于饭店市场中供不应求或竞争较弱的饭店产品和服务。

2. 差异化目标市场策略

差异化目标市场策略,就是饭店针对不同的细分市场,设计不同的产品,制定不同的营销策略,同时为几个甚至全部细分市场服务,以满足不同的消费需求。但差异化目标市场策略并非完美无缺。由于饭店要针对不同市场推出不同的营销策略,往往导致饭店运营成本的上升,并给饭店营销管理带来难度。差异化目标市场策略实施应遵循的一个基本原则是,差异化带来的销售收入的增加要大于实施差异化的成本费用增加。针对现实营销中有些饭店过度强调差异化,实施所谓“超细分战略”(市场细分过度,导致价格不断增加,影响销售数量和利润),企业应在一定程度上实施“反市场细分”。如专门制作白领快餐的连锁饭店改变策略,全部大众化。其次,差异化目标市场策略不是任何饭店都可以使用的,受到饭店资源、条件和能力的限制,相当一部分饭店,尤其是小型的单体饭店无力采用这种策略。最后,不正确的差异化会分散饭店资源,使饭店不能集中经营,发挥整体优势,甚至在饭店内部出现彼此争夺资源的现象。

3. 集中化目标市场策略

集中化目标市场策略,就是在市场细分的基础上,集中饭店所有资源和能力选择一个细分市场作为目标市场,实行高度专业化的生产和销售,提高市场占有率。大部分中小型饭店或初次进入市场的大饭店多采用此策略。

**(二) 影响目标市场策略选择的因素**

上述三种策略各有利弊,饭店在进行决策时要具体分析产品、市场状况和饭店本身的特点,影响饭店目标市场策略的因素主要有饭店资源、产品特点、市场特点和竞争者的策略四类。

1. 饭店的资源特点

资源雄厚的饭店,如拥有大规模的生产能力、广泛的分销渠道、程度很高产品标准化、好的内在质量和品牌信誉等,可以考虑实行无差异市场营销策略;如果饭店拥有雄厚的设计能力和优秀的管理素质,则可以考虑施行差异市场营销策略;而对实力较弱的中小饭店来说,适于集中力量进行集中营销策略。饭店初次进入市场时,往往采用集中市场营销策略,在积累了一定的成功经验后再采用差异市场营销策略或无差异市场营销策略,扩大市场份额。

2. 产品特点

产品的同质性表明了产品在性能、特点等方面的差异性的大小,是饭店选择目标市场时不可不考虑的因素之一。一般对于同质性高的产品如食盐等,宜施行无差异市场营销;对于同质性低或异质性产品,差异市场营销或集中市场营销是恰当选择。

此外,产品因所处的生命周期的阶段不同,而表现出的不同特点亦不容忽视。产品处于导入期和成长初期,消费者刚刚接触新产品,对它的了解还停留在较初浅的层次,竞争尚不激烈,饭店这时的营销重点是挖掘市场对产品的基本需求,往往用无差异市场营销策略。等产品进入成长后期和成熟期时,消费者已经熟悉产品的特性,需求得深层次发展,表现出多样性和不同的个性来,竞争空前的激烈,饭店应适时地转变策略为差异市场营销或集中市场营销。

3. 市场特点

供与求是市场中两大基本力量,它们的变化趋势往往是决定市场发展方向的根本原因。供不应求时,重在扩大供给,无暇考虑需求差异,所以采用无差异市场营销策略;供过于求时,为刺激需求、扩大市场份额殚精竭虑,多采用差异市场营销或集中市场营销策略。从市场需求的角度来看,如果消费者对某产品的需求偏好、购买行为相似,则称之为同质市场,可采用无差异市场营销策略;反之,为异质市场,差异市场营销和集中市场营销策略更合适。

4. 竞争者的策略

饭店与竞争对手选择不同的目标市场覆盖策略。例如,竞争者采用无差异市场营销策略时,你选用差异市场营销策略或几种市场营销策略更容易发挥优势。饭店的目标市场策略应慎重选择,一旦确定,应该有相对的稳定性,不能朝令夕改。但灵活也不容忽视，没有永恒正确的策略，一定要密切注意市场需求的变化和竞争动态。

**(三) 选择目标市场的一般过程**

1. 确定并界定有待细分的整体市场；
2. 确定细分标准；
3. 分割市场；
4. 评价细分市场；
5. 选择和确定目标市场；
6. 目标市场的重新界定。

## 三、市场定位

经过市场细分和目标市场的选择，饭店终于确定了自己的经营空间和营销对象。为了使目标市场顾客能够非常容易地识别出本饭店产品，以便与竞争对手区别而形成自己独特的经营风格和做法，就需要对产品实行市场定位。

**(一) 饭店市场定位的定义**

饭店市场定位是指饭店针对潜在顾客的心理进行营销设计，创立产品、品牌或企业在目标客户心目中的某种形象或某种个性特征，保留深刻的印象和独特的位置，从而取得竞争优势。简而言之，就是在客户心目中树立独特的形象。

对饭店而言，饭店的产品定位并不是饭店要为产品做些什么，而是指饭店的产品要给顾客留下些什么，即给顾客留下自己的产品有别于竞争对手的印象。实际上，产品定位就是要设法建立一种竞争优势，以使饭店在目标市场上吸引更多的顾客。饭店产品定位从另一个角度看，是要突出饭店产品的个性，并借此塑造出独特的市场形象。一项产品是多个因素的综合反映，它包括性能、构成、形状、包装、质量等，产品定位就是要强化或放大某些产品因素，从而形成与众不同的特定形象。产品差异化是达成饭店产品定位的重要手段，在这里必须强调的是，此处所谓的产品差异化并非单纯地追求已有产品变异，而是在市场细分的基础上，寻求建立某种产品特色，是市场营销观念的具体体现。饭店产品定位对饭店的经营具有重要而现实意义，主要体现在以下两个方面：

1. 有利于建立饭店和产品的市场特色

现代饭店市场中，普遍存在着较为严重的供大于求的现象，使得同类型饭店使出浑身解数争夺有限的客源，潜在竞争跃跃欲试，随时准备出击，市场竞争环境恶劣，竞争压力巨大。为了使自己的产品获得稳定的销路，避免竞争乏力而被其他饭店取代，饭店势必从各方面为其产品培养一定的特色，树立起鲜明的市场形象，以期在顾客心目中形成一种特殊的偏爱。

2. 为饭店制定市场营销组合策略奠定基础

饭店通过产品与市场进行交换，从中获取利益，这是饭店经营的基本出发点。换而言之，饭店经营的基础是产品，没有产品，一切经营活动都将变成纸上谈兵。由此可以看出，饭店和市场营销组合受到饭店产品定位的限制。例如，某饭店决定在市场上销售豪华、优质、高价的组合产品，如此定位就决定了饭店产品必须是高水准、有稳定质量保证的、能体现顾客身份的。

由此，饭店在宣传上就必须以这些特质作为强化的重点，让目标市场的潜在顾客接受这样的产品特质；同时，要求饭店内部应协调一致，通过严格执行操作程序和规范、强化技能培训等管理手段，保障产品的高品质。也就是说，饭店产品定位决定了饭店必须设计和发展与之相应的产品。

**（二）市场定位的作用**

市场定位可分为对现有产品的再定位和对潜在产品的预定位。对现有产品的再定位可能导致产品名称、价格和包装的改变，但是这些外表变化的目的是为了保证产品在潜在消费者的心目中留下值得购买的形象。对潜在产品的预定位，要求营销者必须从零开始，使产品特色确实符合所选择的目标市场。饭店企业在进行市场定位时，一方面要了解竞争对手的产品具有何种特色，另一方面要研究消费者对该产品的各种属性的重视程度，然后根据这两方面进行分析，再选定本公司产品的特色和独特形象。

**（三）产品定位方法**

饭店产品定位的方法可以归纳为以下几种：

1. 根据属性和利益定位

饭店产品本身的属性以及由此获得的利益能够使顾客体会到它的定位。如饭店的“豪华气派”、“卫生和舒适”等，这种定位方法，饭店往往强调产品的一种属性，而这种属性常是竞争对手所没有顾及的。

2. 根据质量和价格定位

价格与质量两者变化可以创造出产品的不同地位。在通常情况下，质量取决于产品的原材料或生产工艺及技术，而价格往往反映其定位，例如人们常说的“优质优价”、“劣质低价”正是反映了这样的一种产品定位思路。

3. 根据产品用途定位

发扬同一个产品项目的各个用途并分析各种用途所适用的市场，是这种定位方法的基本出发点。同样是一个大厅，它可以作为大型宴会、自助餐的场地，也可以被当成会议大厅接待各种会议，同时，还可以成为各种展示、展览的场所。对于这样的一个饭店产品，饭店可以根据其不同的用途，在挑选出来的目标市场中，分别树立起不同的产品个性的形象。

4. 根据使用者定位

这是饭店常用的一种产品定位方式，即饭店将某些产品指引给适当的使用者或某个目标市场，以便根据这些使用者或目标市场的特点创建起这些产品恰当的形象。许多饭店针对当地居民“方便、经济、口味丰富”的用餐要求，开设集各地风味为一体的大排档餐厅，便是根据使用者对产品的需求而进行的定位。

5. 根据产品档次定位

这种定位方式是将某一产品定位为其相类似的另一种类型产品的档次，以便使两者产生对比。例如一些饭店将自己客房产品的档次设定为与某一家公众认可的好饭店的客房档次相同，以求使顾客更易于接受他们的产品。这种做法的另一个方面是为其一产品寻找一个参照物，在同等档次的条件下通过比较，以便突出该产品的某种特性。如一些饭店推出的公寓客房，突出在与标准间同等档次的前提下具备的厨房设施，更加适合家庭旅游者使用，从而达到吸引家庭旅游者购买的目的。

6. 根据竞争定位

饭店产品可定位于与竞争直接有关的不同属性或利益。例如饭店开设无烟餐厅，无烟意味着餐厅空气更加清新。这实际上等于间接地暗示顾客在普通餐厅中用餐，其他人吸烟会影响到自己的身体健康。

7. 混合因素定位

饭店产品定位并不是绝对地突出产品的某一个属性或特征，顾客购买产品时不单只为获得产品的某一项得益，因此，饭店产品的定位可将上述多种方法结合起来创立其产品的地位。这样做有利于发掘产品多方面的竞争优势，满足更为广泛的顾客需求。

**(四) 市场定位的过程**

1. 明确潜在竞争优势

明确潜在竞争优势，要通过市场调查明确以下几方面问题：

(1) 竞争者的定位状况；

(2) 目标顾客对产品的评价标准；

(3) 明确竞争的优势。

2. 选择相对竞争优势

经过分析，饭店会发现许多潜在的优势，然而并不是每一种优势都是饭店能够利用的，饭店要善于发现并利用自身存在或创造出来的相对竞争优势。相对竞争优势是饭店能够比竞争者做得更好的工作或在某方面胜过竞争者的能力，它可以是现有的，也可以是经过努力创造的。如有的饭店知名度、品牌、规模、位置等都比不上竞争对手，但是由于管理层较为重视服务质量而产生的竞争优势。

3. 显示独特的竞争优势

(1) 建立与市场定位相一致的形象。

① 让目标顾客知道、了解和熟悉企业的市场定位。一个企业要想在消费者心目中建立良好的形象，首先必须积极、主动而又巧妙、经常地与顾客沟通，以期引起顾客的注意和兴趣，并保持不断的联系。

② 使目标顾客对企业的市场定位认同、喜欢和偏爱。认同是目标市场对企业有关市场定位的信息的接受和认可，是顾客对这一市场定位的意义和合理性的承认。喜欢则是一种更为积极的情绪，是在认同的基础上产生的一种心理上的愉悦感，偏爱则是建立在喜欢的基础之上的一种特别的感情。

(2) 巩固与市场定位相一致的形象。

① 强化目标顾客的印象；

② 保持对目标顾客的了解；

③ 稳定目标顾客的态度；

④ 加深与目标顾客的感情。

**(五) 市场定位的常用策略**

1. 避强定位策略

避强定位是指饭店力图避免与目标市场上实力最强或较强的饭店直接对抗，而将自己的产品定位于另一市场区域内，使自己的产品在某些特征或属性方面与最强或较强饭店有比较显著的区别。避强定位策略能够使饭店较快速地在市场上站稳脚跟，并能在顾客的心目中树立起一种形象，市场风险较小，成功率较高。其缺点主要是，避强定位往往意味着饭店必须放弃某些最佳的市场位置。

2. 迎头定位策略

迎头定位策略是指饭店为占据最佳的市场位置，将自己的产品定位于市场上实力最强或较强的饭店的市场位置上。彼此在服务、价格、分销及促销等各方面进行竞争，争斗同样的顾客。这种策略可能会引发激烈的市场竞争，具有较大的市场风险。一般适合于实力与最强或较强饭店相当或更强的饭店。

饭店在使用上述两种基本策略指定某种具体的市场定位时，也要考虑本饭店自身的资源、竞争对手的可能反应、市场需求特征等因素。

3. 重新定位

随着市场环境的不断改变，饭店市场定位的实施效果可能并不是非常理想，或者发现了一些新的情况，如有新的竞争者进入本企业的目标市场，或饭店原来的市场定位与顾客心目中该产品的形象不相符等，这就促使饭店不得不考虑对产品进行重新定位。另外，饭店的市场定位即使很适当，但在出现下列情况时也需要考虑重新定位：意识竞争者推出的饭店定位于本饭店产品的附近，侵占了本饭店品牌的部分市场，使本饭店品牌的市场占有率有所下降；二是消费者偏好发生变化，从喜爱本饭店某品牌转移到喜爱竞争对手的某品牌。

饭店在作出重新定位的决定前，还应考虑两个主要因素，即定位转移所需投入的全部费用和重新定位之后所能获取的全部受益。将两者进行比较，权衡利弊得失之后，再决定是否要进行重新定位，以免得不偿失而造成反复。

**实训任务：**

1. 各小组仍然以任务一中选择的酒店为调研分析对象，实地访问酒店前厅管理部门的主管，了解饭店客源构成情况和通过网络预订客人的比例；

2. 分析其目标市场属于哪几种细分市场；

3. 分析其产品组合及价格是否对其目标市场具有吸引力。一一列出有吸引力的方面和不具有吸引力的方面；

4. 提炼出饭店产品最具有吸引力的一个方面，并设计一句宣传口号将其精炼地表达出来。

## 任务三　机构客户营销

**任务目标：**

通过本次任务的学习和训练，你应该能够掌握机构客户的消费心理，并制定有针对性、有操作性的销售策略。为实现这一学习目标，我们必须：

1. 掌握饭店机构客户的主要需求特征；
2. 熟悉一般会议产品洽谈的操作程序；
3. 了解对机构客户的销售技巧。

**学习导入：**

会议产品的洽谈、接待操作程序

饭店为机构客户提供最多的产品就是会议服务。以下是一家商务会议型饭店制作的会议产品洽谈、接待的程序文件。

一、确认饭店接待能力

（一）互换名片，斟茶寒暄，了解机构基本情况。

（二）首先了解客户举办会议日期，查看预约会期饭店有无其他会议/宴会举办，以免撞车。尤其是如客户需要住房，须致电总台了解房态，能否保障客户会议需要。

（三）了解客户会议规模，确认饭店有无接待条件和接待能力。

（四）确认饭店有充足的接待条件后，进入实质洽谈阶段。

（五）邀请客户参观会议室/客房状况/用餐地点，以增加客户对饭店的感性认知。参观期间随机向客户介绍以往饭店接待过的一些大型会议情况。

二、洽谈

（一）准备会议服务委托协议空白文本、洽谈记录本和相关资料。

（二）详细倾听、记录如下事项：

1. 客户会议规模、人数
2. 会议举办日期、会议主题
3. 是否需要住房（房型、间/天数、抵离店时间）
4. 是否用餐（桌数/餐标/酒水/香烟）
5. 会议设施设备（电脑投影仪/白板/麦克风/音响灯光）
6. 会议台型要求
7. 是否需要代办礼品采购等特殊服务
8. 会议接待规格
9. 会场布置要求（鲜花/绿色植物/客人宣传招贴等）
10. 房内小吃/长话是否关闭撤除
11. 有无重要人物下榻饭店
12. 有无少数民族人士，以确认客人饮食、风俗禁忌
13. 确认来宾车辆规模
14. 确认贵宾名录，是否需要制作席卡以及签到台

（三）向客户复述、确认一遍会议洽谈主要事项。

三、报价技巧与结账方式

（一）报价请参考饭店会议接待价格政策。

（二）洽谈、倾听期间不要轻易表态、承诺，启发客人把真实意图表达出来，更不要

轻易亮出价格底牌。

(三) 争取提高餐标水平,不要一下就将底价报出,如系综合会议(会议/用餐/住房/礼品),可以以会议室优惠来提高其他项目的消费水平。

(四) 摸清客户真实意图,防止客户进行价格讹诈,介绍饭店的产品优势以及曾接待过的大型、高规格的会议,价格上不要轻易让步。

(五) 向客人介绍饭店能够优惠的项目,包括会议主题条幅/引导牌/迎宾/欢迎牌/会场服务/纸笔等。

(六) 确认协议有效签单人,原则上不超过两人。

(七) 确认结账方式(现金/转账/提前打款),外地客人不得签单转账。

四、签约

(一) 顾客接受报价后,一般会出现三种情况:一是回单位向领导汇报;二是宣称考虑一下,暂时不签约;三是当场签约。出现这三种情况,可按下列方式处理:

第一种情况一般意味着客人不具有拍板权,但基本认可饭店产品和报价,签约的可能性较大。销售经理应及时与客人约定下次见面会谈的时间,二次会面之前应主动与客人电话联系,以提醒客人不要忘记约定,探听口风,争取上门签约。

第二种情况一般意味着客人仅是了解一下价格,或报价超出自己的预算(计),或对产品不满意而犹豫不决。应及时探询客人可以承受的价格底线,用实例举证法向客人介绍饭店会议接待水平和能力,帮助客人设计最佳方案。如客人仍然不能在现场作出答复,则必须与客人预定再见面的时间,然后及时向总监汇报情况,寻求最佳解决方案,第二天带着新的方案与客人通电话。

第三种情况一般意味着客人是有备而来,或者是对饭店产品较为熟悉且实力较为雄厚的单位。

(二) 草拟一份“会议服务委托协议书”交客人确认,得到确认后正式签订协议书。双方签约人签字并加盖公章,协议一式两份,甲乙双方各持一份。

(三) 签约后应感谢客人对饭店的关照,并向客人赠送饭店宣传资料和小礼品。

五、会议接待准备

(一) 根据协议内容和要求,拟订内部通启报送总经办和各相关部门,通启中要明确落实执行部门的责任以及注意事项;

(二) 通知广告公司制作会议主题条幅/引导牌/欢迎牌;

(三) 会议正式举行的前一天,根据客人要求摆放会议台型,签到台摆放到位;

(四) 开列、打印会议套餐菜单,传真或亲自送客人审阅,客人确认后在菜单上签字认可;

(五) 协助客人布置会场,但如须在墙面张贴宣传画或悬挂物品必须获得饭店同意,任何损害物品和设施设备的行为都必须及时制止,并予以索赔;

(六) 调试话筒/灯光;

(七) 摆放绿色植物和鲜花;

(八) 会议前一天按通启内容,会议经办人再次检查会议准备情况,发现问题及时解决;

（九）十间以上会议用房须填写“团队分房表”三份，部门一份、房务一份、客人一份。

六、会议接待中

（一）会议接待中，会议经办人要随时掌握会议进程，提前检查落实下一步会议日程，与对方会议经办人紧密联系。

（二）每个会议议程结束后，应及时提醒/督促客人有效签单人确认消费账单，并签字认可。

（三）餐饮消费账单通知收银台及时送达总台入账。

（四）会议期间，随时协调各部门解决客人的临时需求，如增减就餐桌数，增减住房数量，代办物品的分发等事项及时通知相关部门。

（五）较大规模的会议拿房：由前台提供所给定的楼层和房号表，客人根据房号表自行安排会议来宾下榻某房间。在来宾抵店前，前台将登记好的房卡及用餐卡一并交给客人分房，分房时要注意尽量将房间安排在同一楼层或相邻楼层。对于用房量特别大的会议，还需兼顾到长住客和长包房客人的因素，不可临时占用客人的房间。

中/小型会议拿房：前台直接将会议用房的房号报给客人，由客人来宾直接登记住宿。

七、会议结账方式

（一）会议开始前由客人根据会议消费额提前交至饭店账户，会议结束后进行划账结算。

（二）参会来宾自行登记付费住宿，总台根据协议按正常的要求办理手续，饭店向客人开具发票。

（三）参会来宾向客人缴纳一定的会务费，住宿、用餐等均由客人统筹安排，会议结束后，由客人与饭店进行账务结算。

（四）一般情况下，会议均以转账的形式结算。

八、会议结束后

（一）会同财务部和相关部门迅速理清账单。

（二）收集客户对饭店的意见和建议，并填写相应表格。

（三）制作专项会议档案存档备查。

（四）向客户赠送饭店礼品，表达谢意。

**学习要求：**

1. 每位同学认真阅读上述关于会议产品洽谈和接待的程序文件；

2. 开展小组讨论，删除八大步骤中同学们一致认为不必要的环节，即使只有一位同学认为这一环节有存在必要，都应该保留；

3. 从八大步骤中各划出一个关键环节，并说明为什么它最关键。

---

会议是机构客户高频采购的典型饭店产品。导入学习的目的是让同学们充分理解

向机构客户提供服务是比较复杂的，很多环节容易出现问题，因此机构客户对饭店营销人员的要求也是比较高的。在学习向机构客户推销饭店产品之前，我们必须做好充分的准备，因为他们很可能是饭店产品的采购专家，正所谓“知己知彼，百战不殆”。

## 一、饭店机构客户的主要需求特征

饭店的机构客户主要包括企事业单位、协会等非营利组织，向他们提供会议、展览、商务、庆典、宴请、奖励旅游等特殊服务。机构客户最大的特点就是产品复杂，而且购买者和消费者可能不是同一个主体。

我国飞速发展的经济产生了旺盛的机构需求，给饭店业带来了会议、宴请、特殊活动等巨大的商机。机构消费者通常要经过比个体消费者更为复杂的购买决策，这种购买往往数额大、技术复杂，既要有经济上的考虑，还有与机构内部各层次的人员进行沟通等问题。

组织机构的购买决策过程比一般个体消费者更加正式，也更加注重服务质量。购买的产品越复杂，购买过程就会相应地拉长，参与到决策过程的人员就可能越多。比如饭店承接某企业的年会，既有总结会，还有晚宴和晚会娱乐活动，既有企业自己的员工，也有企业的贵宾，既要准备菜品、茶歇，还需要准备奖品，甚至企业可能会要求饭店协助进行接机送机服务、出几个演出节目等等。因为涉及金额比较大，企业内部的购买决策过程也会比较长，常常还有“货比三家”的情况。这时饭店所提供的服务就非常复杂，在谈判阶段需要一个密切配合的内部团队来支持和实施。

饭店机构市场的主要需求特征可以用“三高”来总结：

### (一) 设备要求高

机构客户对互联网、wifi、会议设施等设备要求较高，据调查统计，超过70%的机构消费者要求饭店的客房中有互联网和电脑设施。

### (二) 时间要求高

机构客户往往有自己的时间表，要求饭店按照时间表严格执行，往往需要饭店抽调组织力量提供专门服务才能达到要求。

### (三) 消费水平高

由于机构消费者支付能力较强，注重服务品质和氛围营造，加之消费内容往往是计划性很强的多个产品组合，比之个体消费者对价格并不敏感，饭店企业获得的利润也相对较高。

机构消费者通常根据机构自身的工作节奏安排活动，同时也会考虑避开高峰，以获得更好的活动体验，以及更低的产品价格。对饭店来说，是非常好的平衡淡旺季的细分市场。

## 二、针对机构客户的组合营销

机构客户是大多数饭店眼中的“香饽饽”，但要与一个大客户建立良好的长期合作关系，首先必须有突出的营销组合能力。所谓组合营销，就是面临错综复杂的客源态势，饭店结合本身的条件(如星级)，一方面仔细分析自己的硬、软件设施去选择自己的市场面——目标客源层次；另一方面，拟定进入该市场最优的营销组合手段，包括产品组合、价格策略、促销策略和销售渠道，以更好地满足客户要求，争取最大的经济效益。

**（一）产品组合多样**

饭店营销可根据机构大客户的需求，开发针对客户需求的多种组合产品，吸引客源。如针对签约大客户的客房服务组合，可包括在客房提供一盘水果，提供欢迎饮料和早餐，免费使用康乐中心的设施和器材，免费代订火车飞机票，免费参加酒吧、歌舞娱乐活动以及提供有互联网的客房等。又如会议组合产品，包括使用会议室、会议休息时间供应茶点、会议期间提供工作餐、免费使用商务室中的传真机、扫描仪等等。

**（二）优质优价**

针对机构大客户更加注重产品质量、独特体验、服务优先的特点，饭店一般都特别设计提供给大客户的产品组合。在安排产品组合时，也尽量使用优质资源，比如安排更加熟练的服务员、安排更加安静的楼层、安排景观更好的房间等等，因此价格也是与服务品质相匹配的。即便单价上有所优惠，但从机构客户的签约采购量而言，饭店仍然实现了经济效益最大化。

**（三）针对性促销**

由于机构大客户的具体采购部门往往是企业负责接待的部门，这要求饭店的促销要针对具体的企业管理者和核心决策人员，通过制订合理的计划和管理流程，为企业提供整体的商务出行或其他活动的具体解决方案，协助进行一站式的集团化采购并帮助企业合理地控制成本。因此，大客户的促销应当主要针对企业采购决策人员和企业管理层进行。

**（四）拓宽销售渠道**

对于机构大客户来说，购买饭店企业产品的渠道是多种多样的，既包括向旅行社购买，也可以直接向饭店企业进行订购，还可以通过互联网了解饭店产品，进行网络预订。饭店企业应不断提高和扩大其销售渠道，达到更广的市场覆盖面。

## 三、机构客户营销的要点

饭店企业可以通过巩固大客户的忠诚度，使之与其建立长久牢固的合作关系，达到理想的大客户营销管理。这一点仅通过价格上的优惠是不能达到的，需要做到以下几点：

**（一）提高产品的附加价值**

比如饭店产品中的早餐和下午茶的赠送，水果拼盘与饮品的提供，免费娱乐设施的使用，会员卡的优惠与赠送等等。

**（二）精心维护客户关系**

与客户的情感维系也是重要的一环。目前的一条捷径是通过网络，例如发送电子邮件、通过聊天工具联系等，从这里可以顺其自然地与客户建立起融洽的关系，甚至更深的友谊。另外饭店企业也可以通过节日赠送礼品或邮寄卡片，给予客户一定的物质激励与心理上的被尊敬感。同时应注重定期召开大客户联谊座谈活动或对其进行拜访，了解大客户进一步的需求，以便为之提供更优质的服务。

### (三) 客户参与产品设计

根据大客户的不同情况,和每个大客户一起设计营销方案,按他们的特殊要求提供相应的产品,这样使得产品和服务更具针对性,同时也使客户感受到被高度重视,从而也就增强了客户的忠诚度。比如提供年会的一揽子方案、商务会议的整体方案等。

### (四) 提高大客户的转移成本

除了给大客户的消费进行累积的优惠等措施外,详细记录大客户的客户档案,全面了解其需求偏好,为大客户提供特殊的、贴心的、有人性关怀的服务项目,是提高客户黏着度的有效方法。其他与该客户没有长期合作的饭店因为缺乏相互了解和合作经验而很难提供此类服务,此时,大客户就不会轻易地选择更换合作饭店。

## 四、不断变化的营销环境

随着饭店行业内的竞争日趋激烈,销售的环境、市场、客户都在变化,特别是行业内对于机构客户的争夺,导致市场环境不断发生着变化。主要体现在以下四个方面:

### (一) 机构客户的产品选择越来越多

在日益竞争的市场中,机构客户面临越来越多的选择机会。以前销售人员在介绍产品时,总是站在自己的角度去推销。而当机构客户的选择越来越多时,机构客户就会站在自己的角度选择饭店企业,形成一种以机构客户为中心的销售。因此销售人员在介绍产品时,也应该时刻注意以机构客户的意愿为中心,而不是以饭店为中心。

### (二) 采购者越来越专业化

机构客户购买日益专业化,企业内部通常有专门的采购部门、采购专员、采购经理,采购人员对饭店产品、市场价格及合作方法的了解往往并不比饭店的销售人员少,这是对饭店非常严峻的挑战,需要销售团队具备足够的服务精神、真正的专业水准和有效的沟通技能。

### (三) 需要掌握的信息越来越多

因为采购者越来越专业,销售人员在与大客户接触前需要做的准备工作越来越多,在信息收集上所花费的时间当然越来越多,这要求有市场调研的知识和访问的技巧。一位业内人士曾经说:"10 年前,是销售、销售、再销售,而如今的销售人员,不只是销售,更需要信息:我们的顾客需要的是什么? 竞争对手正在做什么?"

### (四) 产品组合的广度越来越大

机构客户采购的饭店产品越来越复杂,有些内容甚至超出了一家饭店所能提供的范围,比如要求提供多个会场,需要饭店组织其他相邻几家饭店共同完成此项会议接待活动;比如要求提供拓展训练,或者代为安排考察活动等,要求饭店具备部分旅行社的功能,能够组织起吃、住、行、游、购、娱、学等各种要素,对饭店跨企业组合产品的能力要求越来越高。

## 五、机构客户的推销步骤

针对机构客户,最有效的推销方法就是人员促销。虽然人员促销的费用高、覆盖面小,但它具有直接联系、机动灵活、双向交流、反馈及时、针对性强等特点,一直是饭店最常使用的推销方法。

一般来说，饭店企业针对大客户集团的人员推销包括以下几个步骤：

**(一) 寻找潜在顾客**

成功的销售人员必须能鉴别潜在的机构客户，这些潜在顾客必须具备两个基本条件：一是企业对饭店产品有需求；二是有足够的支付能力。如果只有一个条件满足，就不是潜在的顾客。寻找潜在顾客的主要途径有：朋友、熟人、广告、邮寄信件和电话等。在这个阶段，销售人员应努力收集尽量多的信息。具体方法有地毯式访问法、连锁介绍法、中心开花法、个人观察法、广告开拓法、市场咨询法、资料查阅法等。

**(二) 准备拜访潜在顾客**

正式拜访前必须做好充分的准备，包括：销售人员应对大机构客户所处的行业、公司背景，对饭店产品的需求，以及自己面临的竞争对手等都非常熟悉，特别是针对购买决策中的决策人的个人信息活动。销售人员准备得越充分，成功的可能性必然就越大。

**(三) 初次见面**

初次见面是销售人员与潜在目标顾客的首次真正接触，许多专家称它是销售过程中最重要的一刻。在初次见面中，销售人员必须与潜在的目标客户建立良好的关系，销售人员必须想尽办法吸引机构采购人员的注意，给他留下良好的专业印象，否则销售人员以后的行动可能会不起作用。

**小链接**

初次拜访顾客时，可能会觉得害羞或尴尬，可以用以下两个动作来“破冰”：

第一步：打招呼

销售人员要主动接近顾客，首先必须要做的就是向顾客打招呼，打招呼时要注意三点：热忱为先、目光专注、笑容真诚。

第二步：介绍自己

不管是对陌生顾客还是之前联系过的顾客，你都不要忘在打招呼后介绍自己来强化顾客的记忆系统。介绍自己时也要注意三点：简单易记、清楚无误、自信满满。

**(四) 了解客户的需求**

机构客户的需求相对复杂，了解客户的需求成为成功营销的第一块基石。对客户需求了解得越细致准确，你提供的产品组合就越有可能有效满足客户的需求。在这一阶段，销售人员要进行大量的提问和倾听。提问有助于吸引顾客的注意力，销售人员聆听顾客的回答并作出积极的回应，又可以在双方之间建立起一种互相信任的关系。在倾听的过程中，一旦发现问题，销售人员就可以向潜在顾客介绍解决问题的方法，在介绍方法时，应富有创造性，并努力创造一个轻松愉快的氛围。销售人员提出的每一个问题，都暗含着对潜在顾客的关心与兴趣。销售人员越多地倾听潜在顾客的谈话，顾客就会越喜欢并信任销售人员。由此，销售人员可以和潜在顾客建立良好的客户关系。

### (五) 描述产品

在明确顾客需求之后,销售人员就要准备解释并生动简要地描述饭店产品的特征和优点,比如客房的优势、餐饮的特色、服务的品质等。销售人员在描述饭店产品和服务的过程中,一定要注意观察顾客的反应,要确定他在认真听,不要占用顾客太多时间,在简短的交谈过程中,应该准备些图片、视频、宣传册等展示工具,以便顾客更加容易理解产品的信息。

### (六) 问题和异议的处理

销售人员必须学会把问题和异议视为销售过程中的正常部分,当没有问题、没有异议时,销售人员反而应该焦虑不安,因为有问题有异议正表明顾客对产品是感兴趣的。销售人员要解决有关顾客购买的一切问题,并努力把对方的问题和异议转化为购买的理由。

### (七) 成交

经过多次拜访和洽谈,销售人员的努力终于得到机构客户认可,此时要促成交易的尽快达成。此时应对机构客户的合作表示感谢,谢意的表达必须是真诚的,应让客户感受到交易的达成是值得庆贺的,他们随时都会受到热情接待。

### (八) 回访

交易达成后继续与机构客户保持经常的联系,对于重复销售和更大市场的开拓具有重要的意义。特别是针对饭店市场,由于目标机构客户的需求是重复产生的,比如企业每年都有年会、会议,常有商务客人接待,所以回访显得尤其重要。销售人员的回访固然有其自身利益的因素,但也会给机构客户带来帮助,所以销售人员的回访极少会受到机构客户的拒绝,反而会给客户留下用心服务的好印象。在回访过程中,销售人员不但要确认机构客户对饭店产品和服务是否满意,还要进一步巩固与客户的关系,抓住这两点对于发展以后的业务是很关键的。

**实训任务:**

1. 请每组学生选定一类感兴趣的机构客户(如某大型国企、某政府机构、某科研机构、某银行等),并运用市场调研的规范方法调查其对饭店产品的需求特征。

2. 根据实训任务1中调查过的饭店产品情况,设计和撰写出相适应的饭店4P营销组合策略方案。调查应包括一手资料和二手资料,小组内每位同学分别负责调查营销组合的一个方面。

3. 小组将方案内容以PPT的形式进行汇报。要求PPT制作简明扼要,重点突出,营销组合设计富有创意,且具有操作性。每组汇报时间不少于5分钟。

4. 由教师和邀请到的饭店销售部门主管或经理组成评委,对每个小组的方案和汇报表现进行评估,并提出改进意见。

# 项目四

# 景区营销

## 导语

景区往往是吸引人们到一地旅游的核心旅游产品，就像西湖之于杭州旅游，兵马俑之于西安旅游。我国的景区上万家，著名景区如故宫，年接待游客超千万人次；大型景区如黄山，方圆上百平方公里；传统景区如泰山，自古就是帝王将相心中的圣地；新型景区如横店影视城，从白天到夜晚共有十几台演绎节目。当然，以上列举的都是景区中的佼佼者，市场的领导者。而更多的景区，需要在游客众多的旅游选择中想尽办法脱颖而出，抓住眼球，建立渠道，赢得口碑。营销是大多数景区最重要的工作，因为营销在很大程度上决定着一个景区经营的成败。景区行业中不乏点石成金的经典营销案例，电影《非诚勿扰》中一句“西溪，且留下”成就了西溪国家湿地公园；也不乏上下求索终成正果的励志案例，江南水乡“一样的古镇”中炼成了一个“不一样的乌镇”。在这些案例成功的背后，有资源的先天禀赋，有可遇不可求的市场机遇，有经年的持续打磨，更多的却是营销的力量。

## 任务一　景区产品策划

**任务目标：**

通过本次任务的学习和训练，你能够完成基本的景区产品开发与策划，这是景区营销推广前最重要的前期工作。要完成这项工作，我们必须：

1. 理解景区、景区产品、景区产品体系的内涵与特点；
2. 掌握景区产品开发策划的核心理念和基本方法；
3. 掌握景区 STP 策划的技术路径；
4. 了解景区主题产品策划的基本思路。

**学习导入：**

### 重庆抗战遗址博物馆将创建国家级博物馆和4A级景区

在重庆哪里能了解到最全面的抗战时期文化？答案无疑是重庆抗战遗址博物馆。如今，刚获评第七批“国家文物保护单位”的重庆抗战遗址博物馆正在完善现有景观、基础设施和软件配套，创建国家级博物馆和4A级景区。

**配置：硬件设施、软件配置将提档升级**

据重庆抗战遗址博物馆馆长、南山生态带管委会副主任刘万虹介绍，博物馆获得第七批“国家文物保护单位”后，紧接着还要创建国家级博物馆和4A级景区。围绕这一目标，馆内还将完善一批配套设施、新增文史研究人员、加强文物征集、强化学术研究、丰富馆藏图书，软件配置也将提档升级。从旅游文化角度来讲，博物馆将以抗战文化为主调和亮点来进行推介，创建国家4A级景区不仅能推动我区地方经济发展，更能带动整个重庆市旅游业的提档升级，大大提升城市的知名度。

记者现场看到，博物馆正在进行停车场改造。据介绍，停车场改造面积2800平方米，通过平整地面，铺设生态砖，增加停车位，使停车环境也和博物馆内的自然植被一致，停车场改造完成后，能新增停车位100余个，总量达到200余个。除了停车场，馆内还将改建游客休闲设施，新建游客接待中心。

此外，博物馆将内部人员岗位设置得更加合理，工作人员正在实施竞聘上岗，“将更有能力的人放在合适的位置，努力提升博物馆的软件实力"，刘万虹说。同时，博物馆文物征集、保管、展示制度也正在完善中，新征集的文物将陆续和游客见面。

目前，重庆抗战遗址博物馆智慧景区建设也在进行，在2013年6月实施。馆内将实现3G、无线网络的全覆盖，市民可通过物联网、无线技术、GPS定位等实现手机下单，景区门禁系统将实现自动识别。

目标：成为重庆吸引游客非来不可的新地标之一

一座城市，要有自己的气质和底蕴，才能区别于其他城市，绽放自己独特的魅力，这少不了历史的沉淀。重庆的抗战历史文化，便是吸引游客的精髓。在重庆抗战遗址博物馆，市民可以看到蒋宋夫妇在此鲜为人知的国事、生活轶事以及金戈铁马的抗战岁月。

2013年3月，重庆抗战遗址博物馆内6处历史建筑维修完成后，一开馆便吸引了诸多游客，年内该馆还将完成修缮工程的二期，即云峰楼、黄山小学等多处历史建筑的修复，开设"抗战时期文化教育"、"妇女运动"等专题展览。

重庆抗战遗址博物馆文史研究员钱峰告诉记者，"抗战遗址博物馆是重庆抗战历史文化底蕴丰厚的地标之一，目前已被授予重庆市海峡两岸交流基地、统一战线教育基地、海峡两岸文化交流基地。除了创建国家4A级景区外，还将创建国家级博物馆、统战文化教育基地，致力于推动两岸的文化交流发展，力争成为国家级海峡两岸交流基地。"

据介绍，目前，抗战遗址博物馆年接待游客20万余人，成功创建国家级4A级旅游景区后，预计年接待游客人数可达50万人次，力争让抗战遗址博物馆成为重庆吸引游客非来不可的新地标之一。

（资料来源：重庆市南岸区人民政府官网）

**学习要求：**

通过网络收集了解国家旅游局对创建A级景区的硬件、软件建设要求，归纳出案例中提到的针对4A级景区的创建措施。

---

在学习导入的过程中，同学们已经开始了解作为一个规范经营的景区，应该满足哪些指标性的要求。这些指标都是景区的外显特征，要把景区产品营销出去，我们还需要掌握其实质。

## 一、景区与景区产品

### (一) 景区

1. 景区概念

景区是指具有吸引国内外旅游消费者前往游览的明确的区域场所，能够满足旅游消费者游览观光、消费娱乐、康体健身、求知等旅游需求，具备相应的旅游服务设施并提供相应旅游服务的独立管理区。

从概念中可以看出，景区具备以下特点：

(1) 空间上的地域性。景区是一个特殊形态的地域单元，它具有确定的空间或地域范围，有固定的经营服务场所。

(2) 功能上的旅游性。景区是旅游消费者实现旅游目的的场所，具有吸引旅游消费者的吸引物和资源基础，旅游消费者可以以各种不同的形式进行旅游，如参观、游览、健身、教育、求知等。

(3) 设施上的服务性。景区必须具有必要的旅游设施，提供相应的旅游服务。旅游设施与服务构成了景区的产品，没有旅游设施与服务，景区的旅游活动就不可能实现。

(4) 经营上的管理性。景区内部有专门的人、财、物、场所等管理机构为景区经营服务。

2. 景区的构成要素

景区的构成要素是景区的基础，它包括旅游吸引物、旅游设施和旅游服务。

(1) 旅游吸引物。它存在于景区空间范围内，对旅游消费者产生吸引力，包括自然旅游资源和人文旅游资源，是旅游活动的客体。

(2) 旅游设施。它是指景区向旅游消费者提供服务时依托的各项物质设施和设备，包括交通运输设施、食宿接待设施、游览娱乐设施和旅游购物设施等。旅游设施是旅游消费者实现旅游活动的基本条件之一，也是景区存在的基本条件。

(3) 旅游服务。它是指旅游区服务人员通过各种设施、设备、方法、手段、途径和“热情好客”的种种表现形式，在为旅游消费者提供能够满足其生理和心理的物质及精神的需要过程中，创造的一种和谐的气氛。它能使旅游消费者在接受服务的过程中产生惬意、幸福之感，进而乐于交流，乐于消费。

**(二) 景区产品**

1. 景区产品的内涵

景区产品是指景区所能够提供给市场并被旅游者消费，以满足旅游者某种需要的旅游设施、旅游项目和旅游服务的组合，它总体表现为旅游者的一种体验。

根据旅游产品的概念来理解景区产品的内涵如下：

(1) 景区产品是一种体验

由于景区产品只是向旅游消费者提供暂时使用权，所以，对旅游者而言，景区产品是一种体验。景区的有形部分，如景区建筑、文化遗址、自然景观等，会给游客带来视觉的感受和审美的心理。比如雷峰塔景区，包括了雷峰塔本身、如意宛、康熙乾隆夕照碑、状元祭母台等，这是人们感受雷峰塔的基本元素。这些有形的东西提供了体验的场所和道具，是游客获得景区体验的基础。另外，景区内员工的仪容仪表、态度、行为和能力，游客的期望、行为和态度以及景区管理当局和游客都无法控制的一些因素，都影响着游客在景区内的总体感受。

(2) 景区产品的基础是旅游资源

旅游资源可以是自然存在的，也可以是历史遗留的，还可以是人为建造的。根据旅游资源与景区旅游产品的关系，可以将景区旅游产品划分为资源产品共生型、资源产品提升型和资源产品伴生型三种模式。共生型是指旅游品位较高、具有较强吸引力，不需经过大规模开发即可转变为某种产品的情况，如北京故宫、颐和园等。提升型是指旅游资源品位较低，需要较大的资金投入将资源开发为景区产品，如北京世界公园、秦皇岛欢乐海洋公园等。伴生型是指某些在功能上属于其他类型的设施和场所，但同时又具有一定的旅游功能，如北京天安门、上海外滩等。

2. 景区产品的特点

景区产品是一种旅游产品，既具有旅游产品的共性，也有其自身的特点。

(1) 消费的时空共享性

景区产品不具有排他性，同一个景区在同一个时点接待多名游客，多名游客可以在同一时间共享同一个景区。因此，景区的环境容量成为一个很重要的技术指标，游客数量控制在环境容量以内，游客的旅游体验一般不会受到其他游客的过多影响；超过环境容量，游客之间相互影响，游客难以获得预期的旅游体验。这一特点要求景区营销不仅要有招揽游客的能力，还要有控制游客到访时间和到访量的方法。

(2) 景观的季节差异性

自然风光类景区的自然景观季节性差异是非常大的，部分景区甚至受到季节景观的决定性影响。两个极端的例子，比如漂流景区，暑期火爆，冬季关门；户外滑雪场，冬季火爆，夏季关门。季节差异很难通过人为的开发来消除或平衡，给景区营销带来很大的特殊性和挑战。

3. 景区产品的构成

科特勒(Kotler)提出了一般景区产品的构成，见图 4－1。

图 4－1

景区产品的构成

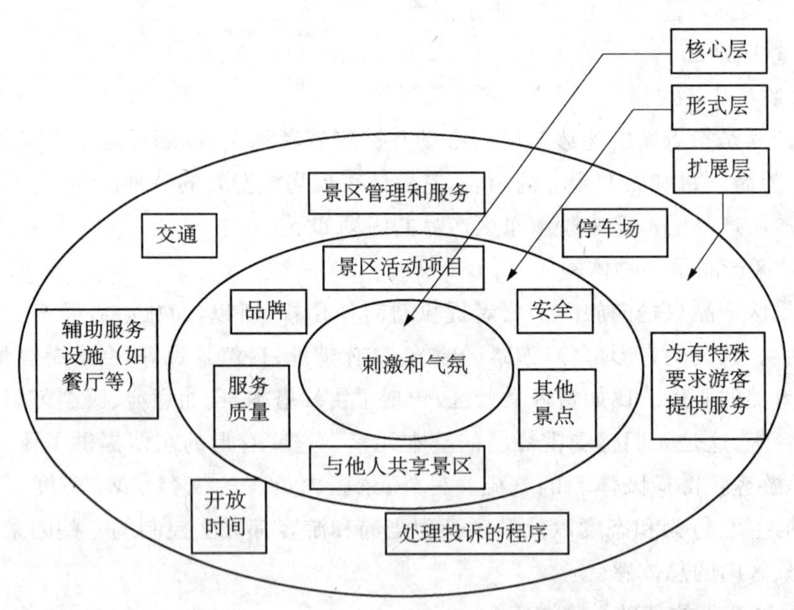


一般而言，景区产品主要由景区的自然景观或人造景观、人文名胜、景区基础设施和服务设施、景区服务、景区旅游活动项目等构成。我们从景区吸引物、景区活动项目、景区管理与服务三个角度来展开说明。

(1) 景区产品的核心层——景区吸引物

景区吸引物就是景区内标志性的观赏物,它是景区旅游产品中最突出、最具有特色的景观部分。博尼费斯(Bonilace)和库珀(CooDer)指出,"吸引物是旅游赖以生存之本,旅游吸引物促生了游览,引发了远程旅行,并创造了整个旅游业"。斯沃布鲁克(Swarbrooke)认为,"旅游吸引物是旅游业的核心,是人们想去一个地方旅行的动机"。旅游吸引物是旅游吸引力的主要发动机,是景区经营和招徕游客的招牌,也是景区赖以生存的依附对象,游客正是为了观赏景区才不远万里、不辞辛苦地来景区旅游的。如果没有旅游吸引物,游客是不可能来景区消费的。欧洲旅游委员会(European Travel Commission)指出"旅游吸引物的目的是满足公众娱乐、兴趣和教育的需求"。此外,吸引物不仅靠自身独有的特质来吸引游客,还要有一个良好的形象塑造和宣传才能起到应有的引力效果。需要说明的是,旅游吸引物的构成是不断变化的。

(2) 景区产品的形式层——景区活动项目

景区活动项目是指结合景区特色举办的常规性或应时性的供游客欣赏或参与的大、中、小型群众性盛事和游乐项目。景区活动项目的内容非常丰富,如文艺表演、体育比赛、民俗再现以及各种节日庆典等。这些活动不仅是景区产品的一部分,而且还可作为旅游促销活动的内容。景区活动能使游客的旅游感受更有趣味性,使旅游服务的主题更加鲜明和更有吸引力。在开展景区活动的时候,应当注意活动的内容与形式必须与景区的主体格调相一致。否则,举办景区活动不但不会丰富景区旅游产品的内容,还会冲淡和破坏景区原有的产品特色与市场形象。

(3) 景区产品的扩展层——景区管理与服务

景区产品的表现形式尽管各式各样,但其核心内容仍是服务。服务的特点就是生产与消费的同时性。每一次服务的失误都不可能像其他产品一样重新产出,现场服务质量的高低关系到旅游者旅游质量的高低。服务过程中的管理是至关重要的,管理是为了更好的服务。景区管理包含三个层面:一是对员工的管理,二是对景区的管理,三是对游客的管理。不论是哪种管理,都是为了最大限度地满足游客需求,提升游客的"体验"质量。

另外,景区交通也可以看作扩展产品的组成部分。由于很多景区处在交通不发达的偏僻地区,游客出入景区难已成为制约景区发展的一大瓶颈。景区产品生产与消费的同时性,使得消费者必须到达现场才能消费景区产品。因此,如何改善交通条件和基础设施,对于增加游客数量,提升游客旅游质量有着很大的作用。

**小链接**

科特勒(Kotler)于1994年提出了整体产品概念。所谓整体产品,即将产品理解为由核心层、形式层和扩展层三个层次所组成的一个整体产品。见下图。

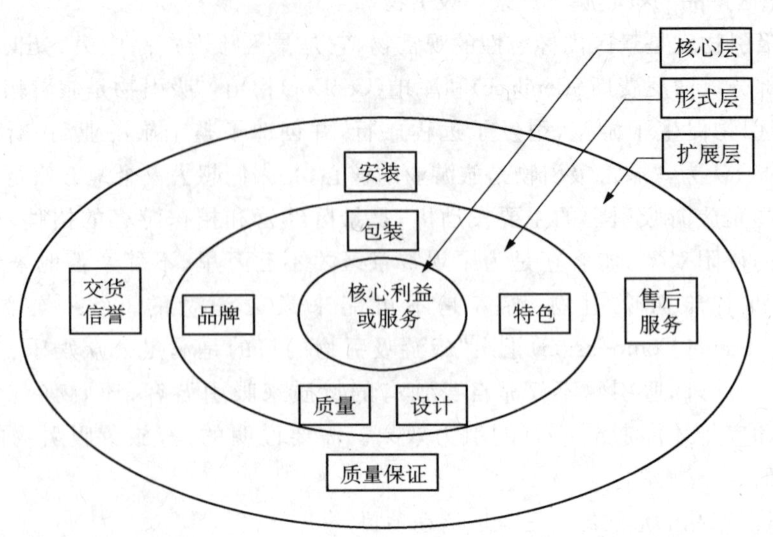


1. 核心层

产品的核心层是顾客购买的基本对象，满足顾客的核心利益和主要需求，即购买者认为能够通过所购产品来满足个人所追求的核心利益或基本效用。这里的核心利益通常是无形的，在很大程度上与主观意愿，如气氛、过程、松弛、便利等有关，顾客所寻求的是能够解决他们问题或满足他们需求的产品。也就是说，顾客只会买能给自己带来利益和满足自身需求的那些产品。

2. 形式层

产品的形式层是核心层的实现形式，即核心层在市场中表现出的产品实体或劳务的外观，是营销人员把核心层有形化的结果，即一个能满足顾客需求的实实在在的消费对象。形式层产品应具有特色、品牌、质量、设计、包装五个特征。

3. 扩展层

产品的扩展层是指顾客购买产品时所能得到的有形和无形的附加服务和利益的总和。刘易斯(Lewis)和钱伯斯(Chambers)认为，扩展产品是“解决顾客的所有问题的组合产品”，甚至要把顾客还未想到的问题纳入其中。

## 二、景区的产品体系

景区的产品体系主要是指品牌产品、重要产品和配套产品之间，以及这些产品内部之间所形成的稳定的、更具有吸引力的结构。一个景区可以有多个品牌产品，或者多个重要产品，以及多个配套产品，也可以是品牌产品、重要产品、配套产品的组合。

景区推出多产品战略是非常必要的，很多情况下配合本地周边的其他景区推出多品牌、形式多样的重要产品和配套产品，从而发挥地区整体的吸引力。如杭州的灵隐景区，以飞来峰石窟造像、灵隐寺为核心的观光产品为品牌产品，对其外围产品进行了整合，重点开发访古游、风情游、休闲游等产品类型，形成丰富而完善的产品体系(见表4-1)。

表 4-1 杭州灵隐景区旅游产品体系内容

| 产品类型 | 产品体系内容 |
| --- | --- |
| 观光游 | 以飞来峰石窟造像、灵隐寺为主要观光对象，包括林地茶园、山涧溪流、佛教寺庙及天竺香市、法云古村、白乐人家等 32 景 |
| 朝觐游 | 灵隐寺、天竺三寺、韬光寺、永福寺、中印寺等 |
| 访古游 | 以探访景区历史文化古迹为主，包括古寺、古塔、古碑、古墓、古桥、古亭、摩崖石刻等，了解其源远流长的历史和光辉灿烂的文化 |
| 风情游 | 让游客体验景区的民俗风情，了解当地的民俗文化，获得精神的愉悦，主要有茶文化（如白云茶、香林茶等）、山地民居、传统工艺（如天竺筷等） |
| 休闲游 | 以青峰、幽谷、涧泉、绿树自然旅游资源为载体，开发登山、素食、佛茶等旅游项目，并与山地民居农家旅馆、农家菜、茶楼等结合起来 |
| 其他 | 天竺香市购物游、佛教文化展示游（如杭州佛教传播展、杭州高僧事迹展等） |

## 三、景区产品策划的核心理念

景区产品策划贯穿在景区从开发到经营管理的全过程，包括市场生命周期策划、产品组合策划、产品设计开发策划、新产品推广策划、品牌策划、主题产品策划、形象策划等。应牢固树立以下理念：

### （一）以市场为导向

根据旅游市场的需求内容和变化规律，确定景区旅游产品开发的主题、规模等。在开发旅游产品之前先进行市场调研，准确掌握市场需求和竞争状况，结合景区旅游资源的特色，积极寻求相应的客源市场，确定目标市场。如当前个性化旅游的彰显要求景区开发出品种多样的、参与性强的旅游活动项目。

### （二）追求独特

景区的核心魅力在于与众不同，在多大的地理范围内具有独特性，决定了景区的客源市场吸引范围有多大。比如丽江东巴文化在世界范围内都是极具民族特色的文化，因此以纳西族东巴文化为特色的丽江古城就能够成为一个世界级的产品。景区的独特之处并非只能依赖历史文化、景观风貌等，借鉴、移植、打造也是一种可行的方法。比如通过将民居外墙上彩绘年画，将普通的村庄变为年画艺术村，成为具有文化独特性的乡村民俗景区。

### （三）经济上可行

景区在充分了解旅游市场需求的基础上，对所开发的旅游产品进行可行性分析，即对其可进入性、投资规模、建设周期、对游客的吸引力、资金回收周期等进行分析。

### （四）保护环境与兼顾社会效益

开发旅游产品的目的是为了更好地利用旅游资源，而生态环境则是旅游资源赖以存在的物质空间，为此，在开发景区旅游产品时要做到：第一，保护旅游资源本身在产品开发过程中不被破坏，正确处理开发与保护的关系；第二，要控制景区旅游产品开发后游客接待量在环境承载能力之内，以维持生态平衡，使旅游资源能够永续利用；第三，注重社会文化影响，必须遵守旅游政策法规。

**(五) 关注逗留时间**

它是指景区旅游产品的开发应围绕重点项目，挖掘潜力，逐步形成系列产品和配套服务，延长游客旅游停留时间，建立健全吃、住、行、游、购、娱等配套服务和配套设施，提高旅游效益。

## 四、景区 STP 策划

景区 STP 策划是指景区市场细分(segmenting market)、选择目标市场(targeting market)和市场定位(positioning)进行的策划。

**(一) 景区市场细分**

1. 景区市场细分策划的概念

景区市场细分策划是指景区营销策划人员在市场调研基础上，根据景区所提供的旅游产品，有效地将整体景区市场划分为若干个消费者群的策划活动。其策划的目的就是为景区制定一整套科学有效、细致周密的景区市场细分方案。

景区在进行市场细分策划时应把握可衡量性、可进入性、可营利性和稳定性的原则。景区通过市场细分策划有利于及时发现市场上新出现的及尚未被满足的市场机会，形成新的目标市场；有利于景区适时调整经营策略，制定出最佳的营销战略，把握市场味蕾的变化方向；有利于景区科学地开发目标市场和取得良好的经济效益。

2. 景区市场细分策划的步骤

(1) 确定景区市场范围；

(2) 分析景区现有和潜在顾客的不同需求；

(3) 根据一定的细分标准分析可能存在的细分市场；

(4) 进一步分析每个景区细分市场的不同需求与购买行为等特点；

(5) 分析测量各景区细分市场的规模和潜力。

3. 景区市场细分策划的方法及应注意的问题

由于景区受资源条件的限制，往往不可能满足所有旅游消费者的需要，因此，只有在充分了解旅游消费者市场的基础上，根据一定的细分变量对景区市场进行细分，才能对景区进行有效开发和利用。具体的细分方法与一般旅游市场细分方法(变量)相同，也是按地理因素、人口因素、心理因素和购买行为因素来划分。

景区在选择市场细分变量时应注意以下问题：

(1) 必须从本景区的经营情况出发，对于不同的旅游产品要有不同的细分变量，且细分变量必须是有效可行的。

(2) 景区在选择细分变量时，可考虑细分变量交叉的原理。

(3) 市场细分中很多细分变量是动态的，要求景区必须经常调查研究和预测所用变量的变化情况和变动趋势，据以调整细分市场。

(4) 市场细分不是越细越好，景区应考虑使细分出的市场具有一定的规模，且有一定的发展潜力，这样才能使景区有利可图。

**(二) 景区目标市场选择**

景区在进行市场细分之后，并没有实力进入所有的市场去满足所有旅游消费者的需求，而是只能从中选择一个或几个市场作为自己的目标市场，开展营销工作。景区的一切有效活动都是围绕目标市场而展开的，因此，选择和确定目标市场，明确景区服务对象，关系到景区营销目标的实现，也是景区制定营销战略的重要内容。

景区目标市场策划是旅游景区在市场细分的基础上，选择一部分子市场作为营销对象而策划的营销方案。

1. 景区目标市场选择策划的程序

景区目标市场选择策划一般要经过评估细分市场和选择景区目标市场策略两个阶段。

(1) 评估细分市场。策划景区目标市场的第一步就是评估各细分市场。首先，分析细分市场的规模和发展潜力，只有具备适当规模和发展潜力的市场对景区才有吸引力。其次，分析细分市场的结构吸引力，即对威胁景区长期盈利的主要因素做出评估。影响市场吸引力大小的因素有竞争者、潜在进入者、替代者、旅游者和供应者。再次，分析细分市场是否与景区的经营目标和资源条件相吻合。

(2) 选择景区目标市场策略。细分市场评估完成后，景区即可确定出自己的目标市场。一般而言，景区进入目标市场的模式通常有五种，即市场集中化、市场专业化、产品专业化、选择专业化和全面覆盖模式。针对目标市场模式，通常有三种目标市场策略可供选择，即无差异市场营销策略、差异性市场营销策略和集中性市场营销策略。

2. 景区目标市场的切入策划

景区在确定了目标市场，选择了目标市场策略以后，还要就切入目标市场的过程及切入目标市场的方法进行策划。

(1) 景区目标市场的切入过程策划。景区切入目标市场的过程一般有启动阶段、开业阶段和立足阶段三个阶段。在启动阶段，景区对所要进入的市场一般了解不透，对进入市场的成功与否无太大把握，因而应进行试探性进入，即对目标市场进行深入调查和研究，对进入方式和时机进行缜密的策划，将景区旅游产品在一定范围内进行试销等。在开业期阶段，经过前一阶段的试销等活动，景区对目标市场已有了足够的了解和把握，决定正式进入该目标市场，此时，景区应进行一系列的营销活动，包括成立相应的正式机构和确立合作关系伙伴、针对目标市场选择促销方法等。在立足阶段，景区应采取一定的规模进入方式，连续稳定地扩大市场，如通过景区产品开发等站稳市场。

(2) 目标市场的切入方法策划

景区可重点运用人员推销法(利用景区内部或外聘推销人员，直接与旅游消费者接触并推销旅游产品)、广告宣传法(精心进行广告策划，向目标市场上传播景区旅游产品信息，建立景区和旅游产品的知晓度，促成旅游消费者的购买行为)、公共关系法(通过开展各种形式的公关活动，树立景区在旅游消费者心目中的良好形象，赢得目标市场上公众的支持和信赖)、营业推广法(采取各种优惠措施，在利益上给旅游消费者以实惠，从而吸引众多的旅游消费者)切入目标市场，还可采取权威人士推介法、展销会、推介会等方式切入目标市场。

**(三) 景区市场定位**

景区市场定位策划就是在景区市场细分的基础上，通过各种途径、运用各种手段，为使景区及其产品在旅游消费者心目中形成区别并优于竞争者产品的独特形象而制定的有效方案及措施。景区市场定位策划的实质是寻求建立景区旅游产品的特色和树立独特的市场形象,以赢得旅游消费者的认同。其核心内容是努力实现景区旅游产品差异化与旅游形象差异化。如海南岛的市场定位是“热带中国,海南岛”、“原始纯净美丽神奇的海南岛”。

1. 景区市场定位策划的要点

景区市场定位的关键是在明确目标市场的基础上,设法在自己的旅游产品上找出比竞争者更具有竞争优势的特性,这样才能进行准确的市场定位。为此,景区在其选择的目标市场上策划市场定位时要把握以下要点:

(1) 景区要先以地域为界去选择市场,实施等级区域措施。景区目标市场的选择不能只针对某一个地区或城市,从地域范围来看,可以根据不同的地域分为不同的目标市场,从而实施等级区域措施。在以地域为界选择市场时,应遵循由近到远,逐步扩大的原则开展市场营销。

(2) 景区营销要瞄准中心城市。因为消费存在梯次传递的规律,一般是大城市——中等城市——小城市——农村,时尚消费更是如此。旅游属于一种时尚消费,所以重点是抓好中心城市旅游市场,针对中心城市的消费特点策划景区市场定位,突出景区旅游产品特色,吸引更多的旅游消费者。

2. 景区市场定位策划的程序

景区市场定位策划一般要经过以下流程:

(1) 目标市场分析。景区应分析目标市场上潜在旅游消费者的旅游习惯、出游时间、旅游花费、旅游偏好等,关注目标市场上旅游消费者的欲望满足程度及未满足的需要有哪些。

(2) 识别可能的竞争优势。分析竞争对手的经营管理状况、产品价格、分销渠道、市场形象、品牌状况等,寻找自身可能的竞争优势(景区在产品、服务、人员、形象等方面与竞争者的差异化)。

(3) 准确选择竞争优势。景区可在经营管理、技术开发、市场开拓、产品等可能的竞争优势中,分析对比后选出最适合本景区的优势项目,以初步确定景区在目标市场上所处的位置。

(4) 对目标市场初步定位。景区通过一系列的宣传促销活动,将其独特的竞争优势准确传递给潜在旅游消费者,并在其心目中留下深刻印象,达到树立景区市场形象的目的。

(5) 巩固市场形象。景区应时刻关注市场动向、不断修正和调整市场定位,巩固市场地位,维护旅游消费者对景区形象的忠诚度。

## 五、产品主题策划

旅游是一种文化产业,景区的持续发展需要进行各种主题产品的策划,以突出景区的灵魂与主线。主题产品具有渲染气氛、促进游客参与、丰富游客经历、增强景区亲和力和强化景区产品的营销效果,能形成市场冲击力,营造商业卖点,推广景区形象等作用。

### (一) 产品主题策源

景区的地脉、文脉和人脉是景区产品策划主题的源泉。

1. 景区的地脉

景区的地脉是景区的综合性自然地理背景,它代表着景区自然地理的地域性、季节性和整体性等显著特征,表现为时间变化上的动态性和空间分布上的系统性,包括地质地貌、气象气候、生物、水体和自然区位等。旅游活动的产生和发展总是在一定自然环境基础上形成的,因此,人们称自然环境为旅游的第一环境。三百年前康熙在热河(今承德)这块神奇的风水宝地上大笔一挥,写下了“自有山川开北极,天然美景胜西湖”的诗句,集天下景物之美于一体的避暑山庄拔地而起,成为让人流连忘返的避暑胜地。这说明了避暑山庄之“美”缘于其“地脉”。

2. 景区的文脉

景区的文脉是指景区所在地域的人文地理背景,包括当地的历史、社会、经济文化等人文地理特征,它是一种综合性的、地域性的、历史性的和社会性的四维时空组合。文脉是景区的内核,景区的主题产品应依文脉而立,只有准确地把握景区的文脉,挖掘特色卖点,提升文化质感,才能增强景区的吸引力。

3. 景区的人脉

景区的人脉是指景区目标市场上的不同层次消费者群体所组成的脉络系统和旅游消费者对景区的认可程度。因此,景区应有针对性地策划符合旅游目标市场消费心理和消费习惯的景区主题产品,为旅游消费者提供快乐的体验和享受的价值。

总结起来,主题产品策划与景区地脉、文脉、人脉之间的关系是:地脉是景区主题产品策划的切入点,文脉是景区主题产品策划的核心,人脉则是景区与旅游市场的和点。这几点既相辅相成,又构成了景区主题产品策划的“经脉”。

### (二) 策划原则

景区主题产品策划必须要与景区性质协调一致,既突出景区资源特色,又适应旅游市场需求。

1. 与景区性质协调一致

景区的性质是由构成景区资源的类型与特征、景区在区域旅游系统的地域分工决定的。景区的主题产品策划必须与景区性质协调一致,这样不仅有利于突出景区旅游资源特色,而且可以避免近距离景区建设重复现象。

2. 突出景区资源特色

特色是景区生命力、竞争力和吸引力的源泉。景区主题策划要在深入挖掘其特色的基础上,根据景区资源特色确定景区开发的主题。

3. 适应旅游市场需求

旅游资源是景区产品的主要原材料,其本身并不是旅游产品。在市场经济条件下,旅游资源的开发必须以市场为导向,去发现、挖掘、评价、筛选和开发旅游资源,提炼景区开发主题,设计、制作和组合旅游产品,推向旅游市场,进而引导、开发旅游市场。

**(三) 策划的一般过程**

景区主题产品策划是在深入调查基础上，经过思维、创意形成景区主题产品的活动过程（如图 4－2 所示）。

图 4－2

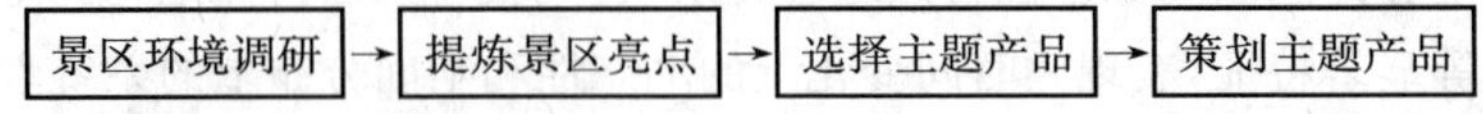

景区主题产品策划的四个步骤

景区环境调研 → 提炼景区亮点 → 选择主题产品 → 策划主题产品

1. 景区环境调研

要进行科学的景区主题产品策划，就必须通过景区环境调研，准确掌握景区的“二脉”，及时了解旅游市场动态变化信息，使策划建立在坚实可靠的基础之上。

2. 提炼景区亮点

景区的主题产品策划要以旅游资源为基础。由于某些旅游资源具有普遍性和类似性，所以景区营销策划人员应根据景区的资源情况，寻找、挖掘其独特之处，找出最能反映当地历史和文化所积淀下来的资源特色，最终提炼出景区的亮点，形成与其他地区的景区之间的差异性，吸引旅游消费者。

3. 选择景区主题产品

每个景区可能有多个较为鲜明的主题，而由于条件的限制，不可能同时开发，所以就要对存在的多个主题进行评价、筛选。选择主题产品是整个景区主题产品策划的关键，它是资源配置的凝聚点、产品制作的创意点、市场营销的兴奋点。

4. 策划景区主题产品

根据旅游主题的功能要求和目标进行旅游产品的方案策划，其主要内容包括主题产品功能设计、选址建议、开发时序、策划依据、主题内容等五大方面。景区主题产品方案策划的好坏直接影响着主题产品的实施效果。

**实训任务：**

1. 实地调研一处 4A 级景区，梳理其产品体系并列表说明；

2. 访谈景区经营管理人员，了解景区的开发过程、主题定位和市场定位；

3. 每组就调研和访谈成果制作 PPT，说明其开发过程中的难点、目前的产品体系、主题定位、市场定位及核心竞争力；并对照景区 STP 策划和产品主题策划的知识，对其主题定位和市场定位是否成功做出评价。

## 任务二　景区产品促销

**任务目标：**

通过本次任务的学习和训练，你应该能够掌握景区产品营销管理的基本原则和理论，并能够有针对性、有操作性地进行景区产品营销管理。为实现这一学习目标，我们必须：

1. 掌握景区营销的内涵和基本原理；
2. 掌握景区产品促销的基本特点；
3. 了解景区产品的促销策略；
4. 理解景区产品促销策划的内涵和影响因素。

**学习导入：**

## 泰山旅游促销亮点纷呈

为了积极应对世界金融危机对入境游客的冲击，泰山景区展开紧锣密鼓的旅游宣传促销。泰山景区按照“全面提升国内旅游，积极扩展入境旅游”的总体部署，做到内外并重，同步增长，实现重点突破，整体提升，推动了泰山游客量持续攀升。截止到2009年12月上旬，接待购票进山进景点游客326.9万人，增长10.1%，其中购票进山游客219.5万人，增长6.5%，旅游促销亮点纷呈。

**世界泰山　让游客“热”起来**

根据旅游国际化的趋势，着眼于泰山国际旅游特点和形成旅游竞争优势，泰山景区在全国和全球范围内选择市场和配置资源，积极参加海内外大型旅游促销活动。对入境客源实行优惠政策，提高了旅行社组织境外团队的积极性，他们加强与国外世界遗产地的交流合作，扩大了泰山在世界的知名度。在与日本富士山、台湾阿里山、巴西阿拉里皮世界地质公园签订友好协议后，2009年5月，景区与韩国唯一的世界遗产地汉拿山签订了友好协议，为开拓韩国客源市场铺平了道路。他们与大洋洲世界自然遗产夏威夷火山国家公园、俄罗斯世界遗产圣彼得堡皇村的合作项目也正在接洽中。

在旅游营销中，他们还邀请国际知名旅行商和知名人士来泰山考察，“借人之口，发己之声”，利用名人效应宣传泰山。先后有来自日本、韩国、美国以及国际孔子学院的20余家国际旅行团体前来泰山考察。近期日本著名书法家柳田泰山访问泰山，带动了其国内游客来泰山旅游的热情。

**文化泰山　让游客“游”起来**

利用泰山文化品牌扩大泰山影响力。先后推出了“泰山东岳庙会”、“泰山冠军”中国泰山登山系列大奖赛、“中华泰山成人礼”三大精品旅游文化项目。在泰山东岳庙会中，策划了台湾东岳庙朝圣东岳祖庭等11项主题活动，在国内首次推出名山吉祥物“泰山四喜童子”及衍生旅游商品，让游客在参与中了解了东岳文化；大陆76家、台湾22家东岳庙联合发布《泰山宣言》，扩大了东岳庙祖庭的辐射力和影响力；庙会举办期间，进山人数增长114%，岱庙等小景点人数增长153%。

在“泰山冠军”中国泰山登山系列大赛中，成功举办了6次月赛、1次季赛和年度总决赛，总奖金180万元，吸引了3000多名登山爱好者参加，为打造“国内顶尖，国际知名”的赛事奠定了良好基础。2009年7月，团中央发起了“中华成人仪式教育主题活动”，“中华泰山成人礼”被确定为主要内容，制作了成人礼服、成人礼之歌，推出了形象宣传片，成功举行了“北大清华学子——我自立，我自强”、“自立自强、攀登泰山、辉煌一生”、“携程网——感恩自强、快乐成长”、“寒门学子——我与祖国共成长”等不同主题、不同规模、不同形式的6批成人礼活动，吸引了300名将成年群体参与仪式，带动了1200余名游客参加活动，取得了良好的效果。

（资料来源：新浪网旅游频道）

**学习要求：**

仔细阅读上述材料，用列表的形式整理出泰山景区针对国际、国内市场总共采用了哪些促销方法。

---

泰山作为我国的著名景区，酒香一样勤吆喝，几乎把各种促销手段都用上了。同学们有没有想过，如果泰山景区不促销，或者不那么努力地促销，在今天的市场环境下，还会“魅力永存”吗？

## 一、促销与促销组合

### （一）促销的实质与作用

1. 旅游促销的实质

促销，即促进销售，就是经营者将有关本企业及产品的信息通过各种方式传递给消费者，促进其了解、信赖并购买本企业的产品及服务，从而达到扩大销售的目的。

由于旅游产品具有不同于一般产品的无形性特征，绝大多数旅游产品的买卖很难做到供需直接见面，非一般意义上的“一手交钱，一手交货”，且其使用价值不像一般产品那样容易感知，对其使用价值的判断带有很强的个人主观性。因此，旅游产品生产经营者更应重视与旅游消费者的沟通，尤其是沟通方式的选择及沟通内容的确定：旅游产品生产经营企业应首先通过市场调查掌握旅游者的需求及爱好，在此基础上以最恰当的方式与消费者进行交流与沟通，以扩大销售，这就是旅游促销。

旅游促销的实质是旅游产品生产经营与购买者之间的信息沟通。其原理是通过各种方式不断向购买者传递企业及产品或服务的信息，以形成外界刺激，激发购买者的欲望，促使其采取购买行动。

2. 旅游促销的作用

促进销售的任务，就是顺畅地传递信息，进而达到扩大销售的目的。其作用主要有：

(1) 提供情报，传递信息

信息流是商流和物流的前导，旅游生产企业生产出产品之后，在产品进入市场时甚至是尚未进入市场之时，就必须采取各种方法及时向消费者传递产品或服务的信息，向他们介绍产品的特点、性质、价格、所提供的服务等消费者关心的信息，以引起消费者和旅游产品中间商的注意。而旅游产品中间商也需要向其下游销售商或消费者提供信息，介绍产品或服务，以达到促销的目的。

(2) 突出特点，强化竞争力

相互竞争的同类产品之间的差别往往不很明显，尤其是旅游产品，同质程度更高。通过旅游促销，企业可以把旅游产品的定位、特色等信息传递给消费者，使消费者在心目中对该产品或服务有一个明确定位。即使是没有实质性差别的旅游产品，也可以通过促销赋予它独特的形象内涵，使消费者认识到该产品能带来的独特效用，并形成对它的偏好，进而成为企业忠实的顾客。

(3) 增加需求，扩大销售

旅游促销活动不仅可以诱发需求，还能够创造需求，吸引消费者去尝试从未消费过的新产品。例如，过去英国人到美国旅游的很少，主要是因为英国人不习惯美国快节奏的大都市生活，于是美国把旅游宣传重点放在宣传旅游区或旅游点的特色上，如壮丽的尼亚加拉大瀑布、优美的科罗拉多大峡谷、童话般的迪斯尼乐园等。经过开展有针对性的促销活动，从英国到美国旅游的人数急剧增加。这说明通过促销可以促使持观望态度的消费者迅速作出购买决策。

(4) 稳定销售，巩固市场

由于种种原因，有时企业全年的产品销量波动很大，如很多旅游区有淡、旺季之分，这是市场不稳定的反映。企业可以通过促销活动，使更多的消费者形成对本企业的偏好，达到稳定销售的目的。一般来说，规划广告的重要使命就是稳定公司产品的市场地位。另外，消费者的记忆深刻度和企业促销的次数及重复程度成正比。随着企业促销力度的减弱，企业及其产品在消费者心目中的形象也会越来越模糊。产品销量也会逐渐下降，而持续的促销活动则能使企业及其产品长驻消费者心中，以保持稳定的销量。

**(二) 促销的四种形式与优缺点**

1. 促销方式

(1) 广告。即企业在支付一定的费用后，利用大众传播媒介向公众传递有关企业及产品的信息。

(2) 公共关系。即旅游企业以非付费方式通过大众传播媒介来改善并提高企业在公众心目中的形象，宣传企业及其产品。

(3) 人员推销。即旅游企业利用推销人员直接与消费者面对面地接触，以达到使消费者了解并购买本企业产品的目的。

(4) 营业推广。该形式有很多，如优惠券、附赠品销售、有奖销售、展览会等。营业推广鼓励尽快达成交易，能有效地刺激信息接收者在促销现场作出购买决策。

2. 四种促销方式的优缺点(见表 4-2)。

表 4-2

四种促销方式的优缺点比较

| 促销方式 | 优点 | 缺点 |
| --- | --- | --- |
| 广告 | 宣传面广，传递信息快，节省人力，形象生动。 | 只能与消费者进行单项信息传递，效果不能立即体现。有些媒体促销的投入较高。 |
| 公共关系 | 对消费者来说真实、可信、容易接受，有利于树立企业形象。 | 活动牵涉面广，并非企业自身可控。 |
| 人员推销 | 直接面对消费者，有利于了解消费者的特点和需要；互动性强，有利于与消费者形成长期的关系。 | 人员多，推销能力不易快速提高，费用高。 |
| 营业推广 | 容易吸引注意力，作用快速，刺激性强。 | 效果通常是短期的，适用于短期促销行为。 |

### (三) 促销组合策略

促销组合就是有目的、有计划地把广告、人员推销、营业推广和公共关系四种促销形式结合起来，综合运用，发挥各自优势，达到企业促销的目标。促销策略则是对几种促销形式进行选择、组合和应用。促销组合策略的运用非常灵活，既讲究科学性，也要讲究艺术性。要正确地制定促销组合策略，必须清楚各促销方式的特点、优势及不足，在此基础上才能制定出高效科学的促销策略。

促销组合策略有两种，即推动策略和拉引策略。不同策略对各种促销方式的重视程度是不相同的。

1. 推动策略

推动策略是指旅游企业(促销主体)将产品或服务通过分销渠道“推”到旅游产品中间商或最终消费者手中，多以旅游产品中间商为促销对象。旅游产品生产企业以推动策略来指导对渠道成员的促销活动，可以使旅游产品中间商多订购产品并最终销售给最终购买者。通常使用的促销方式为人员推销和其他销售推广手段。

2. 拉引策略

拉引策略即旅游产品生产企业大量运用广告和其他宣传措施，激发消费者对企业产品发生兴趣，产生购买行为。拉引策略多以最终消费者为促销对象。如北京凯宾斯基饭店在报纸上做广告宣传，感兴趣的顾客自然会主动联系饭店。可见，拉引策略会使消费者“拉动”产品沿着分销渠道运动。

小链接

#### 营销组合的经典理论:4P 与 4C

为建立企业、顾客、竞争者之间稳定的联系，在传统的市场营销学中经常运用“4P”理论和“4C”理论来构筑营销组合。

4P 是美国营销学学者麦卡锡教授在 20 世纪的 60 年代提出，包括产品(Product)、价格(Price)、渠道(Place)和促销(Promotion)。他认为一次成功和完整的市场营销活动，意味着以适当的产品、适当的价格、适当的渠道和适当的传播促销推广手段，将适当的产品和服务投放到特定市场的行为。而 4C 理论是由美国营销专家劳特朋教授在 1990 年提出的，是以消费者需求为导向，重新设定了市场营销组合的四个基本要素：即消费者(Consumer)、成本(Cost)、便利(Convenience)和沟通(Communication)。它强调企业首先应该把追求顾客满意放在第一位，产品必须满足顾客需求，同时降低顾客的购买成本，产品和服务在研发时就要充分考虑客户的购买力，然后要充分注意到顾客购买过程中的便利性，最后还应以消费者为中心实施有效的营销沟通。

两者的不同之处在于前者从产品出发寻找促销策略，后者从消费者需求出发寻找促销措施。4P 是营销的策略和手段，而 4C 则属于营销理念和标准。4C 所提出的“满足顾客需求，降低顾客购买成本，购买便利性，营销沟通”是一种营销理念和理想的营销标准，而 4P 则是一种营销策略和手段。4C 所提出的营销理念和标准最终还是要通过 4P 为策略和手段来实现的。比如要提升顾客购买的便利性(Convenience)就要通过渠道策略(Place策略)来完成,要满足消费者需求(Consumer),要通过产品策略、广告公关等促销策略才能达成,如超白金五星级酒店要满足客人追求奢华的需求,以非常考究的建筑装饰材料和经典的设计形成产品策略、以顶尖的甚至超五星的终端装修和名流云集的公关活动来传播品牌的档次和品位。

## 二、景区产品促销的基本特点

景区属于服务产品。作为旅游产品,它具有以下特点并影响着其促销方向。

### (一) 游客是产品的组成部分

游客是生产过程的一部分,而员工是产品的另一部分。前者是服务的对象,服务过程就是生产过程;后者直接参与产品的生产和销售,他们的技术和服务行为是游客服务体系的构成要素。员工和游客都是营销的重要组成部分。

### (二) 无法试用

产品的无形性决定了游客在购买之前无法实验或试用产品。因此,要通过一定的渠道让公众产生对景区产品的认知,这些渠道的核心是借助公众舆论和公共关系传播景区的形象信息,同时要高度重视让每一个游客都有满意的游览经历。

### (三) 价格波动空间大

由于旅游产品具有不可存储性,淡季与旺季、团队与散客可以实行差别定价,实现经济效益的最大化。但价格对供求关系的影响并不大。

### (四) 高度时效性和共享性

旅游产品只提供给游客以共享使用权和暂时使用权。由于游客的逗留时间决定着他们的消费程度,因此尽可能地延长逗留时间成为很多景区的重点工作。

### (五) 突出独特性

虽然景区会因为类型不同而竞争程度不同(主题公园和海洋公园的竞争激烈、替代性程度高),但每一个景区要突出差别性营销策略,以形成自己独特的形象。如广东阳江海陵岛,借南海一号出土和水晶博物馆的修建突出自己“文化+海滩+历史”的独到特色。

### (六) 易受环境影响

旅游产品易受消费大环境特别是易受时尚的影响。例如,2000年皖南古村落被列入世界文化遗产,引发了古镇古村的游览热潮。不但安徽的西递、宏村古村落,江浙的乌镇、南浔、西塘等也都成为人们追寻的一大时尚。抓住时机推销自己,可以事半功倍。

## 三、景区产品促销策略

景区产品促销是景区借助一定的传播媒介,将景区旅游产品的信息传递给旅游消费者,促使其了解、信赖景区的旅游产品,并激发其购买欲望,达到购买景区产品的目的。景区促销工作的核心是与旅游消费者沟通信息并与其建立更加长期而稳定的关系,促销的目的是引发、刺激旅游者产生购买行为。

景区促销策划是指景区运用科学的思维方式和创新的精神,在调查研究的基础上,根据景区总体营销战略的要求对某一时期各种旅游产品的促销活动做出总体规划,并为具体的旅游产品制订周密的活动计划。

**(一) 确定促销目标**

景区的促销目标就是景区促销活动所要达到的目的。景区促销目标的策划必须服从景区营销的总体目标,不能为了单纯的促销而促销。在策划景区促销目标时应根据景区要求及市场调研情况确定促销目标。一般来说,景区针对旅游消费者的促销目标有:增加销售量、扩大销售;吸引新游客、巩固老游客;树立景区形象、提升景区知名度;应对竞争,争取游客。景区促销目标可以确立单个目标,也可以确立多个目标。促销目标的确定要立足背景,说明原因,即对与此促销目标有关的情况进行描述,如当前市场状况、旅游消费者和竞争者状况、景区目前情况等。

**(二) 选择促销方式**

景区的促销方式主要有广告策划、人员推销策划、公共关系策划和营业推广策划四种。

1. 景区广告策划

景区广告策划就是根据景区整体营销策略,在广告调查基础上围绕整体目标的实现,制定系统的广告策略、创意表现欲实施方案的过程。

景区广告策划的运作程序如下:

第一步:广告目标策划。广告目标是景区针对目标顾客所要达到的特定的传播任务。景区的广告目标很多,有信息性目标、说服性目标、提醒性目标、创牌目标、保牌目标、竞争目标等。景区营销策划人员可根据既定的广告目标,进行相应的广告策划。

第二步:广告预算策划。景区广告预算是景区投入广告活动的费用计划,广告预算策划直接影响着景区效益。

第三步:广告媒体的策划。景区在策划选择广告媒体时,一方面要对各类媒体的优缺点进行评价,另一方面要考虑影响媒体选择的因素。如目标顾客的特点、景区旅游产品的性能和特征、媒体的成本和景区实力、媒体的录制和传播效果等。

第四步:广告时机策划。广告时机策划就是指广告发布的具体时间和频率的合理安排。

第五步:评价广告效果。广告效果主要表现在广告的销售效果、广告的诉求认知效果、广告的综合效果三个方面。通过对景区广告效果的评价,可以衡量投入是否达到了预期的效果,也为以后广告活动的开展提供了有力的依据。

2. 景区人员推销策划

景区人员推销策划就是规划与设计推销人员推销方案的制定与实施问题。景区人员推销策划的合理与否,直接关系到景区推销业务的活动进程和实际效果。

景区人员推销策划的运作程序如下:

第一步:推销目标策划。虽然景区销售人员的每一次销售活动都以达成交易为最终目标,但这不是最根本的目标。销售人员与目标顾客沟通时必须明确,最根本的销售目标是达成交易并且令目标顾客感到满意，从而实现与目标顾客的长期合作。因此，景区销售人员必须了解目标顾客购买决策的过程，清楚目标顾客在购买过程中需要解决的主要问题，确定每一次推销应采取的对策和行动方案。

第二步：策划拜访前的目标顾客。景区推销人员可将拜访的目标顾客进行适当的分类，然后根据确定的推销目标，采取不同的拜访方式，建立和发展与所有潜在顾客的关系。

第三步：确定推销洽谈要点。即针对洽谈对象的具体情况和所推销的景区旅游产品的特殊性，提出在推销洽谈中的推销技术。

第四步：推销策略和技巧的策划。景区推销人员在推销洽谈过程中，目标顾客可能会提出各种问题，这就要求推销人员应事先估计洽谈中目标顾客可能会提出什么样的问题，应如何应对和解决这些问题。所以，景区推销人员应策划和运用一些必要的推销策略和技巧。

第五步：推销访问日程安排。景区推销人员要根据洽谈双方的时间安排，拟定好访谈日程，掌握好谈判进度，这也是取得推销成功的必要条件之一。

3. 景区公共关系策划

景区公共关系策划是指景区策划人员在公共调研的基础上，为景区制定并指导实施的既富有创意、又经济有效的战略性或策略性公关促销活动方案的过程。景区公共关系策划的主要目的是利用各种手段，借助于各种媒体的宣传，提高景区的知名度和美誉度。

景区公共关系策划的运作程序如下：

第一步：分析景区公关现状。要求景区公关策划人员在策划公关方案之前，应深入了解景区当前的公关状态，如景区在公众中的知名度和美誉度、目前存在的问题、造成问题的原因、景区最期望解决的公关问题，解决这一问题的关键是什么等。

第二步：确定景区公关目标。景区公关的总体目标是塑造景区的良好形象。同时，根据景区需要还存在许多分目标，如长期目标、近期目标、一般目标、特殊目标、传播信息目标、联络感情目标、改变态度目标和引起行为目标等。景区应根据环境和当前的实际问题来确定公关活动应该达到的具体目标。

第三步：确定景区潜在的公众。确定景区潜在的公众是景区公关策划的首要任务。只有准确确定了潜在的公众，才能选择符合公众需求的公关媒体、公关模式等，才能做到有的放矢，实现效益最大化。

第四步：策划景区公关活动方案。它是公关策划的核心内容，主要包括景区公关策划活动时机、策划活动地点、策划活动媒体、制定公关活动策略和公关预算活动经费等。

第五步：景区公关活动效果评估。景区公关效果评估一般以认知度、美誉度及和谐度为基础来进行评估的。认知度与美誉度的建立必须通过提高景区公关活动的公众参与度实现，和谐度则指景区公关策划应能够实现各种利益主体利益上的一致性。除此之外，景区公关促销策划还应该考虑到对景区销售业绩的促进与提高方面的效果。

4. 景区营业推广策划

景区营业推广策划就是根据景区营销目标，在充分研究旅游市场的基础上，确定景区在某一阶段或某一产品上的营业推广目标，针对不同的促销对象，在适当的时机，选择富有创造性、激励性的方式，制定有效的促销行动方案的过程。

景区营业推广策划的运作程序如下：

第一步：确定景区营业推广目标。景区的营业推广目标主要有针对旅游消费者的推广目标、针对旅游中间商的推广目标和针对景区推销人员的推广目标三类。

第二步：选择景区推广方式。根据景区的三类营业推广目标分别策划不同的推广方式。

第三步：制定景区推广方案。包括推广规模、措施、时间、时机及总预算等内容。

第四步：实施景区推广方案。景区推广方案确定之后必须予以实施。在推广方案实施过程中应注意掌握好工作进度、监督方案的实行情况并及时进行反馈等。

第五步：景区营业推广效果评估。对活动效果的评估不仅是对此次营业推广活动的总结，而且对于了解该方式的有效性、运用其他营销策略以提高整体营销效率，以及在为以后改进和提高营业推广手段提供丰富的经验教训等方面，都有重要的意义。

**(三) 影响促销组合策略的几种因素**

影响促销组合策略的因素主要有下列几个。

1. 产品和市场状况

对个人消费者市场和对企业、政府等团体市场进行促销所采用的促销方式是不同的。一般来讲，对个人消费者市场，旅游企业多采取广告和营业推广的方式；而对于团体市场则多采用人员推销，如会议旅游、奖励旅游，即以团体市场为主，多用人员推销的促销方式。价格高、风险高的产品以及供应商较少的产品，通常也采用人员推销的方式。

2. 所采用的促销策略

如果企业采用的是推动策略，则多用人员推销或其他销售推广方式；如果企业采用拉引策略，则多用广告或营业推广方式。

3. 产品所处生命周期阶段

促销方式的运用要根据产品所处生命周期的不同阶段而有所变化，因为处于生命周期不同阶段的产品的促销重点是不同的。在投入期，广告和公共关系能够帮助公众建立对企业及产品良好的认知，营业推广则能有效刺激消费者的购买欲望。在成长期，企业应继续加大广告宣传的力度，但宣传内容应有所改变，要以树立企业及产品形象、树名牌为主；进一步加强人员推销对中间环节的作用，因为消费者对产品已经有了一定认知，营业推广在这一阶段可适当减少。在成熟期，广告的作用仅仅是使消费者不至于遗忘企业及其产品，因此，广告播出的次数可减少，播出周期应延长；营业推广继续发挥其强大的刺激作用，以激发市场人气，扩大销售。在衰退期，广告的作用仍然是帮助消费者保持对企业及其产品的记忆，公共关系的作用减弱，人员推销的效益性下降，营业推广仍能继续发挥作用。

4. 消费者购买准备过程的阶段

消费者的购买过程一般包括认知阶段、了解和喜欢阶段、偏好和信赖阶段、购买阶段，在不同阶段各促销手段的作用不同。在认知阶段，广告和公共关系的作用很大；在了解和喜欢阶段，广告的作用较大，人员推销的作用次之；在偏好和信赖阶段，人员推销的作用较大，广告的作用要小于人员推销；在购买阶段，主要是人员推销在发挥作用。

## 四、景区产品促销预算

景区企业在制定促销组合策略时要考虑很多因素，其中针对促销预算要考虑两点：一是促销活动应投入多少费用；二是这些费用如何在各种促销方式间分配。要使有限的促销费用发挥最大的作用，就要求企业科学合理地分配和使用资金。因此编制科学的促销预算是十分重要的，也是非常必要的。

### （一）量力而行法

即旅游企业根据本身的财务状况来制定促销费用支出数额。这种方法简便易行，不会超出企业的资金承受能力，不会导致企业资金链的紧张。但这种方法无法把促销预算与销售情况挂钩，没有考虑竞争状况及企业目标对促销组合的影响，导致企业每年促销预算较随意，不利于企业长期计划的制订。

### （二）销售百分比法

即旅游企业根据目前销售额或预计销售额的一定百分比确定促销预算。其优点是简便易行，考虑了促销费用与销售额、利润之间的关系，会因销售额及价格的变化而变化。有一定的弹性。但它也有不合理之处：该方法错误地把销售视为促销的原因而不是结果；预算是以可提供的资金为基础而不是以营销机会为基础，在市场机会或突发事件面前缺乏灵活性；除企业经验或竞争对手情况外，没有其他可靠依据可用以确定百分比。

### （三）竞争对策法

即以竞争对手的促销费用支出为参照来确定本企业的促销预算。这种方法适用于市场竞争十分激烈的情况。采取这种方法制定预算的企业，其营销策略的中心内容是打败竞争对手。用这种方法制定预算，使企业在促销方面可以与竞争对手抗衡，但却忽略了促销预算与其他因素的关系，有些不顾后果、意气用事，因此市场风险较大。

### （四）目标任务法

即旅游企业先明确所要达到的目标以及为此而必须完成的任务，在此基础上再确定促销预算。这种方法是最符合逻辑的方法，因为企业要制定出科学合理的预算就必须回答以下问题：企业的目标是什么？为实现目标而应完成的任务是什么？要完成这些任务需支出的费用是多少？这种方法使人们对促销费用支出的结果有了预期。使用这种方法的关键是要正确地确定和描述企业的任务，包括定性和定量描述两个方面，这也是最难把握的。

小链接

### 景区营销工作重点

景区产品的许多特征内涵，即具有区域性、不可移动性、一定的季节性、大多具有观赏性、景区服务产品无形性和生产消费的同步性等特点。这些特点相应也带来了景区营销人员不同的工作重点。（见表 4－3）

表 4－3 景区营销人员的营销工作重点

| 景区产品特点 | 营销工作重点 |
| --- | --- |
| 景区产品的区域性 | 准确进行市场细分，利用不同的旅游资源，为游客提供不同的产品 |
| 景区产品不可移动性(租借性) | 在顾客“租借”旅游产品要素的过程中，为顾客提供高质量的体验 |
| 景区服务产品无形性和生产消费的同步性 | 景区要开发和生产独具特色的旅游产品，重视对从业人员的培训，力求完美地为旅游者服务，不断变化和丰富旅游产品的内涵，提升旅游产品形象，强化旅游者的感受 |
| 景区产品所依托的资源具有独立性和垄断性 | 突出对景区形象和垄断性产品的宣传，提高品牌的知名度 |
| 景区产品具有一定的季节性 | 运用各种促销手段(淡季价格折扣)，使之“淡季不淡、旺季更旺” |
| 文化属性是景区产品的内涵 | 挖掘旅游产品的文化内涵，重视产品整体概念的开发，为游客提供满意的旅游产品 |
| 部分景区产品具有不可再生性 | 树立现代旅游市场营销观念，走可持续发展之路 |
| 景区产品大多具有观赏性 | 注重旅游产品的整体开发(品牌、包装旅游环境等)满足游客的精神需求 |
| 成熟的景区产品需要具有整体性 | 运用差异性营销策略，整体开发旅游产品 |

**实训任务：**

1. 假设同学们是泰山景区的营销人员，负责目前所在省(市或自治区)的市场促销，今年的销售任务是将组团人数提高10%，散客人数提高30%，列出拟采用的促销组合方案。

2. 分组实训，轮流向全班汇报。

## 任务三　景区品牌推广

**任务目标：**

通过本次任务的学习和训练，你应该能够掌握景区品牌推广的基本原则、理论和推广渠道。为实现这一学习目标，我们必须：

1. 掌握景区品牌的含义和特征；

2. 了解景区品牌定位的含义、前提和内容；

3. 了解景区品牌的要素体系；

4. 理解景区品牌的管理过程和推广方法。

**学习导入：**

### 乌镇旅游品牌的推广

位于浙江省桐乡市的乌镇，距离上海120公里，如今是国家5A级景区，中国古镇旅游的佼佼者。在江南六大古镇中，乌镇开发较晚，进入旅游市场初期，可谓“前有标兵，后有追兵”，周庄、同里等古镇已经在旅游市场上占尽先机，后有南浔、西塘等古镇蓄势待发，如何在市场上突围而出，乌镇打出“一样的古镇，不一样的乌镇”形象，并且紧紧围绕这个“不一样”，实施品牌战略。

乌镇虽然也做足“小桥流水人家”的古镇经典景观，但在品牌推广中有意避开这一点，针对都市白领的旅游诉求，着力塑造“国际范儿并追求精神生活的”品牌形象，其广告词“生活在梦里的——乌镇”、“来过，就不曾离开”等，给人以无限遐想。乌镇选择台湾娱乐明星刘若英作为品牌代言人，在旅游市场上也取得非常好的口碑。

但乌镇的品牌推广并非招招都赢。早在2007年，乌镇与上海电视节的合作并不令人满意。2007年的上海电视节主打节目“华语强音——新娱乐华语主持人盛典”、“新娱乐华语主持群英会——乌镇之约”以及“我型我秀”等活动的场地都设在乌镇，通过东方卫视的推广渠道，这个千年古镇闪耀出耀眼的时尚、文化和青春的气息。但电视节活动结束，乌镇又回归到原来的景区氛围，花费重金营造出的时尚、文化和青春气息未能在景区持续弥漫，很快就被游客和市场淡忘。

**学习要求：**

分析乌镇在网络媒体中传播的品牌形象与周庄的有何“一样”，有何“不一样”？

在导入的学习过程中，同学们可能会感到分析一个景区的品牌形象是只可意会且难以言传的。作为学习，我们必须要解析它，分析成功者的成功之道，了解失败者的失败之因。本次任务，就是帮助同学们使用专业的分析思路，去了解品牌的含义、特征、定位方法和形象要素。

## 一、景区品牌的含义及特征

现在我们已经生活在一个品牌经济时代,随着市场竞争的加剧、个性化旅游的盛行,旅游界的品牌意识逐渐加强,已经延伸到景区景点、旅行社线路以及吃、住、行、游、购、娱等各个方面。旅游产品的不可储存性、不可移动性和不可试用性等特点,以及旅游消费是一种心理感受消费的特性,都决定了景区品牌对于景区发展的特殊作用及所处的特殊地位。可以说,景区品牌管理是景区发展的关键,景区品牌战略是景区发展战略的核心。

### (一) 景区品牌的含义

景区品牌是指景区产品的名称术语、标记象征、实际功能、服务设施、市场开拓、景区信誉和景区形象等要素的综合体现。景区品牌具有如下两层含义:一是景区产品的标志及其体现的产品的内在差异;二是顾客对景区产品的认知关系。景区品牌作为景区的"视觉识别"要素,是景区形象传播最有效的媒介,它将景区组织的理念、精神、思想、方针等主体性内容加以浓缩和充分外化,从而引起公众的注意,给公众留下全面、准确、明了、统一的深刻印象,使之产生认同感。

一个景区的品牌一般由品牌名称、品牌标志和商标三部分构成。它是由景区向旅游者所展示的,用来帮助旅游者区别旅游产品和服务,并使之与竞争对手的产品或服务相区别的商业名称、产品特征及其标志,通常由文字、标记、符号、图案和颜色等要素组合构成。例如,"迪士尼"乐园是品牌名称,米老鼠则是它的品牌符号,也是品牌标志,"迪士尼"乐园经有关政府部门注册后就是商标,是受法律保护的品牌,具有排他性。

### (二) 景区品牌的特征

与普通产品品牌相比,景区品牌具有如下特征:

1. 独特性

景区品牌是独一无二的,这也是由旅游资源的独特性决定的。普通产品、普通服务产品都有出现雷同产品的可能。可是对于景区产品而言,都是富有个性和特色的。

泰山的尊贵、黄山的奇险、峨嵋的秀丽都是各不相同的,所以它们的品牌形象也是各具特色的,就像天安门广场是北京的标志,外滩是上海的标志,西湖是杭州的标志,自由女神代表了美国,金字塔象征着埃及等。这种独特性可以由自然景观构成,也可以由建筑、人物等人文景观构成。

2. 综合性

品牌是景区产品、基础设施和人文精神的综合体。景区产品是景区品牌的"血与肉",基础设施是景区品牌的"骨与筋",人文精神是景区品牌的"气与神"。不论是北京的天安门广场,还是杭州的西湖,作为一个景区品牌的某一方面的代表,不仅是景区内外部形象的象征,更蕴含着极为丰富的历史文化内涵和社会时代精神。

3. 整体性

整体性景区品牌是一个有机整体,是品牌名称、品牌标志、标准字、标准色有机结合的产物。既不是多种因素的简单叠加和排列,也不是一种因素的简单替代。整体性是对景区内外部多种资源的整合与提炼,从而凝聚成景区品牌的独特内容和表现形式。

4. 地域性

品牌与使用权分离,具有明确的地域界线。景区产品是一组使用权的组合,品牌与所有权是分离的,所以旅游市场的品牌竞争更多地与景区的整体形象相联系。相对于私人产品而言,景区品牌具有公共产品的特点,但是与公共产品不同的是,景区品牌具有明确的地域界限。

## 二、景区品牌定位

### (一) 景区品牌定位的目标与要求

品牌定位就是建立一个与目标市场有关的品牌形象的过程和结果。品牌定位是品牌建设的基础,好的品牌定位是成功的一半。创立景区品牌首先要进行景区品牌定位。景区品牌定位就是将景区品牌的功能、特征与消费者心理上的需要联结起来。明确景区品牌应当在消费者心目中产生何种印象、何种地位,确立景区品牌形象,争取达到景区所设想的品牌形象与消费者心目中的实际形象相吻合,使消费者产生共鸣,最终赢得市场客源。

景区品牌定位既要迎合并引领市场需求,又要基于自身的资源基础和文化内涵,突出自身的独有特色,使景区在激烈的市场竞争中赢在起点。不同的景区的品牌为游客提供了多样的选择,具有不同偏好的游客会选择不同的品牌。比如偏爱遗产型景区的旅游者会首选贴有"世界遗产"标签的景区,而偏爱自然山水型景区的游客会选择风景名胜区或者森林公园类别的景区。现有的景区公认的品牌分类是在对景区旅游资源分类的基础上进行的。景区的品牌是对景区品质的认可,也能体现游客对景区的信任度,是地位的象征。比如,在具有相同旅游资源和旅游产品的景区中,游客选择贴有"世界级"、"国家重点"、"5A"等品牌标签的景区的可能性大,这是因为在游客心中贴有如上标签的景区代表服务质量高,景色优美,可信度高。表 4-4 提供了部分景区的公认品牌,并举例说明。

表 4-4 景区公认品牌分类

| 类别 | 定义 | 举例 | |
|---|---|---|---|
| 世界遗产 | 世界遗产是指被联合国教科文组织和世界遗产委员会确认的人类罕见的、目前无法替代的财富,是全人类公认的具有突出意义和普遍价值的文物古迹及自然景观 | 文化遗产 | 周口店北京人遗址<br>甘肃敦煌莫高窟<br>陕西秦始皇陵及兵马俑 |
| | | 自然遗产 | 云南"三江并流"自然景观<br>四川大熊猫栖息地<br>中国南方喀斯特 |
| | | 文化和自然双遗产 | 山东泰山<br>安徽黄山<br>福建武夷山 |

续 表

| 类别 | 定义 | 举例 | |
|---|---|---|---|
| 风景名胜区 | 风景名胜资源集中、自然环境优美、具有一定规模和游览条件,经县级以上人民政府审定命名、划定范围,供人们游览、观赏、休息和进行科学文化活动的地域 | 省级风景名胜区 | 浙江省温州泽雅省级风景名胜区<br>江西省万安湖风景名胜区<br>贵州省花溪风景名胜区 |
| | | 国家级重点风景名胜区 | 湖南武林源国家级名胜区<br>四川蜀南竹海风景名胜区<br>江西庐山风景名胜区 |
| 5A级景区 | 5A是一套规范性、标准化的质量等级评定体系,是目前全国景区(点)最高评定标准。在交通、导游、接待量和卫生设施等方面均有要求 | 北京故宫博物院<br>河北省承德避暑山庄及周围寺庙景区<br>山西省大同市云冈石窟景区<br>江苏省南京市钟山风景名胜区——中山陵园风景区 | |
| 森林公园 | 以良好的森林景观和生态环境为主体,融合自然景观与人文景观,利用森林的多种功能,以开展森林旅游为宗旨,为人们提供具有一定规模的游览、度假、休憩、保健疗养、科学教育、文化娱乐的场所。 | 山西省五台山国家森林公园<br>辽宁省旅顺口国家森林公园<br>吉林省净月潭国家森林公园<br>浙江省千岛湖国家森林公园 | |
| 文物保护单位 | 中华人民共和国对不可移动文物所核定的最高保护级别——即文物保护单位 | 北京圆明园遗址<br>河北省西柏坡中共中央旧址<br>内蒙古成吉思汗陵 | |
| 人与生物圈计划 | 人与生物圈计划,简称MAB,是联合国教科文组织科研部门于1971年发起的一项政府间跨学科的大型的研究计划。生物圈保护区是MAB的核心部分,具有保护可持续发展、提供科研教学、培训、监测基地等多种功能 | 吉林省长白山自然保护区<br>湖北省神农架自然保护区<br>广东省鼎湖山自然保护区<br>云南省西双版纳<br>内蒙古锡林郭勒草原自然保护区 | |
| 自然保护区 | 自然保护区是指对有代表性的自然生态系统、珍稀濒危野生生物种群的天然生境地集中分布区、有特殊意义的自然遗迹等保护对象所在的陆地、陆地水体或者海域,依法划出一定面积予以特殊保护和管理的区域 | 丰林自然保护区<br>南麂列岛自然保护区<br>山口自然保护区<br>白水江自然保护区<br>黄龙自然保护区 | |

### (二)景区品牌定位的准备工作

1. 确定目标市场

确定景区的目标市场就是确定目标消费者,也就是要明确品牌的辐射范围。一个景区,不论它的规模有多大,它所拥有的旅游资源相对于消费者需求的多样性和可变性总是有限的,因此它不可能去满足市场上的所有需求,它必须针对某些自己拥有竞争优势的目标市场进行营销。资源品位很高的景区“风物长宜放眼量”,应立志打造全国品牌,并成为境外游客的主要目的地;而作为我国旅游业重要组成部分的地方性、区域性景区，也要有树立品牌的意识，并立足本地、辐射周边，瞅准机会进入全国市场，扎扎实实地创建区域旅游品牌。

2. 分析消费者心理

人们在做任何事情之前，总会有意无意地在意那些能够令他们心动的元素。消费者在购买某种产品时，其购买的主要原因一般来说也就是一两个而已。我们在市场中时常可以看到，许多本来功能、特性都不错的产品，就是因为没有找到自己的产品能带给消费者的独特兴奋点，而造成其在市场上的表现不理想，有的产品甚至最后黯然退出市场。

景区进行品牌定位，也要先分析消费者的心理。游客的心理需求和变化，是决定景区品牌定位的一个重要因素。

3. 分析竞争环境

景区的品牌定位，除了分析消费者的心理、了解景区所面对的经营对象之外，还要清楚周围的竞争对手。不管是周围的同类型景区还是非同类型景区，都要对景区认真分析，以明白自己在竞争中的优势和劣势，努力寻找尚未被占领的市场缝隙以及避免已失败的品牌定位，以期收到事半功倍的效果。

**(三) 景区品牌定位的内容**

1. 品牌文化

品牌文化是指品牌所蕴涵的深刻的价值内涵和情感内涵，也就是品牌所凝练的价值观念、生活态度、审美情趣、个性修养、时尚品位、情感诉求等精神象征。品牌文化的独特魅力就在于它不仅仅提供给顾客某种效用，而且帮助顾客去寻找心灵的归属，放飞人生的梦想，实现他们的追求。品牌文化在不同的行业表现有所不同，比如商用轿车，瞄准商业人士，基本上都是体现一种成功者的风度、气质和不屈精神；麦当劳、肯德基瞄准少年儿童，卖的是美国式的快餐文化。景区品牌文化应该深度挖掘旅游景观和景区所在地的文化积淀，体现景区所在地的人文价值。

2. 品牌产品

旅游产品是景区品牌的核心内容，是旅游品牌的内涵和支撑，景区旅游产品要把景区最吸引人的、最突出的特色表现出来。旅游产品质量的优劣，则直接决定着旅游品牌的塑造。

景区的产品不能仅仅理解为旅游地的风景名胜，还应该包括必要的旅游设施、旅游环境、游客观赏和参与的活动项目、景区的管理和各类服务等。景区产品的实质是服务，而不是风景名胜本身，如果不围绕服务做文章，就创造不出优质的旅游产品，也就难以打造景区品牌。

服务关键要依靠人。珠海御温泉景区就将服务定位到“情字风格，御式服务”，服务理念落到了每一个细节上。比如，客人下温泉的时候，拖鞋的位置都是鞋尖朝着温泉的方向，而当他们走出温泉池的时候，服务员早已把拖鞋的鞋尖摆向了朝外的方向，这样客人一出温泉池，就可以直接穿上拖鞋，而省去了调换鞋尖的麻烦。这样一个细微的服务，就会让客人感到非常温暖、舒服，有一种被尊重的感觉。

3. 品牌价值

旅游品牌的价值是建立在旅游者对品牌的综合体验、感受和评价上的，品牌不仅仅是个名称,它更是在满足旅游者需求过程中升华出来的一种资产。景区打造的产品除了能给予游客功能性利益之外,还要能给予游客情感性利益,这将是旅游品牌的深层次卖点,是景区明确品牌定位、强化竞争优势的决定因素。

### (四) 景区品牌定位的误区

目前国内景区品牌定位中存在着以下几个方面的问题。

1. 定位过高

一些景区好大喜功,不管景区大小、旅游资源的资质高低,一说创品牌,就非得要全国闻名、世界知名。他们的决心和魄力当然值得尊敬,但问题是,尽管国内的国家级风景名胜区、国家森林公园为数不少,真正能做到全国闻名、享誉世界的也只能是极小一部分。景区在品牌定位上过分夸大,容易使游客产生名不副实的失落感,从而导致市场声誉一落千丈。因此,结合自身的特点,准确定位,是景区品牌经营的基础。

2. 定位混乱

景区品牌定位需要针对一定的目标消费者,才能有的放矢、准确定位,一些景区品牌认识模糊不清,没有真正理解它的内涵,导致定位混乱。还有一些景区在品牌定位过程中,变来变去,甚至朝令夕改,月月新、年年变,给游客也带来了思想上的混乱。

例如,安徽歙县旅游资源丰富,但前些年歙县在进行景区品牌定位时,先后定位为"中国画里乡村"、"桃花源里人家"、"全国乡村旅游第一县"等。品牌定位的混乱,严重影响了歙县旅游的发展。

3. 定位缺乏吸引力

创意是品牌的灵魂,良好的创意是品牌成功的关键。我国景区品牌的策划最缺的就是创意,有新意的策划可谓寥寥无几,更多的则是陈旧雷同,造成景区品牌定位缺乏吸引力。

比如,周庄凭借得天独厚的古镇资源,成功地开创了以"江南水乡古镇游"为鲜明特色的旅游产业,塑造了一个在国内外旅游市场打得出、叫得响的"中国第一水乡"的著名品牌,并且赢得可观的经济和社会效益。周庄的成功,引来了大批的仿效者,其中很多都是不成功的。我们只要稍加留意就会发现,许多江南水乡古镇景区越来越相像了:一样标志的旅游饭店、星级宾馆,一样的旅游商品,一样的小桥流水人家,各种模式十分雷同、毫无个性,失去了水乡古镇的特有韵味,使人感觉内容重复、单调乏味。所有这些盲目追随和仓促上马的旅游产品,都会在日益激烈的竞争中由于缺乏吸引力、竞争力,而难以产生长久的品牌效益。

4. 定位过于表面化

景区大多具有丰富的历史文化遗存或精神内涵,在景区品牌定位时要以此为根本和基础,不能仅仅停留于表面。一些景区品牌定位过于表面化,造成对景区资源的严重浪费。

## 三、景区品牌形象策划

### (一) 景区品牌形象的构成要素

景区形象的定义包括一定时期和一定环境下社会公众(包括旅游消费者)对景区景观形象、景区的旅游产品质量形象、景区的社会形象及环境要素四个方面。

1. 景区景观形象。它是游客对景区各种景观外貌特征、自然地理、历史文化、民俗风情等要素的直接感知，这是景区形象的基础，构成景区形象的主导吸引因素。

2. 景区的旅游产品质量形象。它是景区所提供的基础设施和旅游产品质量的水平。其中旅游产品质量包括两方面内容：第一，景区对于吃、住、行、游、购、娱六大旅游要素的衔接状况所提供的服务；第二，景区在提供服务的过程中所表现出的管理水平和员工之间的协调合作。旅游产品质量形象是景区形象的核心内容。

3. 景区的社会形象。包括景区居民的文化素质、对旅游消费者的态度、社区参与旅游的保障机制等因素，都会成为影响景区综合整体形象的因素。

4. 环境要素。景区所在地的政治、经济和社会环境等都会影响到旅游消费者对景区以及整个地区的形象认知和评价。

**(二) 形象策划流程**

形象策划又叫CIS(Corporate Identity System的缩写，即“企业形象识别系统”)策划，是品牌推广的重要载体，景区常常通过独特形象的塑造提高品牌的辨识度和知晓度。景区的CIS策划就是对景区形象有关的诸要素进行全面系统地设计，通过全方位的信息传送，塑造出为内外公众所认同的整体形象的景区形象战略系统的过程。CIS的构成因素包括：理念识别(MI)、活动识别(BI)和整体视觉识别(VI)。其中，MI是最深刻的部分，堪称景区的灵魂；BI是动态的识别形式，像景区的“手”；VI是静态的识别形式，犹如景区的“脸”。景区对三个要素各有偏重，MI重在精神，是CIS系统的原动力；BI重在人，是景区人的行为反映；VI重在物，是传达的媒介或载体。BI和VI是MI的表现，MI则是BI和VI的内涵，三者相辅相成，有机协调，构成有效的CIS系统。顾客满意是景区营销的宗旨，坚持顾客满意是实现和维护景区形象的根本。

景区CIS策划的运作程序如下：

第一步：景区CIS导入确立。主要包括景区导入CIS的动机、时机和机构。

第二步：景区CIS形势调研。包括景区环境调研、景区的教育情况分析、景区CIS现状分析和景区形象调研等。

第三步：景区CIS策划与设计。包括景区CIS策划的原则、CIS策划预算、CIS创意方法、CIS行动方案及策划书。

第四步：CIS的实施及管理。包括CIS传播(MI推行、BI推行、VI推行)、CIS实施督导、CIS效果评估及调整改进。

## 四、景区品牌推广渠道

景区品牌的推广是指景区在某一特定的时间和空间范围内为了扩大品牌影响力，从而强化和加深游客对景区的品牌认识，鼓励和刺激游客尽快购买或大量购买旅游产品和服务而实施的一系列促销措施和手段。

景区知名度可以作为景区存在、实力、表现及其产品特色的信号。品牌形成良好的知名度才能达到吸引旅游者的目的；而高知名度和注意力需要品牌的有效推广和传播。推广和传播是景区建立和提升品牌知名度和忠诚度的有效方法。景区品牌的传播对象即受众是以游客为主，个别吸引对象是投资者。品牌传播要整合营销组合和传播工具，协调一致地把品牌形象和品牌产品成功地传播给目标顾客，以形成游客心目中鲜明独特的印象。在此过程中，景区可借助丰富、新颖、符合产品特点的多种方式和渠道，如利用建立品牌名称、品牌标志和口号，通过广告、公共关系、网络传播、节事活动的组织等手段尽力向社会宣传、推广景区或产品的品牌形象，景区推广可选用的媒体如表 4-5 所示。

表 4-5 品牌推广媒体简介

| 途径 | 优点 | 缺点 | 效果 | 典型代表 |
|---|---|---|---|---|
| 电视广告 | 1. 易接近于大众旅游市场<br>2. 通过音乐、色彩、动画的综合运用以增强震撼力 | 1. 费用高<br>2. 驻留时间短<br>3. 设计困难 | 好 | 《走进湘西》 |
| 报纸 | 1. 覆盖面广，发行量大<br>2. 费用较低<br>3. 可信度高、可选择性较强 | 1. 印刷效果不佳<br>2. 立体感不强<br>3. 信息量有限 | 较好 | 《中国旅游报》 |
| 杂志 | 1. 读者的人口类别可选择性很强<br>2. 印刷精美，阅读率高、保存期长 | 1. 广告期长<br>2. 版面受控制 | 较好 | 《人文地理》 |
| 广播 | 信息传播及时而灵活，广告费用低 | 缺乏视觉吸引力 | 稍差 | 各调频的旅游广告播报 |
| 宣传单 | 费用低 | 分发途径小、受地域限制 | 稍差 | 旅行社推出西部旅游线路宣传单 |
| 影视画面 | 1. 易接近于大众旅游市场<br>2. 震撼力强<br>3. 故事中穿插画面，记忆力强<br>4. 费用比电视广告低 | 单位面积内播放频率低 | 较好 | 《非诚勿扰 1》、《芙蓉镇》 |
| 歌曲 | 1. 便于人们记忆<br>2. 费用低、传播久 | 看不见、摸不着 | 较好 | 《青藏高原》、《回到拉萨》 |
| 旅游文化广场 | 1. 受众与旅游企业直接沟通<br>2. 以文化广场为中心，多种配套宣传方式 | 受地域限制 | 好 | 杭州旅游集散中心 |
| 网络 | 1. 成本低<br>2. 信息传播速度快，传播范围广<br>3. 反应灵活 | 信息甄别能力差 | 好 | 九寨沟官方网站 |

**实训任务：**

## 广州笑翻天乐园

广州笑翻天乐园属于新兴的野外拓展运动场地，位于省级重点旅游风景区——广州市黄埔区丹水坑风景区内。乐园园区占地1300亩，分水上乐园A区，水上乐园B区，水战区，儿童游乐区，山谷游乐区，杨四将军庙。交通方便，风景优美。游人既可在清山古树中尽情地呼吸新鲜空气，享受这一天然氧吧带来的福祉，又可以在动感十足的拓展游乐项目中尽情挑战自我，体验这一风靡全球的拓展运动带给你的无限乐趣。

但是，该园开业第一年，因为名气不大、市场开拓不力，乐园一直经营惨淡。2004年，乐园确定了以提升品牌知名度带动人流量、促进销售额的发展思路，并且投入重金，进行品牌宣传。在充分调查之后，乐园开始进行市场细分，确定目标消费群，进行有效的品牌宣传与活动策划。同时，乐园运用两手抓的原则：一手抓品牌宣传，一手抓市场开拓。按照这种新的策略运营几个月后，乐园的人流量大大增加，逐步扩大了市场份额。

笑翻天乐园的具体做法是：

首先进行品牌分析。笑翻天乐园的运动项目重在主动参与，让游客从参与中获得满足、获得快乐，这符合现今消费者的需求，所以，乐园的市场前景非常广阔，也非常乐观。其运动项目取得了国家专利权，属专利性的独创项目，市场仿制、雷同的概率相对较低。这样，乐园运动项目与其他旅游景点严格区分开来，有利于品牌的宣传和提升品牌形象。笑翻天乐园品牌最显著的特点就是“笑”，让游客在笑声中放松身心，调整心态。其品牌中文标识琅琅上口，易记、易联想，并且与乐园项目相吻合，这有利于品牌的塑造与宣传。

其次考察品牌现状。现状如下：

品牌知名度低：前期笑翻天乐园虽有广告投入，但属零星的投放，没有系统性，没有整体性的规划，并且广告宣传没有抓住重点，没有特色。因此，市场的冲击力不大，其品牌没有在消费者心目中留下深刻的印象，不足以影响其旅游消费的行为。在旅游市场，品牌知名度的高低在一定程度上直接影响销售额。因此，品牌知名度低是笑翻天乐园发展的一大障碍。

品牌认知度低：品牌时代，消费者选购消费品时，首先考虑的就是品牌的知名度，以及其产品在市场上的具体表现。笑翻天乐园当时品牌知名度低，没有形成良好地品牌认知度、美誉度，所以没有培育出忠诚的消费者，没有品牌忠诚度。只能借助零星的广告与同行的口碑来拉动销售，这样的发展模式对品牌的塑造极为不利。

在分析和考察工作完成之后，笑翻天乐园将品牌定位为：

1. 青少年身心成长的素质教育培训基地

目标人群：大、中、小学生。

乐园认为青少年的消费习性是：具有较高的消费能力，容易接受新事物，对野外运动项目具有浓厚兴趣。如果宣传力度强、品牌特色突出，这一人群将成为乐园的消费主体。

2. 都市白领释放压力、调整心态的阳光会所

目标人群：都市繁忙的白领一族。

乐园认为都市白领消费能力强，平时工作繁忙、压力大，难得有释放的机会，因此，乐园是其理想的游乐园地，抓住这一消费群体，对扩大市场份额，具有战略意义。

明确了品牌定位之后，笑翻天乐园确定了乐园的工作重点与宣传重点，实施了一系

列的宣传策划活动，每项任务都制订了详细计划，明确分工，责任到人，力求把每个细节都做到最完善。在方案具体实施之后，终于达到了预期的目标，笑翻天乐园开始呈现一片生机，步入快速发展之路。如今的笑翻天乐园，针对不同客户，开设了娱乐竞技训练、目标突破训练、销售精英训练、卓越领导训练、新员工融入训练等多个拓展培训课程，赢得上千个企业数万客户的一致好评，并囊括了国民旅游休闲示范单位、年度杰出培训机构、广东省企业培训协会指定拓展培训基地等多项荣誉和奖项，为笑翻天乐园"拓展之王"的头衔铺就了成功的基石。

（资料来源　广州笑翻天乐园官网 http://www.xiaofantian.com）

**实训要求：**

1. 网络调研广东笑翻天乐园的主流搜索引擎排名情况和网络口碑。对照景区品牌的内涵特征和定位方法，评价笑翻天乐园的品牌定位方案是否合理？是否在实际运营中得到有效执行？

2. 就以上内容展开小组讨论，要求组内达成共识，并将讨论结果形成会议纪要。

## 导语

随着现代旅游业的发展，人们的旅游方式和对旅游目的地的选择有了很大的改变。当我们在计划一次出游的时候，除了关心去哪里玩，住哪里之外，还会考虑交通因素、餐饮供应情况、住宿环境等基本问题。更多的人会进一步关注晚上是否有夜市可以逛，能不能买到些有特色的小玩意儿，当地治安环境好不好，是否有银行网点配套、商家经营是否诚信等问题。这些因素对于一次完美的出游来说都是不可或缺的，但满足这些需求非一家或几家旅游企业能为，因为这是“旅游目的地产品”的范畴。越来越多的地方政府不遗余力、投入重金发展旅游，宣传旅游，为的当然不仅是游客的满意度，更因为通过旅游的发展，可以提高当地居民的休闲文化生活品质，塑造积极的地方发展形象，为其经济、社会、环境等事业产业的发展带来更多机遇。从这个意义上说，旅游目的地营销又可称之为“地方营销”。

## 任务一 正确认知旅游目的地

**任务目标:**

通过本次任务的学习和训练,我们对何为旅游目的地及旅游目的地的营销工作应该有一个正确而全面的认知。要完成这项工作,我们必须:

1. 了解旅游目的地的构成要素和主要类型;
2. 理解制约旅游目的地发展的三大基础;
3. 理解旅游目的地营销与旅游企业营销的异同。

**学习导入:**

### 如何打造"重要的世界旅游目的地"

改革开放的春风催生了西藏旅游业,经过30年的艰苦努力,西藏旅游业实现了"三级跳",已经成为西藏经济的重要组成部分。据统计,仅2011年1至8月份,全区累计接待国内外游客621万人次,比上年同期增长22.1%;实现旅游总收入634103万元,同比增长42.7%。

作为一座旅游资源的宝库,西藏在保护蓝天碧水的同时,如何让世界上越来越多的人领略到西藏的魅力,如何让西藏这座宝库震撼世界?建设重要的世界旅游目的地,西藏准备得如何?西藏旅游部门如何以"突出高山、雪域、阳光、藏文化"为主题,做好中心主题下高端、精品、特色旅游线点?如何解决当前制约旅游业更高层次发展的问题?对此记者近日采访了自治区旅游局副局长王松平。

**政策先行,直面千载难逢的发展机遇**

"中央第五次西藏工作座谈会明确要求,做大做强做精特色旅游业,将西藏打造成'重要的世界旅游目的地';陈全国书记在区党委七届九次全委(扩大)会议上明确提出'突出高山、雪域、阳光、藏文化'的主题,做大做强特色旅游业和文化产业。"王松平认为,党中央的特殊关怀和一系列决策部署为发展西藏旅游提供了强有力的支撑,陈全国书记的一番讲话,再次体现了自治区党委、政府做大做强旅游业的信心和决心,当前西藏旅游业面临千载难逢的发展机遇。

西藏旅游有着得天独厚的优势,但追溯西藏旅游业的发展,却是一波三折。1980年,西藏仅有一家可接待海外旅游者的招待所,床位不足100张。1984年,中央第二次西藏工作座谈会后,国家开始投入资金发展西藏旅游,这是西藏旅游业的起步阶段;1990年至2004年,中央第三、第四次西藏工作座谈会都把发展旅游业作为西藏发展的重点进行安排部署,有关部委还帮助西藏制定了旅游业发展的中长期规划,自治区党委、政府也对旅游业发展高度重视。这期间,西藏初步建立了较完善的旅游产业体系;2005年至今,中央再次下发文件,强调要大力发展旅游业,精心培育旅游精品,以旅游业带动农牧民增收和相关产业发展。而随着青藏铁路通车，以及林芝、阿里、日喀则机场的通航，旅游业得到了突飞猛进的发展，初步建立了支柱产业的地位，并正在着力发展成为全区经济社会发展的主导产业。

旅游产业的深入发掘，离不开政策的扶持。纵观西藏旅游业的发展历程，不难发现，没有党中央对西藏的特殊政策扶持，对旅游业发展的大力支持，西藏的旅游业不可能走到今天。

王松平说，政策是最大的机遇，是重要的资源，是巨大的推动力，是潜在的生产力。政策用好了，西藏旅游业的发展就会乘势而上、日新月异；政策用不好，西藏旅游业的发展就会痛失良机、举步维艰。西藏旅游部门将抓住机遇，将西藏努力打造成重要世界旅游目的地。

打破瓶颈，做大做强做精西藏旅游业

快速发展的机遇期，往往也是问题的凸显期。

2011 年，西藏旅游业呈现井喷式发展，这种超速发展带来一系列连锁效应，巨大的人流、物流对西藏旅游业的基础设施和配套设施提出了考验，也暴露出了我区旅游业发展的瓶颈问题。

2011 年 8 月中旬，自治区旅游产业发展协调委员会召开专题会议，研究分析我区旅游高峰期面临的一些具体问题。会议指出，当前，进出藏交通“瓶颈”突出。虽然我区立体交通体系已经形成，但在旅游旺季，无论是飞机、火车，还是客运班车都不能完全满足进出藏旅客的需求。同时，部分旅游景区的接待承受能力也非常紧张，景区的一票难求给西藏旅游发展提出了新的问题。

王松平感慨，说到底就是要针对焦点问题做工作。目前，西藏旅游业发展首先要打通交通瓶颈。应增加现有航班，允许更多航空公司运营进出藏航线；开通主要旅游城市直飞拉萨、林芝、阿里、日喀则航线；充分发挥直线航空服务的优势，开通区内航线。同时，增开列车班次，从根本上改变“出国容易进藏难”的局面。只有这样，才能实现旅游业又好又快发展。

王松平分析，“一流资源、三流服务”的粗放型增长方式，影响了旅游产品的档次和品位，制约了旅游产业素质的提升；旅游基础设施不完善，服务质量有待改进；旅游企业管理权限分散，无法形成促销合力等，这些因素都制约着西藏旅游业的发展壮大。

就如何消除制约我区旅游发展的多种因素，王松平说：“自治区旅游部门一直在想办法解决这方面的问题。下一步，我们将继续协调交通、民航、铁路等部门解决进出藏难问题，打通西藏旅游的交通瓶颈；要扩大产业规模，做大西藏旅游业，力争到 2015 年末年接待游客达到 1500 万人次，旅游收入达到 180 亿元；要提升产业素质，做强西藏旅游业，到 2015 年，努力形成以大中型骨干企业为支撑的‘吃、住、行、游、购、娱’有序发展的旅游产业体系，营销有力、结构合理、跨越式发展的旅游市场体系，与国家标准、行业标准相衔接，符合西藏实际的旅游服务标准化体系；要提高发展质量，做精西藏旅游业，加快产品升级改造，围绕‘高山、雪域、阳光、藏文化’的主题，发展高端旅游、精品旅游，深度开发特色文化、自然生态旅游资源，逐步形成品牌体系化、功能多元化和市场高端化的目的地产品体系。力争全区旅游产业经济效益占全区生产总值的比重达到西部领先水平，实现旅游产业增加值占第三产业增加值的50%以上。”

**加强管理，树立重要世界旅游目的地良好形象**

重要世界旅游目的地应该是什么样的？要达到哪些条件？西藏还应在哪些方面下工夫来树立起重要世界旅游目的地良好形象？

王松平介绍，所谓“重要世界旅游目的地”，应该具备特色突出、形象鲜明、环境良好、交通便利、设施完备、管理规范、服务标准化、市场国际化、发展社会化，具有独特的旅游吸引力，能够满足中外游客旅游需求条件。目前，西藏已经为建设重要世界旅游目的地打下了坚实基础，但要真正树立重要世界旅游目的地的良好形象，还有许多有待完善的地方。

下一步，西藏旅游部门将着力开展好建设、管理、服务大提升活动，解决目前旅游市场存在的各种问题，净化市场；因地制宜，抓好旅游资源项目的促销和营销工作，塑造优质旅游产品品牌；充分利用对口援藏的有利条件，大力实施人才兴旅工程，造就一支政治强、业务精、作风硬、勤政廉洁的高素质旅游干部职工队伍，以适应旅游业可持续发展的需要；本着“在保护的基础上开发、在开发的基础上保护，坚持保护自然生态环境为先”的原则，开发旅游资源项目，合理、科学地利用自然生态旅游资源；旅游部门主动为企业提供优质服务环境，为企业创造良好的经营环境，帮助企业培育健康的市场环境，培育一批具有市场竞争力的旅游企业集团，努力扩大产业规模，全面提升产业素质和发展质量。

据了解，“十二五”期间，西藏将充分利用地处世界屋脊所孕育的特殊地理构造和独特的人文旅游资源，以全新的观念谋发展，精心培育“高山、雪域、阳光、藏文化”旅游品牌，着力打造以蓝天白云为主体，开发细心润肺的“净土之旅”，清风明月的“高原赏月之旅”；以雪山冰川为主体，海拔6000米以下的登山软探险“巅峰之旅”、冰清玉洁的“白色童话世界之旅”；以绿色峰极为主体，开发昌都、林芝地区最高绿色植物分布区域的高端生态旅游产品、高原奇花异树的深度节庆游；以草甸牦牛为主体，打造藏西北“高原野生动物观光园”，深度发掘“高原之舟”等灵性动物与草甸观光相结合的原生态大众旅游产品；以藏文化为主体的物质文化遗产和非物质文化遗产名胜古迹、民俗风情游，做大做好做精西藏文化遗产延伸的文化产业链，使西藏旅游产品更加丰富完善，更具参与性和游乐性，更具吸引力。

王松平坦言，“世界屋脊·神奇西藏”的旅游主题形象正逐渐深入人心，在国内国际市场的品牌形象地位得到了快速提升，西藏重要世界旅游目的地的目标指日可待，我们将调动一切有利于西藏旅游事业可持续发展的积极因素，切实把握目前的大好时机，将西藏的旅游事业做大做强，促进西藏旅游业又好又快发展。

（资料来源：新民网）

**学习要求：**

仔细阅读以上材料，通过网络搜集旅游者对西藏的评价，思考除了材料中提到的完善旅游目的地建设措施外，西藏作为一个旅游目的地，还有没有其他需要完善的地方。

---

西藏是许多人心目中向往的旅游目的地，但旅游者们所说的“旅游目的地”，在内涵

上并不完全等于旅游业界和学界所讲的"旅游目的地"。一个大的地理空间,城市也好,自治区也罢,甚或是乡村地区,要成为"旅游目的地",需要具备特定的要素。

## 一、旅游目的地的构成要素

如何判断一个旅游地是否能成为一个目的地,可以从旅游目的地的几大构成要素来分析。提高一个旅游目的地的营销水平,也需要充分理解各个构成要素的情况、优势和对旅游者的吸引点。本书认为旅游目的地的构成要素主要包括:

**(一) 独特的旅游吸引物**。这种吸引物必须是对应特定的旅游目标市场和客源群,在旅游市场上具有与众不同的独立特性,并具有一定的市场优势。

**(二) 足够的市场空间和规模**。旅游目的地一方面必须具备足够的市场开发价值和相应的市场发展空间,足以支持旅游业的规模开发和经营;另一方面是所选择的旅游市场可进入性高,市场体系完备,能方便旅游供需主体的自主和平等进入,即该市场应运行规范,适合旅游市场机制发挥主导作用。

**(三) 能提供系统、完备的旅游设施和旅游服务**。旅游目的地要具备一定的旅游产业基础和服务能力,有系统完备的旅游服务和接待设施;同时,这种产业体系要具有开放性特征,能够构建成有效连接客源地与目的地的产业链,并支持旅游企业的规模化运行。

**(四) 要有目的地当地居民的认同、参与并提供各种支持保障**。当地居民构成了旅游业开发的人力资源基础,如果没有当地居民的生活作为依托,许多旅游目的地由于缺乏内在活力,往往变成一座没有生命力的死城,其旅游资源的市场价值也会大打折扣。

**(五) 具有一定的可管理性**。为规范旅游业的运行模式和维护旅游者利益,旅游目的地内部必须形成内在的一体化的组织管理机构,并保证内部市场行为明确、统一和协调一致。

## 二、旅游目的地的类型

从世界范围看,随着旅游需求水平的不断提高和旅游消费方式的花样翻新,旅游目的地的数量和种类十分丰富,可以有多种不同的分类方法。本书主要按空间范围大小将旅游目的地分为国家旅游目的地、区域性旅游目的地、城市旅游目的地和景区型旅游目的地四种类型。

### (一) 国家旅游目的地

国家旅游目的地是按照国际旅游市场的空间格局来划分的,属于国际性旅游目的地的范畴。在一些旅游资源特色鲜明且相对集中的国家,尤其是一些对旅游业依赖性较强的小国,往往把发展旅游业作为基本国策,形成了以旅游业为主体的国家社会经济结构,如地处印度洋东北部的马尔代夫,就是一个典型的国家旅游目的地。

### (二) 区域性旅游目的地

区域性旅游目的地是从一个国家空间范围来划分的。以我国为例,目前发展较好的区域性旅游目的地有长三角旅游区、珠三角旅游区、环渤海旅游圈等。

**(三) 城市旅游目的地**

城市旅游目的地是从一个特定旅游区域空间范围来划分的。随着现代旅游业的发展,城市在旅游经营活动中承担着越来越重要的功能,城市不仅是重要的旅游吸引物,是旅游资源丰富的地区,同时承担了旅游交通、住宿、娱乐和服务等支持体系的功能,成为现代旅游经济活动的中枢。一个区域性旅游目的地一般由多个城市目的地组成。

**(四) 景区型旅游目的地**

景区型旅游目的地是旅游目的地的最小单位,但不等于说所有的旅游景区都能够构成景区旅游目的地。一般来说,只有那些对一定规模的旅游客源市场具有专门吸引力,又能为旅游者提供系统完备旅游服务的大型或者特大型旅游景区才能符合景区型旅游目的地的特征。如建在美国、法国、日本和我国香港的迪士尼乐园就具有旅游目的地的属性。

当然还有其他分类方式,如按照旅游活动的目的分,可以划分为观光目的地、度假旅游目的地和专项旅游目的地三种类型;按照旅游目的地构成形态不同,可以分为板块性目的地和点线性目的地;按开发时间和发育时间,可以分为成熟目的地和新兴目的地;按关系紧密程度可以划分为紧凑型目的地和松散型目的地。

## 三、旅游目的地营销的三大基石

要准确把握旅游目的地的规律特征,必须从理解旅游目的地的核心概念入手。这些核心概念主要包括旅游吸引物、旅游区位和旅游目的地承载力。

**(一) 旅游吸引物**

所谓旅游吸引物,是指一切能吸引旅游者的旅游资源及条件。旅游吸引物主要包括自然吸引物、人文吸引物和特殊吸引物等三类。

旅游吸引物是旅游业发展的前提,旅游活动只有围绕它才能展开。从旅游吸引物的市场和产业价值分析,它既是一个地区能否进行旅游开发的先决条件和旅游者选择目的地的决定性因素,也是旅游产品的基本要素。此外,从某种程度上说,旅游吸引物市场吸引力的大小和潜质,也决定着该旅游目的地发展的时空规模。

用旅游吸引物替代传统的“旅游资源或旅游产品中心观”对发展我国旅游业有着非常重要的现实意义。以往在我国旅游业发展过程中,一直存在着夸大旅游资源地位和影响的做法。一些地方都把拥有的旅游资源赋存作为开发旅游业的先决条件,并且形成了“旅游资源级次越高、旅游开发水平越高”的怪论。岂不知对于旅游产业和市场而言,旅游资源只能是相当于产品的原材料,旅游者选择和最终消费的并非资源,而是经过加工并具有市场吸引力的旅游产品,如果不能获得旅游市场的青睐,尤其是不能形成规模化的产业市场优势,再好的旅游资源也难以转化为旅游产品,也就不具备支持旅游目的地产业运行的物质条件。因此,旅游目的地开发应该是建立在旅游吸引物而非旅游资源的基础之上的。换言之,旅游资源只是旅游产业化的一种外在条件,只有旅游吸引物才能真正构成现代旅游业和旅游市场的基础和源泉。

**(二) 旅游区位**

由于人类旅游活动是一种以地域空间位移为前提的社会经济活动,旅游客源地与旅游目的地之间的区位、距离以及相互关系，成为制约旅游者消费选择进而影响旅游目的地产业水平的重要因素。因此，我们在研究旅游目的地营销规律时，一定要关注旅游区位特征对旅游市场及各种营销活动的影响。

从市场角度分析旅游区位现象，旅游目的地区位就是指某一旅游目的地所拥有的特定的市场空间体系。具体又可以表现为该旅游目的地在特定旅游市场体系中由其空间地理坐标所决定的旅游市场利益关系。

从市场角度衡量旅游目的地的区位优势，可以有两种分析维度：一种是市场的空间范围维度；另一种是特定旅游目的地对该市场的吸引力维度。从物理属性上分析，两者都可以归结为市场与旅游目的地的距离问题，这里距离又可以划分为空间距离、经济距离和文化距离等，距离大小既取决于空间地理距离，也可能取决于由旅游者心理感知所产生的感知距离。

国内学者吴必虎曾提出按照空间距离分析旅游市场吸引力的观点。他认为，随着旅游目的地与客源地距离的增加，旅游目的地的吸引力逐渐减弱，反映了空间距离对旅游营销活动存在着客观作用。但是，这种说法并不能完全解释当前大量欧洲旅游者正逐步放弃离他们距离更近和更为熟悉的地中海沿岸而选择到南亚和远东地区休闲度假的旅游现象。事实上，旅游消费是一种复杂的社会经济现象，旅游者选择何种类型的旅游目的地，不仅取决于与旅游目的地的空间距离，还与该目的地市场吸引力大小和旅行成本以及收益水平有关；而市场吸引力的大小既取决于旅游目的地的资源品位，同时也受旅游目的地市场促销能力和水平的影响。学者张辉认为：旅游目的地市场范围的大小取决于三个因素，即旅游目的地的市场吸引力大小、旅游者的旅行成本高低和旅游目的地宣传促销费用多少和效果好坏。

**（三）旅游目的地承载力**

旅游目的地承载力一般通过对旅游地容量的分析加以体现。世界旅游组织认为，旅游地容量是指一个地区在提供使旅游者满意的接待并对资源产生很小影响的条件下所能进行旅游活动的规模，或者说是“一个旅游目的地在不至于导致当地环境质量和来访游客旅游经历的质量出现不可接受的下降这一前提下，所能吸纳外来游客的最大能力”。(Mathieson and Wall，1982)

旅游目的地容量决定了目的地区域内旅游业的潜在规模。国内学者谢彦君将旅游地容量划分为生态容量、心理容量、社会容量和经济容量四种形式。

我们可以选择环境容量的方法来分析旅游目的地的承载力问题。旅游环境容量是指某个旅游目的地在一定时期内，某种综合性旅游资源的整体功能或某种单体旅游资源的功能能够正常发挥条件下，该综合性旅游资源或单体旅游资源可以容纳的游客人数。旅游环境容量包括资源容量、生态环境容量、服务水平容量、基础设施容量以及社会文化容量五类。如果把所有旅游环境均视为旅游资源，则旅游资源可分为硬资源和软资源（即旅游环境可分为硬环境和软环境），这样，旅游环境承载力就由包括各种资源物理容量与基础设施供应能力的硬资源和包括资源吸引力、服务管理水平、人力资本质量、生态环境质量、创新能力等软资源共同决定。可以说，各种旅游环境容量及其相互之间的复杂关系决定了旅游目的地旅游系统所能承载的游客数量，即旅游环境承载力水平。此外，旅游环境不但是游客体验大自然风光、历史文化，以及享受各种服务的环境，更重要的，它还是旅游地如何提供品质更好、种类更多的旅游产品或服务的环境。因此，旅游环境承载力不仅要理解为导致游客旅游兴致下降、生态环境或资源遭受破坏条件下能够容纳的游客数量，更重要的，还应把它理解为如何使各类旅游环境协调配合，在旅游系统整体功能正常条件下，所能承载的游客数量。

我们对旅游环境承载力的分析、研究，不仅是作为对旅游目的地进行开发、规划的有效工具，也不仅是用于控制游客合理流量不使其超过核定承载力水平，更重要的是，通过它可以指导我们主动地对旅游目的地进行合理开发和管理，更好地延长旅游产品的生命周期，这对实现目的地旅游业可持续发展具有十分重要的现实意义。

小链接

## 国际旅游和国内旅游的目的地流向

自20世纪60年代以来的五十多年间，大规模国际旅游与国内旅游的流向主要朝向著名的旅游目的地，呈现以下规律：

1. 旅游的流向是由近及远，以近距离旅游为主。人们出游大都是按照先近后远的原则。这是因为：

(1) 距离近，比较经济，花费较少；

(2) 风俗习惯和文化传统上比较接近；

(3) 交通便利，易于掌握旅游时间；

(4) 在连续假日时间较短的情况下也可出游。

因此，近距离旅游者在全部旅游者中一直占绝大部分比重。

2. 旅游的流量主要源于经济发达的国家和地区。由于世界经济发展的不平衡，从而产生旅游者的数量也是不同的，这是因为：

(1) 经济发达国家或地区经济发展水平高，人均收入也高，带薪假期也长；

(2) 有大规模的工业和商业构成比较雄厚的经济基础，因而因公、因商或会议旅游的机会多；

(3) 具有现代化的交通运输体系和先进的通讯工具与信息网络，它们决定了经济发达国家和地区在一定时期内产生的旅游者数量多于经济不发达的国家和地区。

世界城市人口在迅速增加。一般说，城市居民有旅游需求的人数比中小城市和农村比例要高。从世界上一些主要客源国看，其城市人口较多，旅游人数也很多。

3. 远程旅游将有较大的发展前景。在国际旅游市场研究中，远程市场通常泛指旅游接待国所在洲或地区以外的国际客源市场。在国际旅游中，近距离的出国旅游，特别是前往邻国的国际旅游，一直占绝大部分比重。几乎所有各旅游目的地国或地区的国际客源大都来自近程市场。但近几年来，由于世界经济的发展，劳动生产率的提高，使得人们收入水平不断提高，余暇时间在增多，为人们进行远程旅游奠定了基础。另外，科学技术的进步，特别是现代交通工具的更新和信息技术的发展，世界远程旅游比重不断增加，成为一种发展趋势。据世界旅游组织预测，远程旅游将从1995年占世界出国旅游人次8%的比例增至2020年的24%，而中近程旅游所占比例将从1995年的82%降至76%。

4. 多数旅游者向风景名胜地区和文化特色显著地区流动。人们外出旅游的主要目的是为了消遣和增长见识。这些风景名胜和文化特色地区，一方面可以度假、休闲，有助于人们调剂生活节奏，改善生活方式，丰富生活内容，增进健康；另一方面还可以使人们开阔眼界，增长知识，丰富阅历。因此，这些地区便自然而然地成了吸引众多旅游者的地区。绿色生态旅游将成为21世纪的主题。

5. 政治、经济、文化中心必定是旅游中心。政治、经济、文化中心是指那些有代表性的著名城市，它们或是国家首都，或是地区首府，是现代社会的象征，也是旅游中心。

这类城市有两个主要特点：

(1) 这类城市集中而全面地反映了一个国家或地区经济、文化和科学技术发展水平。它不仅具有吸引旅游者的各种人文旅游资源和自然旅游资源，而且拥有相当规模的现代旅游设施和服务水平，因而更能满足旅游者的需要。

(2) 这类城市往往是交通枢纽，是该地区旅游集散地，旅游者要到该国或该地区其他地方的景点，必须经它中转。例如美国的纽约、法国的巴黎、意大利的罗马和中国的北京、上海等均属于这类城市。

6. 国际旅游的流向将朝亚太地区转移。由于历史的原因和交通条件的限制，过去国际旅游者的流向与流量主要集中在欧洲和北美地区。但自20世纪70年代以来，特别是进入80年代，国际旅游者开始向亚太地区转移。主要原因是：

(1) 欧洲和北美的旅游市场已趋饱和，而亚太地区保存着大量风格独特的历史文化遗产和很少受到人为破坏和污染的自然旅游资源，对欧美国家的人们具有很大的吸引力。并且，经过数十年的建设和发展，亚太地区的旅游基础设施已比较完善，旅游服务质量也在不断提高，吸引着越来越多的西方旅游者到这一地区旅游。

(2) 近二三十年中，亚太地区经济迅速发展，人们生活水平不断提高，加上地区内各国之间经济、文化联系日益加强，区域内各国之间的旅游需求不断高涨，形成了强大的区域内旅游流向和流量。由于区域内外旅游人次都在迅速增加，从而使亚太地区在世界国际旅游格局中所占比重大大提高。据世界旅游组织预测，到2020年，中国将成为全世界最大的旅游客源国和第四大旅游目的地国，国际旅游市场将形成欧洲、东亚太平洋地区和美洲三足鼎立的分布格局。

## 四、旅游目的地与旅游企业营销异同的比较

人们在传统意义上使用旅游营销理论时，通常会把旅游目的地营销纳入旅游企业营销的分析范畴。当前在理论研究领域，除少数论著外，大多数论著或教材也不加混淆地把两者等同起来。因此，作者认为，要准确理解旅游目的地营销的内涵，必须从原理

上把握其本质，也就是要从理论上搞清旅游目的地营销与旅游企业营销之间的区别与联系。

**(一) 旅游产业属性决定旅游目的地营销主体是政府**

旅游产业的关联性决定了旅游目的地营销必须以政府营销为主导。旅游产业是第三产业的龙头，它以旅游景区(点)为基础，围绕吃、住、行、游、购、娱六大要素，形成产业网络。

根据与旅游产业的关系，把涉旅行业分为三个层次：第一层为游客消费层次，包括旅游景区(点)、旅行社、宾馆、饭店、娱乐设施、旅游购物点，这是游客直接消费的对象；第二层为旅游支持系统，包括旅游交通、通讯、电力、工商、税务、司法、林业、文化、文物、卫生、金融等行业，这些行业虽然不是游客直接体验的内容，但作为旅游支持系统，是保证旅游体验的重要行业；第三层为环境层，包括建设、规划、国土、工业、农业、商业等。这些行业既不是游客消费的内容，也不是旅游的支持行业，但却是支撑旅游业持续发展的重要行业，这些行业为旅游业的发展提供长期的保障，为形成良好的旅游大环境起重要的作用。同时，旅游产业的快速发展也可以带动以上行业相应的发展和进步。

可以看出，旅游行业不是一个封闭的行业，而是一个与各行业密切相关的产业。旅游业的发展水平首先体现在第一层面上，即旅游景区(点)、旅行社、宾馆、饭店、娱乐设施、旅游购物等的发展程度，但背后却与第二、第三层面有直接关系。如果一个地区旅游景区(点)旅游人数增多，旅游酒店客源充足，娱乐场所和旅游购物点生意兴隆，那么与之相关的交通、通讯、文化、卫生等行业也会有所体现；如果一个地区成为旅游热点，那么也会带来这个地区的建设、工业、农业、商业等行业的大发展。

所以，旅游产业不只与个别直接的涉旅企业有关，而是一个与地区各行业密切相关的产业网络。要推动整个产业网络的发展，只有政府具备这个统筹能力和行为动机。

**(二) 旅游目的地营销与旅游企业营销的不同点**

旅游目的地营销与旅游企业营销存在着密切的业务联系。旅游目的地采用的一般理论方法与旅游企业营销是一致的，旅游目的地营销活动与旅游企业也有很多的业务交叉。因此，既不能简单地把两者对立或割裂开来，也要注意两者之间存在的差异。这些差异足以影响二者的营销目的、手段和运行方式，主要表现在以下四个方面。

1. 营销目的不同

一般意义上，旅游目的地组织是一种非营利性机构，其首要目标不在于自身的经营利润，而是通过树立良好形象来帮助宣传和促销本区域旅游企业的产品，提升本区域的市场竞争力，因此旅游目的地的营销目标超越了个体经济利益，主要立足于提升本地区的旅游竞争乃和美誉度；而旅游企业作为一个以营利为目的的经济组织，营销是其实现经营目标(即利润最大化)的主要手段，换言之，旅游企业营销的首要目的就是趋利。

2. 营销内容不同

旅游目的地组织的身份和职能决定了其营销的内容不能与企业宣传促销其旅游产品一致，只能是旅游目的地整体形象。

3. 营销手段不同

旅游企业以产品为中心，综合运用各种可控制要素(即 4P)；比较而言，旅游目的地组织的营销手段则相对单一,主要通过各种活动和信息服务,达到既宣传形象,又为旅游企业营销搭台的目的。

4. 营销流程不同

旅游目的地的营销目标一般是由旅游组织根据旅游目的地的总体发展战略预先设好的,旅游组织要根据总体战略要求规划各种营销活动,并通过科学的营销计划以实现其预期目标,因此旅游目的地营销流程一般由确定营销目标入手;反观旅游企业的营销流程,由于旅游企业营销目标的生成主要依赖于外部市场环境的变化和企业的资源能力,必须建立在可靠的市场分析之上,由此决定了旅游企业的营销流程应该从旅游市场分析入手,然后才能据此确定不同的营销目标。

总之,旅游目的地与旅游企业营销之间是相互依存又分工合作的关系。或者说,两者之间既不可或缺又不可相互代替,并通过市场分工形成特定的分工合作关系,共同推动目的地旅游业的健康持续发展。

**实训任务:**

1. 分组收集整理学院所在城市的旅游发展情况,分析其旅游吸引物、旅游区位和目的地承载力三方面的情况,并用旅游目的地的五大构成要素条件来判断其是否能成为"旅游目的地"。

2. 各组以 PPT 的形式向全班简要汇报,汇报时间控制在 5 分钟左右。

## 任务二 旅游目的地形象传播

**任务目标:**

通过本章的学习,我们将对旅游目的地形象的构成、形成和传播建立系统的了解。为了达到该要求,我们必须:

1. 了解旅游目的地形象的基本内涵。
2. 了解旅游目的地形象的形成过程。
3. 掌握旅游目的地形象传播的方法和策略。

**学习导入:**

### 杭州成为"2013 中国最受欢迎旅游目的地"

全球最大的旅游评论网 TripAdvisor 公布了"2013 中国最受欢迎旅游目的地",杭州荣登十佳之一。杭州市自 2004 年实施"旅游国际化战略"以来,杭州市旅委针对海外全方位开展宣传推广活动,提升杭州的全球知名度。2012 年,杭州在全国率先启动新媒体营销策略,在 Facebook、Twitter 等海外社交媒体开展一系列互动活动,在海外市场的知名度取得显著提高。

2012年起杭州市旅委在海外重拳推出系列新媒体活动，不到一年时间，杭州Facebook粉丝达到22931人，Twitter粉丝1356人，Pinterest粉丝676人，策划的“当代马可·波罗”推广活动参与者达到17503人。与海外同类城市比较，杭州的成果非常骄人。此次杭州获得TripAdvisor“2013中国最受欢迎旅游目的地”称号，是杭州旅游海外营销的硕果之一。

TripAdvisor是全球最大的旅游评论网，也是世界第一大旅游媒体，覆盖全球30个国家，拥有超过2亿的独立用户。TripAdvisor“旅行者之选”被誉为旅游业的“奥斯卡”，在世界旅行者及旅游从业者心目中具有极高声望。

TripAdvisor亚太区总监Joel Fisher先生表示，此次2013年度“世界旅行者之选——最受欢迎旅游胜地”奖项评选名单包含了全球38个国家的412个旅游目的地，涵盖了中国、澳大利亚、印度、墨西哥、美国等多个国家。每一年的评选结果都是基于上一年度来自全球上千万TripAdvisor用户对目的地的真实评分，结合各种维度最终得出，排名结果真实可靠地反映了用户的体验感受，上榜目的地在TripAdvisor全球任何一个分网站上都拥有超高人气。通过此次评选，杭州的精致与美丽也将被世界各地旅行者所关注。

自TripAdvisor推出“中国最受欢迎旅游目的地”评选以来，杭州已经连续两年上榜。TripAdvisor上的杭州旅游目的地页面现有252个景点、1648个酒店、1565个餐厅和超过6万条点评。旅友推荐最多的三大必游景点是西湖、印象西湖和灵隐寺。

（资料来源：杭州市旅游形象推广中心）

**学习要求：**

登录“到到网”（TripAdvisor中国官网），浏览“旅行者之选”栏目推介的中国旅游目的地信息，比较分析每个旅游目的地城市的上榜解说词，并给每个城市划出一个关键词。

每个旅游目的地都希望能登上TripAdvisor“旅行者之选”的年度最佳旅游目的地榜单，但并非一厢情愿地给自己贴标签，旅游者们就会买账。年度榜单每年的变化都不大，说明旅游目的地形象的传播非一日之功。

## 一、旅游目的地的主题形象

### （一）旅游目的地主题形象的内涵

旅游目的地主题形象是一个非常复杂的概念。从旅游美学的角度来看，它是由三个维度构成：功能——心理维度；实征——幻想维度；泛征——特征维度。功能——心理维度，从物质性和精神性、可衡量性和不可衡量性两个角度研究旅游目的地的特征。实征——幻想维度，是从心理学和消费者行为学的角度研究旅游目的地形象的本质。即：旅游目的地提供的整体产品被旅游者以真实特征和幻想两种方式来理解，实征是可以在旅游目的地得到求证的实际功能性特征和心理性特征；而幻想是旅游目的地真实特征投射到人们内心世界的画面。泛征——特征维度，目的地形象有广泛的一面，由此可以与其他目的地进行排序，并比较其功能性特征（如价格水平、交通体系、气候、接待类型）和心理性特征（如友好程度、安全、服务质量）组成；但同时目的地的主题形象也有独具特色的一面，包括独有的特色和事件（功能性特征）或特殊地方的品位（心理性特征）。

旅游目的地主题形象与实际的开发建设、经营管理、对旅客服务等相比更为重要，它是旅游地的生命，是市场经济条件下形成竞争优势最有力的工具。个性鲜明、亲切感人的主题形象可以帮助旅游地在市场竞争中占据有利地位。如果旅游地的旅游产品质量一般，主题旅游形象模糊，很容易使游客感到经历平淡无奇，造成重游率低，经济效益低下。纵观世界旅游业发达的国家和地区，无不具有鲜明的主题旅游形象，如瑞士的"世界公园"和"永久的天堂"，西班牙的"阳光海岸"、"斗牛士"，纽约的"美国最好和最坏的东西都集中在这里"，中国香港的"购物天堂"等。因此，在旅游目的地营销中，主题定位与塑造是一个核心问题。

### (二) 旅游目的地形象特征变量

旅游目的地形象是旅游者或潜在旅游者对目的地复杂现实世界的概括与简化，最终常常呈现为目的地主要特征属性和地标化事物的集合。

1. 地格要素

如同每个人都有不同的人格气质一样，任何旅游目的地都有其自身独特的地方特性。旅游目的地地格是由旅游地（景区）的自然地理、历史文化、民俗风情和社区环境等因素相互作用而形成的地域特征。总体来看，地格由目的地的自然禀赋（地脉）和文化特质（文脉）两个部分构成。它是一个旅游区最具个性色彩，与其他旅游地相区别的最本质特征，从而构成旅游目的地感知形象的核心要素。地格要素常常表现为一种地方性的整体感受，如巴黎的艺术浪漫氛围、英国的古典文化气息、北京"皇城根下"的味道和上海国际化大都会的风貌等等。地格要素是一种自然的、历史的和文化的长期积淀，也是旅游目的地形象"灵魂"的显现。地格要素通常无法靠人为的策划、设计或者包装出来，只能通过发掘、保护、提炼、显化来表现和强调。

2. 空间要素

空间是旅游活动的"容器"，旅游者（潜在旅游者）对于空间的观察、选择、消费和评价决定了空间要素是旅游目的地形象的核心要素之一。从微观、中观的角度来看，旅游目的地的空间结构是目的地形象的物质对象。城市化的进程、城市的改造工程、土地利用类型的变化等等，都会直接影响目的地空间结构的变迁，并且带来地方风气（精神）的变化。以林奇为代表的对城市形象（意象）可感知性的研究表明，居民的城市意象结构主要与城市空间物质形式有关，这些物质形式具有较强的易识别性和可意象性，能使多数观察者产生强烈心理印象。

3. 界面要素

根据行为与感知的特征，人类从事的各类体验经济活动可以被划分为若干阶段（象限），由一个"象限"进入另一个"象限"所经历的相对短暂时间和具有内容的空间，被称为"体验界面"。因此可以把目的地核心吸引要素以外的事物均视为广义的界面要素。无论是功能性的要素，如酒店、交通、购物等接待设施，还是心理性的要素如社区态度、服务质量、突发事件等，在某种情况下，都可能成为旅游目的地形象重要的特征变量之一。尤其是处在边缘带上的界面要素，如出国旅游的"登机—到达"环节、目的地机场、车站、码头等门户节点，常常会给旅游者留下更为深刻的印象。

4. 媒介要素

公众对旅游目的地的认知很大程度上受到各种媒体信息的影响。随着知识经济时代的到来，人类已进入信息社会。尤其是继报纸、广播、电视之后的第四媒体——互联网络的迅速发展，使整个世界在瞬息之间连成一片。旅游目的地媒介环境通过外显和内隐的方式，直接作用与客源地公众，使之心目中形成目的地诱导形象，从而改变其对目的地的原初印象。从某种意义上说，著名旅游目的地就是媒介环境与客源地之间空间近似为零距离的地区。目的地媒介环境空间不断完善和扩张，构成了连结公众与目的地的虚拟环境，对旅游目的地形象的形成带来质的影响。

**(三) 旅游目的地主题形象定位的基础**

旅游目的地主题定位是形象塑造的前提与核心，目的就是要使旅游地深入到潜在游客心中，在游客心中形成生动如图画、鲜明而强烈的感知形象。定位理论的核心思想就是"去操纵已存在心中的东西，去重新结合已存在的连接关系"。主题定位是建立在地方性分析、市场分析和竞争性分析三方面基础之上的。

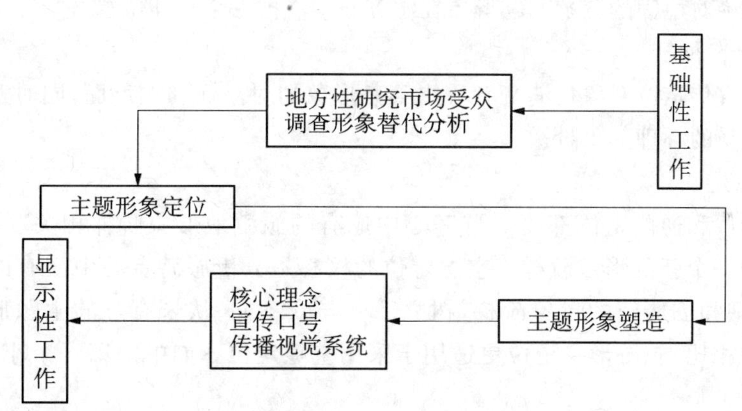


图 5－1
主题形象定位与塑造程序图

1. 地方性研究

其主要任务是通过对规划目的地文脉的把握，对地方历史文化的解读和提炼，精练总结该地区的基本风格，包括文化特征和自然特征，为未来的旅游开发和规划提供本土特征等信息。如贵州是我国少数民族的聚居区域，至今还保留着古朴的文化风俗，民族文化积淀丰富，"文化千岛"非贵州莫属。

2. 市场受众调查

主题形象的构建主要目的是为了向潜在旅游者推销旅游目的地，帮助旅游者更清晰、更方便地了解目的地的特点和差异之处，促使其产生旅游动机，由潜在游客变为现实游客。因此有必要深入了解旅游者对目的地市场的需求状况及个性偏好。旅游目的地主题形象及其宣传展示，必须对目标市场的潜在旅游者"投其所好"，当然要符合实际和恰如其分。现在很多地区提出要建设某某地区的后花园和度假休闲基地，如江西确立的“建设成为长江三角洲地区的后花园”，就是面对目标市场的主题形象策划。

3. 竞争者分析

在旅游主题形象定位过程中实施差别化战略，即针对产品的差异性、未来的目标市场、产品特性作对应分析，以确定本地产品在产品谱上的位置和产品的独特性。如山东的曲阜，作为历史文化名城，与陕西的咸阳、山西的平遥相比，显然属于同质竞争旅游城市，而与海南的三亚、广西的北海等度假胜地相比，则明显属于异质竞争市场。

### （四）旅游目的地主题定位的方式

1. 领先定位

领先定位适用于独一无二或无法替代的旅游资源。由于人们总是对第一的东西印象深刻，所以这种定位方式最有气魄，最能引起人们的注意。如埃及的金字塔、中国的长城、苏州园林、杭州西湖等，都具有不可替代性。

2. 比附定位

比附定位是一种不去占据原有形象阶梯的最高阶，而甘居其次的定位方式。依托已经被公认处于领先位置的旅游目的地，通过对比，使人产生联想，借以提高自身的知名度。如宁夏银川的旅游主题形象定位为“塞上江南”，苏州的旅游主题形象定位为“东方威尼斯”，海南三亚也将自己定位为“东方夏威夷”，目的在于利用威尼斯、夏威夷等世界旅游胜地绝对稳固的旅游主题形象在游客心中占据一个较佳位置。

3. 逆向定位

强调并宣传定位对象是消费者心中第一形象的对立面和相反面，同时避开了一个新的易于接受的心理形象阶梯。

4. 空隙定位

比附定位和逆向定位都要与游客心中原有的旅游地形象阶梯相关联，而空隙定位全然开辟一个新的形象阶梯。空隙定位的核心是分析旅游者心中已有的形象阶梯的类型，发现和创造新的形象阶梯，树立一个与众不同、从未有过的主题形象。与有形商品定位相比，旅游形象定位更适用于采用空隙定位。如中国第一个小人国“锦绣中华”。

5. 重新定位

旅游产品和其他产品一样，都有生命周期问题。前些年在各地红火一时的主题公园，现在大都遭遇“门前冷落车马稀”的窘境。究其原因，虽有重复建设过多、竞争激烈的因素，但更重要的是缺乏推陈出新。旅游主题形象的重新定位不可避免。重新定位的方式有两种：一种是对原有主题形象的充实改造，二是创造新的形象。我们应侧重于选择有区域特色的主题来定位旅游产品。

## 二、旅游目的地形象的形成过程与营销策略

### （一）旅游目的地形象的形成过程

旅游目的地形象的形成是一个复杂的认知过程。从旅游消费角度分析，旅游目的地形象是旅游者对所有关于旅游目的地的感知、印象和体验进行的加工、甄别、排列和

整理的信息处理过程。按照旅游目的地形象与人们旅游消费行为之间的关系，旅游目的地形象的形成大致要经过以下四个阶段：

1. 初始印象阶段

是指人们通过日常生活中对旅游目的地的一般性了解所产生的形象认知。在这一阶段，人们对目的地的形象认知主要来源于其自身的生活经历、社交环境或受教育程度，或依据于接收到的新闻媒体宣传报道和旅游中间商的日常促销，因而是一种相对被动的信息认知过程。

2. 深入认知阶段

人们产生了一定的旅游动机之后，就会进入自觉收集各种有关信息、并通过综合比较、对旅游目的地形象加以选择和做出决策的阶段，即旅游形象的深入认知阶段。在这一时期，人们可以获取的各种旅游宣传册、旅游产品及形象广告、旅游促销活动，以及周围人群的旅游经验等，都会成为影响其对旅游目的地形象认知和预期的重要因素。

3. 实际认知阶段

一旦人们开始正式地旅游，就会通过实际体验对主观预期的旅游目的地形象进行验证，从而进入实际认知阶段。旅游者通过所使用的各种旅游目的地产品、设施和服务项目，会对旅游目的地的整体形象和服务程度产生直接和全面的印象。

4. 事后认知阶段

旅游者完成旅游过程回到居住地之后，通过对旅游过程的回顾和总体满意程度对旅游目的地的实际形象形成最终判断。这一时期决定旅游目的地形象好坏的主要因素有二：一是旅游目的地的资源禀赋，以及旅游产品和服务的实际质量；二是旅游者对目的地形象的预期效果。对旅游目的地形象感知的结果有超出预期、接近预期和低于预期三种情况。一旦出现低于预期的现象，旅游者会对旅游目的地形象宣传持完全否定态度，并进而做出此后不利于该旅游目的地的决策，这种决策还可能波及旅游者的周围群体，形成对旅游目的地非常不利的市场氛围；如果旅游者的感知超出预期值，将对该目的地形象宣传产生辐射和叠加效应，也意味着旅游目的地形象的营销全面成功。

**(二) 旅游目的地形象的营销策略**

针对上述旅游者对旅游目的地形象的认知规律，旅游目的地营销组织可以采取不同的营销策略。通过及时推出具有个性化特色和竞争力的旅游目的地形象信息，促使目标旅游市场和目标游客做出有利于自己的决策信息。具体说，旅游者认知的阶段性特征不同，旅游目的地形象营销的重点也应不同。

在初始印象阶段，人们处在潜在旅游者状态，他们通常是靠日常生活的积累获取有关旅游目的地的各种信息。因此，旅游目的地一旦确定主要客源市场之后，就应在该市场上进行系统和全面的旅游形象信息传播。这一时期营销策略的重点是树立旅游目的地的正面形象，扩大旅游目的地的知名度；适宜于采用宣传报道、广告为主的大众化和渗透式信息传递方式。为了提升营销资源的使用效果，旅游组织必须选择目标市场，把主要精力集中于主要客源市场，避免全面出击可能造成的资源浪费。

在深入认知阶段，旅游组织应该在充分了解潜在旅游者消费需求特征的基础上，通过广泛宣传介绍旅游目的地的产品和住宿、餐饮、交通、娱乐等各项设施和服务内容，在旅游者心目中建立一个较深入和正面的旅游目的地形象。也就是采用从提供相关旅游信息入手、到引起注意和兴趣、再到引发旅游动机、改变旧的旅游消费选择和习惯，直至形成信任和购买的促销策略。

在实际认知阶段，旅游者将亲身体验旅游目的地的产品和服务，旅游组织的营销重点除了及时兑现承诺标准之外，还应广泛提供信息服务，方便旅游者的行程安排，并进一步强化旅游目的地形象特色，加深旅游者的体验和参与程度，提升旅游者的消费满意度。

在事后认知阶段，应继续做好市场调研、强化信息反馈工作，系统收集和分析旅游者对目的地形象的总体评价及依据。同时，对于已经到过旅游目的地的旅游者，还应做好持续促销工作。旅游组织的营销重点是不断提供旅游产品的新信息，保持长久记忆，维护和巩固旅游者心目中的良好形象；对于各种负面影响，则应及时采取补救措施。

## 三、旅游目的地形象的传播方法

### （一）传播的媒介环境

当今社会人们身处大众媒介信息的汪洋大海之中，旅游目的地如何超越时空距离将自身信息有效地传播给客源地受众（现实或潜在的旅游者），提升目的地媒介形象在客源地公众心目中的地位和吸引力，是目的地能否吸引更多游客，在众多旅游地的空间竞争中获胜的关键性因素之一。

1. 形象传播主要途径

旅游目的地形象传播的媒介途径一般可分为四大类：人际传播、组织传播、大众传播和其他潜在渠道。

① 人际传播主要是通过目的地居民或旅游者的口碑所进行的传播；

② 组织传播是目的地政府、旅游业界通过各种媒体广告、促销方式对目的地形象的宣传推广；

③ 大众传播是报刊、电视、网络等大众传媒对目的地的各类新闻事件报道；

④ 其他潜在渠道主要包括影视片拍摄地、文学艺术、历史典籍、名人关联地、邮票货币图案、课本读物等自然传播。

其中，人际传播、大众传播与其他潜在渠道传播一般为非目的性传播，商业性较弱；而组织传播一般为目的性传播，尤其是广告促销等方式商业性较强。

2. 媒介渠道的空间影响

旅游者与目的地的空间距离不同，一般会影响其获取信息的媒介途径，特别是在旅游决策阶段，信息途径的差异比较显著（李蕾蕾，1999）。一般来说，当地居民在目的地附近的游憩行为的信息途径主要来自平日交谈和报刊、电视等当地媒体信息，而外地远程旅游者由于信息距离衰减的影响，更多依赖目的地有关机构或旅行社传播的信息。此外，客源地居民的个性特征、地域文化差异等因素也会影响其对目的地形象媒介渠道的选择。

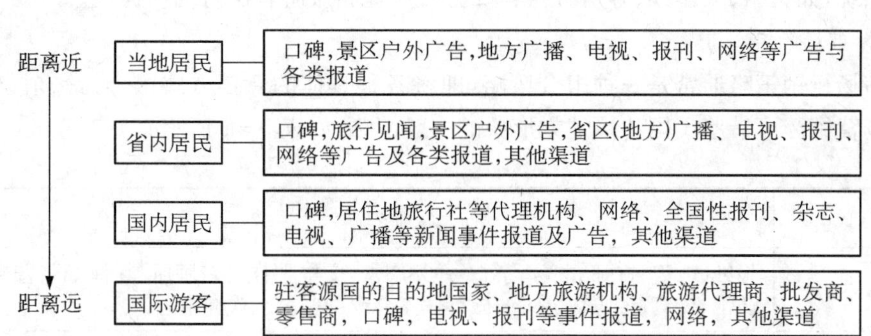


图 5－2

旅游客源地与旅游目的地之间的空间距离对信息渠道的影响

**(二)传播途径**

1. 媒体广告

广告是旅游地对旅游形象宣传采用最广泛的一种工具。广告将产品的形象代替了产品本身信息的传播,现代旅游者的旅游行为,比起实物商品更具有形象购买和形象消费的特征,无疑广告成了旅游形象最好的传播方式。旅游地的广告可分为形象广告、旅游地信息广告和消费观念广告,形象广告侧重于宣传旅游形象,将旅游地的旅游的总体形象、理念等传播给受众,以提高旅游地的知名度和美誉度;旅游地的信息广告主要向受众传播与旅游地相关的信息,如旅游资源、旅游景区、景点、旅游项目等;而消费观念广告则通过广告向受众介绍旅游消费观念,以培养潜在的旅游者,并引导其转变为现实的旅游者,也有的消费性广告侧重于对旅游地消费的指导,如对旅游食宿、旅游线路、旅游项目等的说明,以指导旅游者的消费过程,形成一种较为成熟的旅游消费观念。

2. 公共关系

公关活动主要是指旅游地通过各种方法和手段,协调与公众的关系,并通过双向的信息交流,使旅游地在公众心目中树立良好形象,以达到旅游形象的传播,提高旅游地知名度、美誉度。一般采用庆典活动的方式进行,如旅游交易会、旅游展览会、周年纪念、庆功表彰、重要仪式等。另外,可通过邀请参观的方式进行旅游形象宣传,如其他旅游地,尤其是客源地的旅行社高层管理人员,国内外记者、作家等进入旅游地参观,以宣传当地旅游形象。此外,还可充分利用"名人效应",授予一些代表性游客,如明星、专家等为旅游地的"荣誉市民"或聘其为"旅游地形象大使",或邀请名人进行公益性演出、演讲及其他活动,以扩大旅游地的形象传播。

3. 网络传播

电脑时代尤其是网络的发展为信息传播和文化交流开辟了一个高效、便捷的途径,网络能够很广泛且快捷地使旅游目的地与客源地得以连接和沟通,人们很容易从网络上了解到旅游地的信息,于是,网络成了旅游供求双方一个重要的信息桥梁。旅游地可以充分利用网络,进行旅游形象的传播和推广,可以从以下几方面着手:(1)请专家设计、完善旅游地网页,全面介绍旅游地的"吃、住、行、游、购、娱"各方面的情况,并对网页进行及时的更新和维护。(2)通过旅游网络站点对旅游地形象进行广告宣传。(3)通过与其他旅游网站的友情链接宣传、推广自身旅游形象。(4)建立完善、安全的网上预订服务系统，如机票、火车票、客房、门票等的预订，提高旅游者出行的便捷性。

4. 市场行销

市场行销策略通常是一种组合策略，即将各种具体的营销方式组合为一个整体进行市场营销。可借鉴美国传播地方形象的一般策略，如表 5-1 所示。

表 5-1 旅游地形象传播的主要方式

| 方式 | 解释 |
|---|---|
| 广告 | 报纸、电视、直邮、电台、杂志、户外广告、广告牌、电话、画册、其他如录音带、录像带、传真、多媒体、咨询、旅行作家会议、交易会、欢迎中心 |
| 直接行销 | 发邮件或打电话、电台和电视的直播节目 |
| 促销 | 免费尝试、赠券、折扣、折让、回报、保险、展示、有奖竞猜 |
| 公关促销 | 制造新闻和公众事件、游说 |
| 人员销售 | 直接派形象促销人员与顾客面对面接触 |
| 其他 | 关于地方的影视剧或节目、描写地方的歌曲、各地的足球战歌、校歌、国歌、队歌等；利用体育赛事活动宣传举办地的形象，利用媒体对发生某事件的地点的关注来吸引人们前往，表演或演出活动、保龄球赛、T 恤衫、招贴画、运动帽等 |

**(三) 传播途径创新**

旅游目的地在适当选择传统的目的地形象广告及一般促销手段的同时，应该以提高受众关注度和传播来源说服力为中心进行路径创新，大致可以分为三种模式，一是制造媒体聚焦；二是诱发受众兴趣；三是柔化内隐传播。同时，以上三种模式可以相互结合形成一种具有更强吸引力的整合传播模式。见图 5-3。

图 5-3 旅游目的地形象的整合传播模式

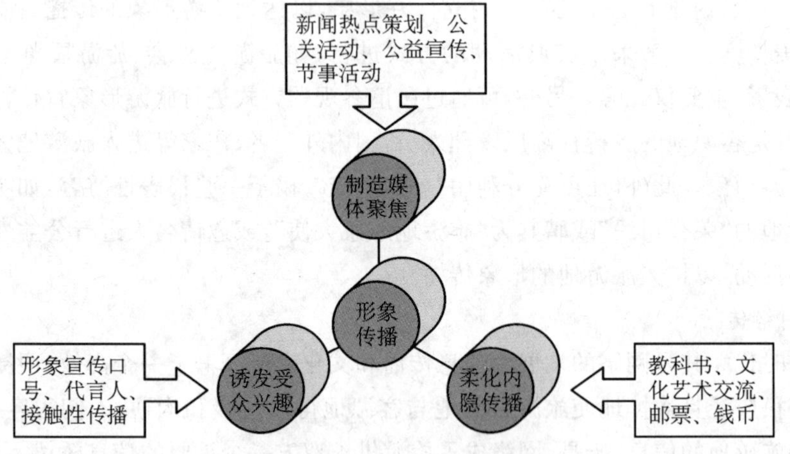


1. 制造媒体聚焦

旅游目的地制造媒体聚焦的目的是获得足够或尽可能多的注意力。传播信息要争得受众的注意力，必须提高自己的竞争能力，以广为人知。而影响人们注意力的因素，从心理学上讲，首先是刺激的强度和重复率。不断重复的连续刺激能增加刺激的总强度，增强记忆而不被遗忘。此外，大众传媒的“议程设置功能”亦会影响大众对事物的认识和关注。所谓“议程设置”，又称“议题设置”，指传播媒介报道的重点，与受众心目中的重要题材高度相关，媒介所强化报道的题材与事件，会引起人们的关注。与此同时，受众对媒介提出的各种议题的经验程度越是间接、对媒介信息的接触量越大，其受媒介的影响越大。它包括以下四个方面：

（1）新闻热点策划。尽可能利用一切机会，通过新闻媒介，开辟一条传播形象的有效道路。尽管这种信息传播路径没有明确的受众、没有明确的旅游信息，但可以潜在地有效影响旅游者对旅游地的形象认知。

（2）公关活动策划。公关活动分为主动型和被动型两大类。前者通过举办目的地旅游信息发布会、赞助以目的地为题材的摄影美术节、作家笔会等公关活动吸引媒体集中报道，积极塑造正面的良好形象，后者是如游客重大投诉、旅游事故等负面事件的积极的补救修复性公共关系活动。

（3）公益宣传策划。社会公益热点事件能够吸引大批媒体宣传报道，而大众传媒的“议题设置”功能使之得以受到公众的广泛关注，树立颇具亲和力的目的地城市形象。

（4）节事活动策划。旅游节事活动能够通过其广泛的社会影响塑造和整合旅游目的地形象，可分为两类：一是节事设计，即目的地节事从无到有，进行创意策划；另一是节事运作，即对已确立的节事活动进行运作策划。

2. 诱发受众兴趣

大众媒介所具有的社会地位赋予功能，任何一种问题、意见或商品、人物只要得到大众传媒的广泛报道，都会成为社会关注的焦点，获得很高的知名度和社会地位。整体的大众传播具有较长时间跨度的一系列报道活动将产生的中长期的、综合的、宏观的社会效果，从某种意义上传播媒介进行的是“环境再构成作业”。但是传播媒介对外部世界的报道不是镜面反射直播，是一种有目的的取舍选择活动；受众对信息社会的信息也是一种有目的的取舍选择活动。大众媒介营造的是一种“拟态环境”，受众注意力关注的也是拟态环境中的信息，而且受众在大众传播环境中的认知影响将最终决定传播的效果。因此，旅游目的地通过媒体聚焦，把受众的注意力吸引到目的地信息上，同时还必须针对不同的细分市场，设置迎合受众口味，吸引受众眼球的具体议题，在地方特色和旅游产品上制造“卖点”，才能达到诱发受众的出游欲望和行动的效果，其中包括形象宣传口号、形象代言人、接触性传播等形式。

3. 柔性内隐传播

广告内隐记忆效应理论表明，广告可以通过外显记忆和内隐记忆两种渠道为目的地价值的建立作出贡献。当今世界，大众传播媒介对日常生活无孔不入的渗透，从报纸、杂志，到广播、电视、因特网，乃至街道超市，各种商业广告信息时刻侵扰着我们的感官。受众大多早已厌倦了这样的信息轰炸，不愿意花多少精力去仔细斟酌、估量。在这种低介入状态和有时间压力的情况下，一方面无意识的内隐传播开始发挥功效，另一方面，目的性不明显的潜在传播途径，即“柔性传播”更能吸引人们的注意力。因此，需要特别强调的是，目的地形象的传播与形成不是短期的社会行为，对客源地受众的感知影响更不能过于急功近利。在实际操作层面上，目的地形象传播的柔性内隐传播模式意味着,要设法抓住一切机会增加目的地与受众的纯粹接触次数,来提高其对目的地价值认同与喜好,激发其购买欲。同时,尽可能多地利用文化艺术、课本、邮票、钱币等非目的性媒介载体,潜移默化地对客源地受众产生影响。

### 四、旅游目的地形象的传播策略

旅游目的地在完成主题形象定位之后需要着力形象传播,形象传播即是旅游地自我营销的过程,它涉及信息传递、相对优势和满意度,因此提高信息传递的广度和效率、认清自身的相对优势、关注游客的满意度是提高旅游目的地营销效果的主要途径。实际的旅游目的地形象传播过程中可以使用五大策略。

#### (一) 事件引爆策略

即通过举办大型主题活动,迅速扩大旅游地的知名度。国外长期跟踪研究业已表明,举办大型活动对于提高旅游地的知名度具有长期效应。我国也不乏这样的例子,张家界的“飞机穿越天门洞”,昆明“世博会”,宜昌的“告别三峡游”,都使举办地名声大振。事件促销的策略对知名度低,旅游资源比较丰富,旅游业处于起步阶段的旅游地尤其适合。相比较而言,节庆、节事等活动缺乏令人为之一振的效果,加上通常需要年年举办和大家都办,缺乏新鲜性和吸引力。

#### (二) 市场细分策略

目前,大多数城市的促销还停留在大众促销的阶段。因促销效果的难以测量,实践中很少有人怀疑其效果。事实上,游客需求的多样性,旅游产品的有限性,每一个旅游地只可能满足某一部分游客的某些需求,所以只有明确自身的相对优势,然后把信息传递到对本旅游地旅游产品感兴趣的游客群,才有可能提高信息的传递效率,获得更佳的促销效果。为此必须实施市场细分的促销策略。这需要通过游客调查和主要旅游产品对应分析,明确研究城市的相对优势和目标市场,再通过各种手段把目的地的相关信息传递到目标市场。以鞍山为例,近几年鞍山最主要的旅游促销手段是在中央电视台做城市旅游形象广告,效果不十分理想,通过深入细致的产品分析和游客调查发现南方游客对玉佛苑感兴趣,对千山比较淡漠;北方游客尤其是东北游客对千山最感兴趣,对玉佛苑却不怎么喜欢。因此,鞍山如果采取市场细分的促销策略,针对不同的目标市场采取不同的促销内容和方式,就会取得更佳的促销效果。再如,通过问卷调查笔者发现,不同地域的游客对大连的兴趣点也明显不同。南方游客对大连的具体旅游产品不怎么感兴趣,他们来大连或想来大连只是因为大连是北方城市的最主要代表(在他们眼里),看看“北方明珠”成为南方游客想来大连的最主要动机;处于内陆的华北、西北游客对来大连旅游的最主要原因是大连的“滨海形象”;临近大连的东北游客对大连的具体旅游产品则很感兴趣。如果无视这种差别的存在,向所有的潜在游客传递完全相同的信息,促销效果就会大打折扣。

#### (三) 系统营销策略

把目的地营销当作一种哲学理念,贯穿旅游地发展和规划的整个过程。也就是说,旅游发展和规划的每一个步骤、每一个措施、每一个阶段,都要以目标游客为导向,尽量满足他们的需求。既要重视营销的促销环节,也要重视营销“树内功”的环节,用营销的理念，指导旅游产品的开发，管理游客的旅游体验，以及创建和塑造旅游形象。只有这样，才能使得游客更加满意，提高"一般人"向游客的转化率。通常目的地营销的决策者们对营销的理解，恰恰就是把它当作简单的形象理念定位和促销。公司和政府通常只应用旅游营销组合的一部分(促销)，其他营销方法很少受到关注。当然，形象塑造和目的地促销，作为营销的重要组成部分必不可少，对新的旅游目的地尤为重要。旅游消费的异地性，决定了形象塑造、宣传和促销的必要性。其理由在前一部分已经说明。同时值得注意的是，形象塑造和宣传，必须坚持恰当和抽象。因为过分的渲染会提高游客的预期，降低游客的满意度，形成不良口碑。而恰当的形象定位可以更好地实现游客期望值，增加其满意度。另外，根据有关学者的研究，旅游期望具有指向上的可转移性或可替代性。所以形象定位的抽象性有利于为目的地营销活动创造丰富的想象空间，只要抓住目标市场潜在游客的需要来吸引游客，并利用旅游期望可转移的特性，可以创造性营销活动来满足游客的期望。

**(四) 全民营销策略**

这是因为信息传递的数量和质量，以及游客满意度的提高，都有赖于全民的参与和支持。信息传递，尤其是旅游形象的传播，需要当地居民的积极参与。一方面，这种依靠当地居民的信息口头传递成本很低，传递效率高；另一方面，抽象的旅游形象以及一些深层次的信息，如旅游产品的文化内涵，很难为游客直接所感知。此时，当地居民参与就变得更为重要。另外，满意度高低直接取决于游客体验的好坏，而后者是诸多因素综合作用的结果，尤其是与当地居民的对待游客的态度，旅游相关行业的服务质量等因素息息相关。这决定了仅仅关注需求者的传统营销方式是行不通的，还必须关注所有的利益相关者和一些偶然因素，这是旅游营销与传统营销相区别的一大特点。而且这些因素大多数在营销者的直接控制范围之外。因此，要成功地进行目的地营销，就必须有全民的参与。需要政府、非营利部门、旅游业的相关企业、本地居民及其他部门的通力协作。为此，首先必须关注所有相关者的利益所在，尽量平衡相关各方的利益要求，使大家都从旅游业发展中受益，实现各自的目标。这样有利于相关者对游客态度的改变和各行业服务质量的提高，从而使游客的游历体验得到更大的满足，实现较高的游客满意度，形成良好的口碑。其次，要实行对内营销，把目的地的信息，尤其是旅游形象和产品的文化内涵传递给当地居民，并获得他们的认同。

**(五) 主题营销策略**

主题形象是突出旅游地个性、强化吸引力与深刻游客记忆的基本要求。旅游地主题形象的确立一要突出最具有地方特色的方面从而体现差异性，二是必须利于吸引游客(引发游客的兴趣)。旅游发展很好的城市，一般都有自己的鲜明主题，例如：广州——华南商都(强调其商业文化)；深圳——最开放的城市，最靠近香港的城市，最能梦想成真的城市；珠海——最适于人居的城市。一旦确立城市的主题形象之后，所有的城市旅游营销活动都要围绕主题形象而展开，服务于主题形象。首先，旅游产品的开发应该围绕主题形象，体现主题形象和强化主题形象。其次，旅游地标识系统的设计、景观的建设、大型事件活动的举行也要尽量围绕主题形象，服务主题形象。例如，昆明"世博会"正好服务于昆明"春城"的主题形象。最后，向外传递旅游信息要以主题形象为核心，主打旅游形象的品牌，而不是忽视主题形象，直接传递旅游产品的相关信息。至于如何确立一个旅游地的旅游主题形象，则属于旅游地形象策划问题，留待另外的专题去讨论。

**实训任务：**

## 杭州市同步启动西湖成功申遗后的旅游形象推广

西湖成功申遗，是杭州打造国际旅游目的地品牌形象的最好"热点营销事件"。杭州市旅委经过前期的周密准备在第一时间同期启动了电视、平面、网络等国内外媒体宣传推广工作。

电视媒体方面，英国广播公司BBC于2011年6月26日起分早、中、晚每天4次轮播15秒《杭州西湖——最新世界遗产》旅游形象广告片。7月1日起，美国ESPN职业体育频道、Fox News福克斯新闻频道、MSMBC国家广播公司专题栏目频道、Discovery Channel发现探索频道、CNN新闻频道、CNBC国家广播公司财经新闻频道、Travel Channel旅游频道、Court TV/True TV自拍频道、Animal Plant动物星球频道、TSB Super Station超级频道这十大频道以及ICN旗下16个频道，将在杭州所播广告片下面增加"中国杭州西湖被列入世界文化遗产名录"的滚动字幕。中央电视台4套《走遍中国》栏目于西湖申遗通过的次日播出六集电视系列片《世界文化遗产——西湖》，从山水、历史、佛教、茶、文人、美食六个方面挖掘西湖文化。

平面宣传方面，6月25日，《中国新闻周刊》、《凤凰周刊》刊登《世界文化遗产——杭州西湖》图文专版。《上海日报》发布西湖申遗成功的新闻，并制作《世界文化遗产·西湖》特刊。杭州本地外文媒体如英文报纸《杭州周报》(*Hangzhou Weekly*)于25日刊发整版专题。《上海日报》刊发"西湖申遗"旅游专访。6月17日《中国旅游报》出版专页宣传。7月15日，日文杂志《品味杭州》(双月刊)刊发8个整版的长篇专题。后期计划在《国家地理旅行者》杂志上刊出整版广告。

网络营销方面，6月24日起，携程网的国内机票按钮广告将发布"世界文化遗产——西湖"内容。杭州旅游境外网站，如日文网、德文网、台湾繁体中文网及杭州旅游网将同期刊登"世界文化遗产——西湖"网页广告和产品专页。并通过Facebook、Twitter等微博进行境外传播。

(资料来源：杭州市旅游形象推广中心)

**任务要求：**

1. 仔细阅读材料，总结案例里共提到几种形象传播途径。
2. 以校园里的同学为调研对象，分组进行30到50个样本量的小调研，了解同学们对杭州的旅游印象，总结出5到10个关键词。
3. 下载观看《杭州西湖——最新世界遗产》旅游形象广告片，并用总结出的关键词进行对照，组内各位同学相互交流对宣传片的评价。

## 任务三　旅游目的地营销手段

### 一、旅游宣传品

#### （一）旅游宣传品的含义

旅游宣传品至今尚无明确的定义，所谓宣传，是指将众多的思想性信息通过一定方式传递给他人的活动。旅游宣传品不仅具有一般宣传的属性，而且还具有鲜明的市场和经济特性，它既要反映区域旅游的整体形象，又要适应旅游市场和旅游者的不同个性，同时，它本身又是旅游产品的组成部分，在旅游活动中有着不可替代的地位和作用。前南斯拉夫学者丘利奇认为，“旅游宣传是一种以特殊方法和手段吸引感兴趣者（潜在的游客）的活动，目的在于引起访问某一地区或者地点，亦即利用所提供的旅游服务的愿望和决定”。简单地说，就是为达到旅游宣传沟通目的而制作的各种宣传媒介。

#### （二）旅游宣传品的类别

旅游宣传品可做如下分类：

1. 按宣传内容分

分为综合类宣传品、主题类宣传品以及专项类宣传品。

(1) 综合类宣传品。此类宣传品内容丰富、翔实，是对旅游目的地旅游资源和旅游产品、旅游产业情况的全面介绍。包括旅游手册、旅游画册、导游图、旅游形象片和招贴画等一系列产品。

(2) 主题类宣传品。集中宣传旅游目的地的某一旅游主题，如生态旅游、购物旅游、商务旅行等。将主题旅游所涵盖的旅游要素进行细致的描绘，针对目标市场的不同，采取不同的宣传主题，以加深游客印象，达到深度沟通的效果。主题类宣传品关键在于明确客源市场，在制作上要迎合他们的口味，投其所好。

(3) 专项类宣传品。对旅游目的地的某一单项旅游产品进行宣传，如民俗文化、旅游节庆活动等。这类旅游项目时令性很强，可在其黄金时节之前加大宣传力度，并采用简单易记而又鲜明的旅游口号，形成品牌旅游。

2. 按宣传功能分

分为政府制作的旅游宣传品、企业制作的旅游宣传品及政府和企业合作完成的旅游宣传品。

(1) 政府制作的旅游宣传品。是由政府出资、或由政府组织招标制作的旅游宣传品。这类宣传品旨在树立和提高旅游目的地的整体形象，一般属于综合类或主题类的大型旅游宣传品。应在对目标旅游市场进行全面调研的基础上，通过科学组织和系统分工加以完成。

(2) 企业制作的旅游宣传品。是指完全由旅游企业策划、设计并印刷的宣传品，主要用于宣传本企业产品，如介绍具体的旅游线路安排和服务项目等，多为单项旅游宣传品。这类宣传品的旅游要素相对单一，特点是以经营为特色，有鲜明的“自我特点”。

(3) 政府与企业合作制作的旅游宣传品。此类宣传品主要满足以旅游目的地为主体的针对重要客源市场开展的集中性宣传促销活动的需要，由目的地政府组织发起，按照分工合作原则,区分不同对象和促销目标,分别制作旅游宣传品的营销活动。这种方式一般采用市场化运作,充分发挥政府的组织协调优势。在业务分工上,政府职责主要负责塑造旅游目的地形象,突出区域特色,提升区域旅游竞争力;旅游企业主要负责对线路和产品的包装宣传。通过分工协作和整合各种有效的市场资源,力求产生双赢的促销效果。

**(三) 旅游宣传品的作用**

旅游宣传品是旅游市场开发的重要手段。旅游宣传品制作中市场定位要清楚,内容要详尽,可操作性要强。同时,旅游宣传品的包装、设计、图片既要有现代意识,也要挖掘民族特色,充分反映出旅游目的地的文化传统和民俗特色。

值得注意的是,当前旅游宣传品使用中存在着唯美主义和主观主义的倾向。一些地方的旅游宣传品越做越精美,对当地的资源特色无限夸大,有坐井观天之嫌。须知,旅游宣传品的主要目的是用来服务于旅游者的需要,而不是满足生产者的自我宣传需要。因此,旅游宣传品的制作标准以及要传达的信息内容必须依据对目标市场需求的调查研究,必须能为旅游者提供他们所必需、并能引导他们做出有利于本区域选择的旅游信息。

**(四) 旅游宣传品的策划**

旅游宣传品策划主要包括文案写作和宣传品图片制作。

1. 文案写作

旅游宣传品的文字信息部分通常包括标题、口号和正文三部分。总的设计原则是要从读者最关心、最有吸引力的角度进行创作;要尽量达到以客观形式表达主观内容、用独特性吸引读者、用可信的词语说服读者的要求。

(1) 标题。标题关系到广告的整体效果,必须具有独特性或能给出利益方面的引导,而且要简洁上口、便于记忆。标题的形式既可以平白叙述,也可以使用反问或设问,还可以利用一词多义或诗歌名言等方式。内容风格既可以突出细节,也可以强调产品与服务,还可以以关注旅游者的反应为主题。例如,加勒比海度假地之一凯曼岛的宣传品中,背景是一对情侣依偎在海滩上欣赏落日,标题是"当我们第一次看到凯曼岛落日的时候,我们知道这仅是开始",意境与感染力俱佳。

(2) 文字。旅游宣传品的文字部分要求阐明所推介旅游产品的特点,说明给顾客带来的利益和获得该产品的方法与途径(如购买地点或与中间商联系的方法)等。写作技法包括解说、描述、抒情、文学借用等。

(3) 口号。口号是宣传主题在某一侧面的体现,起到烘托和渲染的作用。口号要有吸引力、说服力并精练上口。写作手法有利用特殊语言形式、利用细节、利用旅游者反应、给予承诺等。

2. 旅游宣传品的图片设计

旅游宣传品的设计要求应具有一定的审美价值,能够吸引旅游的视线,并能与文案一起烘托主题。图片设计题材一般包括纯景、人景交融、人物反映、细节反映及无图片等几种。前两种多用于表现自然景色和建筑外观;人物反映题材是选用人物动作与表情的特写,用于加强文字效果或用于展示仅靠直观难以反映出优点的事物特性;表现细节的题材意在突出产品某方面的优点,于细微处见真情。

图片的创作有写实和加工两种手法。前者贴近自然，有较强的感染力。后者现代感强，富于浪漫情调与独特性。

在色彩的选择上，强烈色彩适用于宣传现代感强的事物，宣传对象以青年市场和探险、健身等专项市场为佳；柔和色彩易于突出宣传物的历史、文化，给人以气度高雅、博大精深的感觉。相对而言，东方社会比西方社会更喜欢柔和色彩，因此对应不同文化背景的目标市场应采用不同的色彩设计。

在处理图片与文案的关系上，图片的内容、格调应决定文案的设计风格。一般情况下，新产品宣传品应以文字信息为中心，用图片衬托文字表达；而对于成熟期产品的宣传品，一般要以图片信息为中心。

图 5-4

体现东方文化特点的曲阜 2013 年旅游宣传海报

图 5-5

以蓝白为主色调的希腊旅游宣传海报

## 二、旅游解说系统

旅游目的地解说系统是旅游目的地营销要素中十分重要的组成部分。世界旅游组织认为,旅游目的地解说系统是旅游目的地教育功能、服务功能和使用功能得以发挥的必要基础,是管理者用来"管理游客的关键工具"(WTO, 1997)。

### (一) 旅游目的地解说系统的含义

旅游目的地解说系统是旅游目的地为旅游者提供的一种综合性信息服务,是对目的地空间环境和行动的信息化反映。它专门针对旅游者异地生活和消费的陌生性特征,为旅游者进入目的地之后全方位感受目的地和开展各种旅游活动提供便利条件,并帮助旅游者更深层次地融入目的地社会。中国台湾学者吴忠宏认为"解说是一种讯息传送的服务,目的在于告知和取悦游客,并阐释背后所代表的含义","提供相关资讯来满足每个人的需要与好奇,同时又不偏离中心主题,激励游客对所描述的事物产生新见解与热忱"。一些国外学者认为,"解说研究是一种关于资源、游客、社会相互作用的独特功能,立足于对古老历史的特有主题、资源和管理目标,试图给游客提供一种感受"(NationalPark Service, 1997)。国内学者吴必虎指出,解说系统就是运用某种媒体和表达方式,使特定信息传播并到达信息接受者中间,帮助信息接受者了解有关事物的性质和特点,并达到服务和教育的基本功能。

### (二) 旅游目的地解说系统的功能与意义

旅游目的地解说系统通常具有多方面的功能。根据 NPS 等机构的观点,旅游目的地解说系统的功能包括以下几点内容:

1. 基本信息和导向服务。即以简单、多样的方式给旅游者提供服务方面的信息,使旅游者获得安全、愉悦的感受。

2. 教育、导引和传播知识。向感兴趣的游客和专业研究人员提供足够的信息,使他们较深入地了解旅游区与周围地区的关系及整个旅游区的价值和意义。旅游目的地解说系统不仅仅是罗列事实,而是试图揭示一些概念、意义和自然现象的内在联系。解说可以使公众认识到设立旅游区(如国家公园、自然保护区)的目的以及政策,并尽量唤起其环保意识。解说应该使旅游者对自然界更感到好奇,并使他们对旅游区的参观更有收获(世界旅游组织,1997)。

3. 加强对旅游资源和设施的保护。通过旅游目的地解说系统的提示和帮助信息,使旅游者在接触和享受旅游区资源的同时,也能做到不对资源或设施造成过度利用或破坏,并鼓励旅游者与可能的破坏、损害行为作斗争。

4. 鼓励游客参与旅游区管理、提高与旅游区有关的游想技能。向旅游者提供各种实践活动,或在旅游目的地解说系统的导引和帮助下,鼓励游客参加旅游区适当的管理、建设、再造等活动。学习在旅游区内参与各种运动所必需的技能,如滑雪、户外生存、登山等技能。

5. 提供一种对话的途径。使旅游者、社区居民和旅游管理者之间相互交流,达成相互间的理解和支持,实现旅游目的地各种活动的良好运行。

在上述几种功能中,服务和教育是最基本的两种功能。通过有效的解说设计,旅游目的地可以使旅游者达到了解其主要资源特征、重要性和社会意义的目的。随着旅游业的日趋成熟，旅游者的需求变得越来越丰富多样，旅游目的地解说系统不仅在为旅游者提供良好的旅游经历方面发挥着有效的作用，而且也为旅游目的地提供了一种有效的管理工具，可以帮助目的地减少随着大量游客涌入产生的对资源和当地社会的负面影响(Cooper, 1991)。此外，旅游目的地解说系统还在环境保护和资源开发利用之间建立了沟通和平衡的桥梁，成为一种实现保护性开发和可持续发展双重目标的综合管理工具。

**(三) 旅游目的地解说系统的类型**

从为旅游者提供信息服务的媒介形式来划分，旅游目的地解说系统可以分为向导式解说服务和自导式解说服务两类(Cooper, 1991)。

1. 向导式解说

也称导游解说服务，是由专职导游人员向旅游者进行主动的、动态的信息传导为主要表达方式。导游人员的主要职责包括信息咨询、导游活动、向团队演讲和现场解说等。它的最大特点是双向沟通，能够现场回答游客提出的各种各样的问题，还可以因人而异提供个性化服务。导游通过采用一些具有艺术表现力、感染力的解说方式，将会加强信息的传播效率。同时，由于导游一般掌握了较多的专业知识，向导式解说系统的信息量一般非常丰富。向导式解说的缺点是解说质量具有不确定性，往往取决于导游员的素质水平和即兴发挥。

2. 自导式解说

自导式解说系统是以书面材料、标准公共信息图形符号、语音等无生命设施、设备向游客提供静态的、被动的信息服务。它的展现形式多姿多样，包括音视设备、书面材料、自导活动、室内展览、游客中心、景点外或淡季时的媒体宣传等，其中标志和牌示是最主要的表达方式。旅游区使用的标志，分为行政管理标志、方向标志、限制标志、解说标志等若干种。在一般情况下，旅游目的地解说系统多是指自导式解说系统。

由于受容量限制，自导式解说系统提供的信息量有一定限度。但从另一角度看，正是由于这一限制，使得自导式解说系统的解说内容一般都经过了精心挑选和设计，具有较强的科学性和规范性。旅游者可以自主获取自导式解说系统提供的信息，他们还可以根据自己的爱好、兴趣和体力等自由决定获取信息的数量和质量要求。借助于各种语言翻译系统，旅游者在境外旅游时可以获得语言上的技术帮助。自导式解说的缺点是单向的解说系统，无法解答游客的个性化问题，也容易受到自然和人为的破坏。

小链接

**旅游解说物的五种类别**

国外学者丰田幸夫和国内学者吴必虎、唐伽拉等人根据解说系统的一般原则和旅游目的地的环境资源状况，将旅游解说系统按照功能划分为以下五类：

1. 目的诱导型解说物。目的诱导型解说物具有诱导旅游者到达目的地的功能，其内容主要表示为目的地的名称和方位、从所在地到目的地的距离、到达方式和途径等。主要布置在主要人流集散地、交叉路口、重要景点和主要休息点处。

2. 说明型解说物。说明型解说物主要对周边的重要人文景点进行概括性介绍和说明，使游人了解景物概况。主要布置在景点之前、之中或最佳观赏点处。

3. 环境地图型解说物。环境地图型解说物通过对整个目的地(或景区)道路、景点、服务设施等状况的说明，帮助游人识别景区的空间构成及自身所在位置。环境地图型解说物主要采用地图或模式化的概念图的方式展示，主要布置在人流集散处，可与目的诱导型解说物结合使用。

4. 警示型解说物。警示型以保障安全与维护景区环境和空间秩序为目的设置，具有提示、告诫或督促旅游者行动的功能。

5. 公共设施指示解说物。指为方便旅游者及时快捷地找到所需要的公共设施，在公厕、游览车车站、公用电话消火栓等公用设施附近设置的公共设施指示解说物。

## 三、旅游目的地节庆

### (一) 旅游目的地节庆的分类

我国旅游节庆种类繁多，数量庞大，依据不同的维度，可形成不同的旅游节庆体系。下面从节庆等级、节庆运作、节庆主题和节庆功能四个方面对旅游节庆进行系统分类。

1. 按照旅游节庆规模等级分类

根据旅游节庆的规模等级，可以把旅游节庆分为国家级、省级、市县级和景区级的旅游节庆。如青岛国际啤酒节、南宁民歌艺术节是国家级的旅游节庆，而北京欢乐谷时尚狂欢节则是景区级的旅游节庆。

2. 根据旅游节庆运作管理模式分类

根据旅游节庆运作管理模式，即在旅游节庆运作管理过程中，按照政府和市场各自所发挥的作用，可将旅游节庆划分为：政府包办型、多方联合举办型、市场化运作型以及政府引导、社会参与、市场运作型。如南宁国际民歌艺术节，就是实行政府办节、公司经营、社会参与的成功案例。

3. 按照旅游节庆主题分类

根据旅游节庆主题，可以将旅游节庆分为综合旅游型、植物花卉型、饮食型、民俗型、人物型、物产型、文化艺术型、自然生态型、宗教祭祀型和娱乐康体型十种类型。

4. 根据旅游节庆的主导功能分类

根据旅游节庆的主导功能可以将其分为游览观光型、商业经贸型、民俗文化型、综合型等四种类型，这种分类有助于充分认识和发挥不同旅游节庆的功能作用。

### (二) 旅游目的地节庆的构成要素

任何一项旅游节庆活动的成功举办，都少不了四大基本要素，即兴奋要素、娱乐要素、炫耀要素和群众要素。

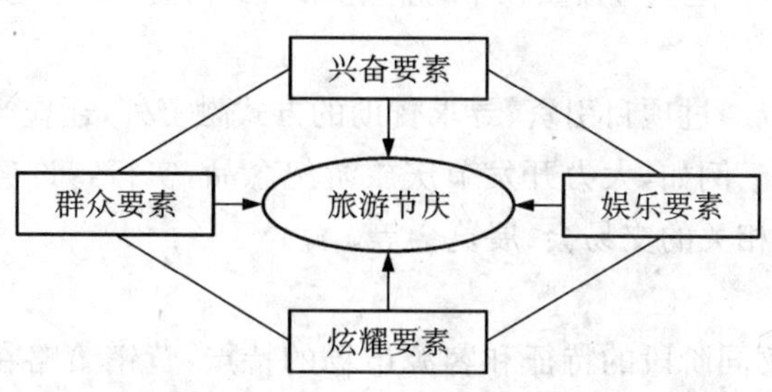


图 5-6
旅游节庆四大基本要素关系图

兴奋要素是指旅游节庆要避免乏味和枯燥,这是旅游节庆应具备的首要要素。能令人兴奋的或狂热的节庆活动才能引起广泛的关注和参与。如能吸引旅游者注意的活动、能激发旅游者参与性的项目、能使旅游者获得畅爽体验的因素等。

娱乐要素是指旅游节庆要尽力使旅游者感到轻松和快乐,陈旧老套的活动会让旅游者敬而远之。一般来说,旅游者比较热衷于简单和容易的娱乐活动,如焰火大会、水幕电影等在武汉国际旅游节上就大受欢迎。

炫耀要素是指旅游者都希望所参与的旅游节庆能成为日后向人夸耀的谈资。进一步说,就是旅游节庆必须是有名的、稀有的、历史的,或者非常态的。只有具备这些因子,才能对旅游者形成强大的吸引力,成为其日后炫耀的谈资之一。

群众要素是旅游节庆赖以成功的关键所在。旅游节庆的魅力不在于安排多少项活动,而在于有多少大众亲临其境感受其间的人文气氛,在于所营造的成千上万人的参与。

**(三) 旅游节庆的运作**

旅游节庆的运作就是将设计好的旅游节庆各种内容转为实际操作,包括寻找资金来源,展开对外营销和进行全面管理,运作策略包括投融资策略、营销策略。

1. 投融资策略

(1) 政府支持

政府支持表现在直接支持和间接支持两个方面。政府直接支持即提供财政拨款,而且节庆的规模和影响力越大,政府对节庆的支持力度就越大;间接支持则体现在水电、交通、电信、环境等基本设施的保障以及各方关系的协调上。

(2) 项目融资

随着旅游节庆的渐趋成熟,市场化经营的理念不断深入,企业将成为节庆活动的重要投资主体。主办方可根据旅游节庆策划方案,选择一些活动、项目,组成项目库,开展招商引资活动;投资者可结合自身的性质和资本能力,做好可行性分析,选定项目进行投资,品牌项目及重点活动往往成为投资重点,因此,应当注重树立节庆品牌和设计重点突出、具有吸引力和良好效益前景的项目和活动。

(3) 多元投资

投资主体应当多元化,除了政府和企业,旅游目的地一些居民也有可能成为小规模投资主体,如为游客提供餐饮服务、销售节庆纪念品等。投资方式应当多元化,既要重视资金投入,也要重视实物赞助。例如,主办方一方面可以通过招标方式,为重点项目招商引资;

另一方面,也应当鼓励一些资金流量较小的企业以人力、物资、场地等为节庆提供赞助。

(4) 渠道拓展

主办方除了可以通过项目引资、寻求赞助的方式融资外,还应当积极寻求新的融资渠道,拓宽筹资门路。例如,大力开发节庆旅游纪念品,实行特许经营;拍卖广告场地;围绕节庆主题,举办相关的交易会、展览会等。

2. 营销策略

根据节庆运作不同阶段的特征和客源市场的特点,营销策略在节庆运作的不同时期侧重有所不同。

(1) 准备初期阶段

主办方在着手准备的初期,可以通过召开新闻发布会,宣布举办节庆的消息,公开此次旅游节庆活动的理念、主题、宗旨、意义及举办时间、地点;可以借助于传媒(电视、报纸、广播等)进行概念性营销,吸引潜在参与者的注意;还可以通过向社会征集节庆项目名称、节庆吉祥物、节庆纪念品、节庆口号的方式等,引起社会注意,号召民众参与,扩大社会影响和知名度。

(2) 准备中期阶段

经过最初的概念性广泛营销,进入准备中期阶段,主办方的主要任务是明确客源市场和寻求合作者,包括通过市场调查,结合节庆的类型、特色和发展潜力,对客源市场进行细分,开展针对性营销;利用招贴画、小册子和旅游节庆宣传片、互连网、开办旅游节庆咨询活动等途径来向国内外的旅行社、旅游公司、旅游批发商联络;借助周边知名景区、景点的力量,进行联合营销、客源共享;利用节庆创造一定的商业机会,吸引商家参与,借助商界人士达到营销目的等。

(3) 临近举办阶段

临近节庆举办阶段的营销活动属于强化营销,目的主要是烘托气氛和营造欢乐、喜庆氛围。这一时期的宣传应该是全方位、多层次的宣传,不仅包括理念、宗旨的宣传、还包括活动内容等具体性的宣传;不仅要有软性的新闻宣传、还要有硬性的广告宣传,加大宣传、包装和促销力度。总之,要加大宣传的力度和密度,要为活动造势,特别应重视在目的地的火车站、汽车站、机场等交通集散地,进行第一印象宣传和重点项目场地、人员密集区的覆盖性宣传。

(4) 节庆举办阶段

节庆活动举办期间,通过各种媒体报道节庆盛况,继续塑造与宣传区域旅游形象,并为下一次节庆活动进行铺垫。

**实训任务:**

## "节庆中华奖"的 15 个奖项

"节庆中华奖"是面向中国大陆及港澳台地区的年度性公益性节庆评奖活动,自2007年开始评选,至2012年已举办过四届,以其"关注文化内涵"的价值导向,得到了社会各界的广泛认可，也赢得了中国国内知名节庆城市与节庆组织的积极参与与响应。

第四届"节庆中华奖"颁奖盛典共颁发了年度大奖、年度单项奖、特别贡献奖、公众评议奖四大类15个奖项，公众评议奖中有一个奖项是"最佳节庆旅游目的地"奖。获奖名单如下：

山东省淄博市临淄区；

江西省南昌市进贤县；

西藏自治区拉萨市；

河北省秦皇岛市；

湖南省常德市桃花源旅游区；

湖南省张家界市；

山东省滕州市；

山西省晋中市平遥县；

江苏省苏州昆山市周庄景区；

湖北省武汉市汉南区。

（资料来源：人民网）

**实训要求：**

各组自主选择一个历届"最佳节庆旅游目的地"获奖地作为分析对象，通过网络收集其相关资料，总结其旅游形象的主题，分析其旅游节庆及主要内容，评价该地的旅游节庆是否符合旅游目的地主题形象的定位。

## 导语

你用过携程、艺龙吧？是驴妈妈、途牛的用户吗？听说过去哪儿、世界邦、马蜂窝吗？它们都是旅游电商，却是不同类型的旅游电商。我们关于旅游的很多信息，都是由这些网站提供的，很多人的旅游决策都高度依赖这些网站的推介，越来越多的旅游者通过这些网站预定机票、酒店和门票，甚至订制旅游行程。旅游电商的生存之道就是牢牢占据智能手机、平板电脑和PC电脑这三块屏，这就是旅游电商们的“市场”。它们打破了客源地和目的地之间的信息不对称，极大地提高了旅游者的选择空间，根本性地改变着旅游购买决策行为，进而再造了旅游业价值链条的运转模式。基于信息技术的产业创新浪潮正以席卷之势奔涌而来，“顺我者昌，逆我者亡”，旅游目的地和旅游企业已经积极投身网络营销，旅游业成为网络世界中受益最大的产业之一。

## 任务一 正确认知旅游网络营销

### 任务目标:

通过本项目学习,我们应该对旅游网络营销建立一个全面、系统的认知,并能领会网络营销技术推动旅游营销创新的机制和动力所在。为此,我们必须:

1. 了解旅游网络营销的内涵、特点和实现过程;

2. 掌握旅游网络营销系统的构成要素和构建路径。

### 学习导入:

#### 武夷山打造旅游网络营销平台

来自辽宁大连的毕红晖先生一行12人,2011年7月28日抵达武夷山后,顺利进入武夷山主景区开始3日游。之前,他通过武夷山旅游体验网,进行旅游相关信息的预订、查询,得到确认后,便启动了行程,感到十分舒心。这是福建物联网武夷山示范区在全省率先建成给游客带来的便捷和实惠。

武夷山市作为福建省确定的两个物联网示范区之一,由省信息化局牵头,中国电信股份有限公司和武夷山市人民政府共同投资建设。2010年5月29日,在省信息化局主持下,《物联网武夷山示范区一期工程智能旅游建设方案》顺利通过专家评审。随后,在"6·18"项目对接会上,武夷山市政府与中国电信公司福建分公司签订了《共同建设"物联网武夷山示范区"的合作框架协议》和《物联网武夷山示范区一期工程智能旅游项目合作建设协议书》。

依据合作建设协议要求,武夷山市负责"数字营销平台"和"武夷随身游平台"的投资和建设。中国电信福建分公司负责"电子商务平台"和"武夷一卡通平台"的投资和建设。

数字营销平台,即武夷山旅游体验网,是以高级多媒体技术为手段打造的"武夷山旅游网络营销平台",通过整合"数字武夷"建设已有的相关数据、信息,采用互动游戏等数字多媒体手段进行艺术性包装,从美学角度上展示武夷山外在美和内在文化,实现吸引网民前往武夷山旅游的目标。该平台于2010年12月初开发完成,上线试运行。2011年6月21日,武夷山市邀请旅游、信息化方面有关专家对数字营销平台进行验收评审,专家一致认为"该平台在技术架构、数据接口和设计路线方面,符合易用性、稳定性、安全性、可扩展性的要求,系统可靠性好,具有推广应用前景,集旅游各要素为一体的网络营销达到国内先进水平。"同意评审、验收。

武夷随身游平台,为游客提供在武夷山旅游的手机掌上信息服务。通过创建无线WAP网站、手机客户端软件,建立手机三维、二维地图,并与武夷一卡通、电子商务平台配合实现游客"吃、住、行、游、购、娱"旅游相关信息的预订、查询、导航等功能。平台2010年12月开发完成并投入试运行,2011年5月16日举行项目成果发布会,与会领导及专家通过汇报、演示及现场体验，对项目成果高度赞赏。

武夷一卡通平台，为游客在武夷山旅游提供旅游六要素的落地服务。主要通过在主景区、二线景区设置专用通道，景点、公交车、联盟商家店内设置POS终端，景区门口、联盟商家门口设立自助终端等措施，实现游客在武夷山境内的落地一卡通服务。通过手机射频卡或武夷一卡通卡片进行旅游相关的刷机或刷卡消费。去年底，一卡通平台发卡、充值、刷卡等基本功能开发完成，并在公共交通领域投入实际应用。但由于武夷山主景区智能化系统开发方几经变更，无法提供技术支持，只能采用景区票口刷卡，更换景区原有门票进入的办法。

电子商务平台。游客通过该平台的门户网站及手机随身游平台门户、多媒体终端及114语音平台，实现对景区门票、酒店、餐饮及联盟商家等的预订服务和优惠券服务。通过建设后台统一支付平台从用户绑定的在线支付账户或银行账户完成各类预订的扣款处理、订单生成等功能。该平台与去年底完成景区门票、特产预订功能，目前正在整合号百酒店、机票、餐饮平台功能。

武夷山市政府办公副主任、数字武夷信息中心主任刘德水告诉记者，今年，武夷山市政府联合省电信公司继续开始物联网项目二期开发内容调研，按计划推进大红袍茶叶溯源项目和平安城市（市应急平台二期）项目建设。

大红袍溯源项目。项目经多个厂商调研，方案未能通过后。目前由武夷山市政府委托专业做产品溯源的北京派得伟业信息技术有限公司对项目进行方案细化设计。

平安城市项目。今年6月，武夷山市政府组织有关专家对项目规划建设方案进行论证。与会专家一致认为“该方案涵盖组织、制度、网络、软件、应急资源等各方面内容。重点开展管理组织、管理制度、中心机房、应急网络、视频指挥系统、图像接入系统、指挥软件集成及数据加工整合、应急信息资源平台等10项内容的建设和完善。规划建设方案充分利用已有信息化建设成果，方案合理、完整，具有先进性和可操作性。”目前正进行项目有关实施的具体准备工作。

物联网武夷山示范区率先建成，有力地推动了武夷山旅游经济发展，至6月底，武夷山共接待游客362.6万人次，旅游总收入61.08亿元，分别比上年同期增长15.9%和18.5%：其中接待入境旅游者8.6万人次，旅游直接创汇2813.5万美元，分别比上年同期增长16%和24.3%。

（来源：国家旅游局网站）

**学习要求：**

仔细阅读以上材料，梳理武夷山景区共使用了多少种网络营销渠道，分析每种渠道对武夷山的市场营销起到什么作用。

## 一、旅游网络营销的内涵和特点

### （一）旅游网络营销的内涵

旅游网络营销是旅游企业为销售旅游产品，借助计算机网络、电脑通信和数字交互式媒体等方式对旅游消费者(或最终能够影响旅游消费者的一些中间环节)所进行的营销活动,它具备旅游营销和网络营销的双重特征。网络化的营销手段与方式与旅游企业有着天然的耦合关系,符合旅游产品的特性、消费方式和经营特点。对于游客而言,足不出户就可以了解有关的旅游信息,选择和预定自己所需要的旅游产品,即可完成身份的确认并支付所需的电子货币。对于旅游企业而言,采用网络营销方式,可以提高服务效率,拓宽信息渠道,并争取到更多的客源市场。可以说,旅游网络营销是目标营销、顾客导向营销、双向互动营销、远程全球营销、无纸化营销、自助式营销等一系列先进营销方式的综合体。

迄今为止,旅游企业大多数营销活动都是单向的,即一方面依赖各种各样的媒体广告宣传来促进旅游者对旅游地的接受,另一方面又通过各种各样的调查来了解旅游者的需求,这两种过程大多数场合下是分离的。而网络提供了旅游地与旅游者之间的双向交流的通道,使旅游企业有了一种规模化、交互式的市场营销方式,使得旅游地在充分了解旅游者需求的基础上对自己的产品进行营销,旅游地的网络营销还提高了旅游者的消费理性,表达了自身的消费需求。

### (二) 旅游网络营销特点

1. 双向互动性

旅游网络营销能够实现旅游企业和旅游者之间的双向互动式交流,打破原有信息不对称的局面,使得旅游者在选择旅游企业服务时处于主动的地位,并且获得更大的选择自由。例如旅行社可以让旅游者参与在线旅游线路设计,或上传旅游视频等来发表自己的感受。

2. 突破时空性

旅游网络营销可以改变传统营销事件和空间限制的局面,使得旅游企业可以在任何时间内对全球范围内的旅游消费者展开营销活动,有利于开发远程市场。每个旅游企业都可以通过网络平等地展示自己,因而减少了市场壁垒,为各个旅游企业提供了更好的发展空间。

3. 产品展示性

旅游企业可以通过网络引人入胜的图形界面和多媒体特性,全方位地展示产品、服务和旅游项目,例如景区、景点或是饭店的3D图片等内容展示,使得消费者完全认识旅游企业。

4. 成本低廉性

旅游企业的网络营销成本低。网络营销缩减了营销渠道,直接与消费者接触,降低了中介促销费用。同时扩大了促销的覆盖面,可以针对明确的细分市场做促销,提高了工作效率。

5. 游客便利性

随着金融业的参与,旅游企业可以实现网上结算,免去了游客旅游过程中携带现金的麻烦。虽然目前这部分还处于不成熟的阶段,但是未来趋势是十分明显的。同时,网络预订可以帮助游客错开旅游旺季的等待时间,提高游客的美好体验。并且,网络方便了游客寻找信息以及同其他游客的沟通、交流。

## 二、旅游网络营销实现过程

传统的旅游市场营销要经过许多中间环节，对于旅游企业来说，需要考虑中间商销售能力等诸多因素，因此旅游企业一旦建立销售渠道就不会轻易改变，因为万一渠道破坏又要花费大量的人力和物力进行，结果导致营销模式比较单一。旅游网络营销的兴起很好地解决了这个问题。首先，它打破了"一手交钱，一手交货"的物物交换模式，利用网络实现了信息价值的交换。其次，有助于旅游企业建立自己的营销系统。通过网络旅游企业能够及时获取市场信息，并充分利用有限的资源提高营销效率，降低营销成本。再次，促使旅游企业提供个性化服务。网络营销的虚拟性以及网络上购买和消费的不同步性都客观要求旅游企业保证实物产品和服务的质量，并传递有效的信息，通过突出顾客的个性化利益来吸引他们对信息的注意力。

需要指出的是，从传统的物物交换模式到网络化的信息交换模式，两者的实现过程因为货币的不同而存在差别，前者是直线型的，从旅游企业到消费者，用有形货币连接；后者易于复制，缺乏信用及安全，需要经过认证，有电子支付中介机构——网上银行来实现，其实现过程如图 6－1 所示。

图 6－1 旅游网络营销的信息三角模式

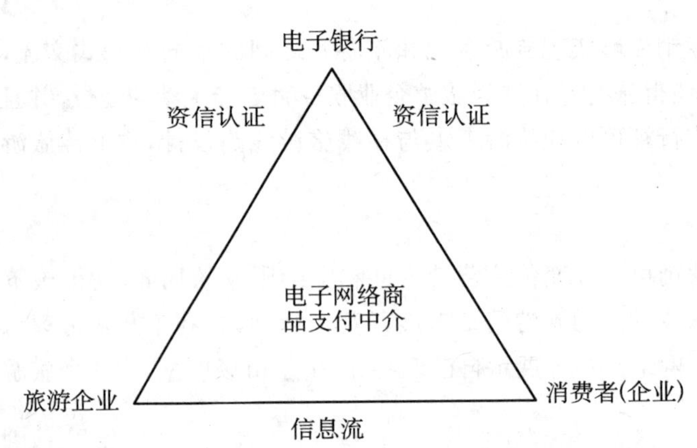


## 三、旅游网络营销管理过程

旅游网络营销活动由以下五个步骤组成：分析旅游网络营销机会；研究和选择目标市场；制定旅游网络营销战略与策略；制订旅游网络营销计划；实施、控制旅游网络营销计划。如图 6－2 所示：

图 6－2 旅游网络营销管理过程

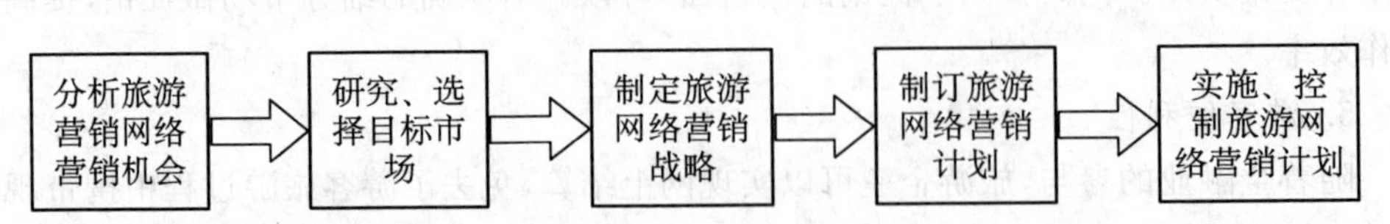


### (一) 分析旅游网络营销机会

随着互联网在全球范围内的迅速推广，人类已步入信息时代，电子商务随之迅猛发展起来。借助于网络，酒店预订、文艺演出票的订购、旅游线路的选择等服务更加快捷，也更富人性化。当人们决定外出旅游时，网络可以提供多种出行方式，游客所需的个性化服务要求能在网上得到充分满足，这使得他们热衷于求助旅游网络服务，旅游网络经营销售商机无限。

**（二）研究、选择旅游目标市场**

任何企业都不可能占据全部旅游市场，而只能根据自己的目标、资源和优势等，选择最终要进入的市场即目标市场，然后以该市场特定的目标消费群为对象，开展网上广告宣传、网上促销等网络营销活动。

研究、选择旅游目标市场的基础和前提是进行市场调研。利用网络开展市场调研，只需要在站点上发出电子调查问卷并提供相关信息，然后利用计算机对访问者反馈回来的信息进行整理和分析即可完成。这种市场调研方式方便快捷，且成本极低，可节约大量人力和物力。

**（三）制定旅游网络营销策略**

电子信息和网络化环境彻底改变了传统的商贸业务和实务操作赖以存在的基础。传统4P理论的基本出发点是企业利润，而没有把顾客整合到整个营销决策过程中来。网络即时互动的特点使顾客参与到营销管理全程成为可能，且个性消费的复归使其主动性大大加强，可见网络营销具有整合营销的特征。整合营销追求的是与消费者建立起长期的、双向的、和谐的关系，它体现了营销理论体系中重心的转移，即从以传统的4P为中心转向强调4C理论。

网络实时互动的特点使旅游企业有能力通过和顾客的不断交互，清楚地了解每个顾客个性化的4C需求，并以此为基础作为相应的4P决策。需要指出的是，整合营销并不是用4C代表4P，只不过企业最终的操作时4C前提下的4P决策。只有这样，旅游网络营销才能实现满足消费个性化需求和利润最大化两个目标。

**（四）制订旅游网络营销计划**

制订网络营销计划是网络营销管理过程中很重要的环节，通常以计划书的形式提供给主管或投资者。规范化的旅游网络营销计划书包括以下内容：内容摘要；目前企业的网络营销状况；网络营销机会和问题分析；计划期网络营销目标及战略；网络营销战略的实施计划；费用预算和利润计划；网络营销计划控制措施。

**（五）实施、控制旅游网络营销计划**

网络营销控制是指企业通过网络环境和电子商务系统，利用计算机技术实时监测营销计划的实施过程，对其实施效果进行分析和评估，并采取修正措施以确保营销目标与战略实施的管理活动。网络营销控制主要包括年度计划控制、盈利能力控制、效率控制和战略控制。

## 四、旅游网络营销系统的构成和途径

**（一）旅游网络营销系统的构成**

一个完整的旅游网络营销系统不仅仅是一个简单的传递旅游信息的网站，它更是一个依靠互联网和信息通讯技术进行旅游宣传营销的平台。作为一个信息化的营销平台，它在满足旅游者需求的基础上提升了旅游地的知名度，实现了旅游地的主动营销。一般认为旅游网络营销系统主要包括以下部分：

1. 目的地营销传播系统：目的地通过各种媒体传播旅游信息，例如网站、触摸屏、电话、手机短信等。

2. 旅游信息搜索系统：主要指旅游者通过网络搜索引擎，手机查询等方式搜索到自己需要的旅游信息，包括了搜索入口，旅游信息数据库，网络用户界面等。

3. 旅游产品预定系统：通过预定系统，客户和咨询中心可预订各类目的地旅游产品，游客可用信用卡预订或通过咨询中心、酒店以及机构客户（旅行社和公司）账号等信用实体预订，例如，无信用卡的游客通过酒店触摸屏预订演出门票，酒店需键入密码方可预订，酒店将对此预订承担信用担保。

4. 旅游信息即时服务系统：通过建立的完善的数据库，利用移动信息设备，为旅游者提供最为及时、便捷的个性化服务，例如移动旅游信息服务，即时交易等，它需要旅游信息供应商、旅游者、移动信息服务商的合作。

5. 旅游路线的自动生成：通过建立强大的数据库，为旅游者提供最为快捷的个性化路线，实现旅游路线的定制，其中涉及用户交互界面，提供电子地图等功能。

**(二) 基于信息服务的旅游网络营销构建路径**

1. 建立旅游信息数据库，实现旅游信息的有效管理

旅游信息数据库包括两方面的信息：一方面是旅游产品的信息，具体有景区景点、交通、天气、餐饮、住宿等方面，通过语义 WEB 将这些信息有机地编排，以便根据旅游者的需求特点将最为有用的信息快速完整地提交给旅游者。这方面运用到语义网技术，即通过建立语义网数据库，实现旅游信息的有效管理，为用户提供最为便捷的信息服务；另一部分是旅游者的信息，旅游者信息数据库主要针对的是实施有效的用户关系管理。网络营销的竞争是旅游者资源的竞争，虽然与其他行业相比，旅游目的地保持老顾客相对来说比较困难，因为任何旅游目的地在任一年内所接待的回头客在其接待旅游者的总量中只占少数，鼓励新的首次到访的旅游者是大多数旅游目的地关注的首要问题。但随着网络的不断发展，旅游者之间的信息交流也越来越方便频繁，考虑到口碑效应对潜在旅游者决策的影响，旅游目的地还是要注重客户关系的管理，从而鼓励旅游者向其他人推荐旅游目的地。旅游者数据库的建立，需要收集旅游者个人的信息，这些信息一般可以来自网络上旅游者的注册信息也可以来自市场调查、预订、意见反馈表、投诉等。在实行客户关系管理时，应运用专门的信息技术数据库，利用网络与旅游者保持一对一的交流，从而为旅游者提供完全个性化的信息。

2. 提供网络虚拟体验，实现形象演示功能

形象演示的功能指利用网络手段对旅游目的地的产品与服务进行虚拟化的演示，目的是通过旅游者在网络上的虚拟体验，全面宣传与推广旅游目的地。网络虚拟体验包括现有景观的模拟和再现景观的模拟。以往的对旅游目的地景点的介绍多以文字和图片为主，缺乏全方位的立体真实感。如果利用三维技术，给游客一种身临其境的感觉，会有效地提升产品的销售。特别是对于一些体验性的娱乐项目，动态地演示其过程会让消费者一目了然，对产品充满期待。例如布里斯班市的水世界和电影世界，就在主

页上用了动态演示，把游客娱乐过程中对游乐场的项目的体验全程拍摄下来，使消费者对该项目的特点有一个很清晰的认识，同时也宣传了该旅游目的地。

3. 移动旅游信息服务系统的构建与服务

旅行社与移动通讯商合作，构建移动旅游信息服务平台。以旅行社整合过的旅游信息为信息来源，以移动通讯商的移动通讯网络为传输通道，构建移动旅游信息服务平台，通过平台与自助旅游者交流互动，提供全程旅游信息服务，从而满足自助旅游者个性化的要求。旅行社整合过的信息借助移动通讯商的移动通讯网络，通过数据通信业务等多种手段传送到移动手机上，来促进自助旅游者对信息的提取。当然，自助旅游者也可以主动通过发送需求短信或者到移动旅游信息服务平台上进行信息查询，再由平台将查询结果发送到自助旅游者手机上。

**（三）旅游产品在线推广技术支持**

旅游产品在线推广，即旅游网络营销，需要有相应的技术支持确保系统网络安全，提升旅游业信息化程度，进而提高营销效率。系统网络开发的平台主要有GIS（地理信息系统）技术和多媒体制作技术，可以增强信息系统的多媒体表达能力如音频、视频等，并且实现旅游地图的有效管理、空间查询功能，从而满足旅游者个性化、多样化的需求。在系统平台的构建过程中，还涉及了新兴WEB2.0技术（语义网技术）的应用与展望，大大缩短了旅游者的信息查询时间，提高了信息搜索的效率，在满足旅游者需求的基础上实现了旅游目的地的主动营销。

1. 计算机及互联网技术

主要包括互联网以及WEB技术。互联网技术集信息、通讯、计算机技术等为一体。WEB通过超文本的方式，把因特网上不同计算机上的信息有机地结合在一起，并通过超文本传输协议（HTTP），从一台Web服务器转到另一台Web服务器上检索信息。还有新兴的WEB2.0技术，通过建立语义数据库来把信息归类，便于搜索与查询。编写网页的语言除了HTM外，出现很多新的支持互动页面的语言，它只负责把网页原封不动地从服务器传送到客户端的浏览器上，然后浏览器显示出来，3P语言的作用是在服务器短运行的语言。比如说一个网站要发布1000个城市的天气预报，原本每天都要手工制作1000个页面，而用ASPIPHP只需要把数据放在数据库中，然后只需要制作一个ASP页面，这个页面在服务器上执行相应的指令，数据库中读取数据自动产生各个城市的页面。

2. 多媒体技术

它能够完成在内容上相关联的多媒体信息的处理和传送，如声音、活动图像、文本、图形、动画等；此外，多媒体技术还可以实现网络联结，即各种媒体信息是通过网络传输的，而不是借助CD-ROM等存储载体来传递的。多媒体技术涉及面相当广泛，主要包括音频技术：音频采样、压缩、合成及处理、语音识别等视频数字化及处理。图像技术：图像处理、图像、图形动态生成。图像压缩技术：图像压缩、动态视频压缩。通信技术：语音、视频、图像的传输等。多媒体技术发展已经有多年的历史了，到目前为止，声音、视频、图像压缩方面的基础技术已逐步成熟，并形成了产品进入市场，现在热门的技术如模式识别、压缩技术、虚拟现实技术正在逐步走向成熟，相信不久也会进入市场。

3. 搜索引擎技术

主要是搜索引擎功能的优化。网站提供"海量"的网页,搜索引擎不可能每次在人们输入一个词把所有的网站搜索一遍,而是提前一个月做搜索,并把搜索的结果储存在一个巨大的数据库里。结果通常按照相关性顺序排列,其中关联程度最高的网站排在第一位。搜索引擎的工作就是找出哪些站点最有可能与检索词有关联性;不但统计出单词数量,而且还能找出这些单词在页面上的位置。因为能开发一个返回真实有用结果的搜索引擎实际上体现了产品的差异性,因而极具竞争力。通过依靠用户行为而形成自己资源网站的排名,这样的搜索引擎能保持竞争力。以上分析提供了如何设计网页的信息,以便在搜索引擎中的排名能够上升。用户使用计算机时会在两个地方留下记录:拜访过的网站和自己用的电脑,这种从成千上万的用户中收集的信息,能告诉网络营销者哪些页面更受欢迎、谁是老客户、该网站被集中访问的时间和频率等。这些分析为网站重新设计提供了依据,因为营销人员能由此了解哪些网页最受欢迎。

4. 安全保障技术

信息服务系统设计时要尽可能考虑到网络的安全性,在维护网络安全方面可以运用两种技术:

(1) 防火墙技术。它的主要作用除了防止未经授权的来自互联网的访问外,还包括为安全管理提供详细的系统活动的记录。运用防火墙软件,检查访问者的合法性,可确保系统的安全,因此要优先使用这种技术。

(2) 用户使用权限技术。通过设定用户的权限,从而防止非法用户的侵入。根据不同的项目系统和数据性质考虑,进行数据使用权限的界定。在系统中,可把用户类型分为区内用户、区外用户、信息中心的普通用户、信息中心的管理人员等,再按照用户的类型设置用户的使用权限,必要时设立用户权限认证窗口,使得进入系统必须凭借密码。

小链接

## 鼠标十水泥

"鼠标十水泥"是目前国情下我国旅游目的地网络营销发展的最佳道路。由于我国网络经济处于起步阶段,网络基础设施尚不够完善,人们对于虚拟的网上旅游产品,电子货币尚不能完全认可,实行纯粹的网上旅游业务是不现实的,也是不可能的。在当前情况下,发展旅游电子商务只能走中间路线,即纯粹的网上旅游与传统的旅游行业实行策略联盟,也就是"鼠标十水泥"。建立网站的旅游企业要做好网上、网下的业务。网上促销是旅游电子商务的一个重要组成部分。

中青旅的"青旅在线"是电子商务发展较为成功的,是典型的"鼠标十水泥"的运作模式,值得学习借鉴。

**实训任务：**

1. 仔细浏览香港旅游发展局网站(http://www.discoverhongkong.com)，对照网络营销系统构成的五大要素，评价该网站营销系统的完整性。

2. 将香港旅游发展局网站与新加坡旅游局网站做对比，分析各自的优势和劣势，制作矩阵分析图。

## 任务二 旅游电子票务

**任务目标：**

通过本项目学习，我们将掌握开展旅游网络预订业务的构成要素和应用技术。通过本次任务的学习和对案例的深入分析了解，你能形成对旅游电子票务的系统认识，掌握一定的电子票务营销手段。要达到以上目的，我们必须：

1. 了解电子票务的基本概念及其在旅游中的应用；
2. 了解旅游电子票务的几种营销平台；
3. 掌握一定旅游电子票务的营销手段。

**学习导入：**

在网上订机票订客房的时候，是喜欢登录专门的订票订房网，还是喜欢登录酒店或者航空公司自己的官网？如果你也说不上来，登录去哪儿网(http://www.qunar.com)，查询某一个具体航班和某一家具体酒店客房的价格，然后再登录同一家航空公司和同一家酒店的官网比较价格，了解一下预订和支付流程，你就知道你更喜欢哪种预订渠道了。他们做的都是同样的业务——旅游在线预订和支付，都是旅游电子票务的一种。通过互联网、移动互联网来实现查询、预订和支付功能，是网络营销的一个主流方向。

### 一、电子票务及其在旅游中的应用

#### (一) 电子票务

电子客票是传统纸质票的一种电子映像，是一种电子号码记录，它是世界上最先进的客票形式，在国外特别是发达国家已十分普及。它利用计算机网络平台将传统客票电子化、虚拟化，将票面信息存储到订座系统中，实现无纸化、电子化的订票、结账和办理乘机手续等全过程。电子票务是伴随着互联网发展起来的一个新的技术手段和商业模式，是电子商务在票务市场中的具体应用。消费者通过互联网、手机、自助设备等现代化终端，不需送票、排队买票，完全可以取代传统方式，完成演出、比赛等活动的信息搜索、座位选择、票款支付和电子票获取等全部活动，减少中间环节，有效降低有形费用和无形的时间精力耗费；同时每天 24 小时的全天候服务也使消费者能掌握最大的消费自主权；而且电子票与传统的印刷票和使用物理防伪技术的票不同，采用与国际同步的数字加密技术，不但有效降低票面印制成本，而且完全可以使时下传统票务市场十分头疼的倒票、假票现象得到杜绝，而它的使用也与传统的纸质票据毫无差别。

**(二) 电子票务系统**

电子票务系统采用先进的电子条码制作识别技术，并和计算机票务信息管理相结合，是集售票、管理、财务、验票为一体的综合性票务管理系统。具有管理一体化、信息实时性、防伪可靠性、核算严密性的特点，使传统手工售票工作电子化，同时实现票务管理工作走向全面自动化、规范化，能够从根本上解决票据查询难、售票劳动强度大的现状，提高票据管理效率和对客户的服务质量。

目前国内企业开展的电子票务系统大多是基于 Web 服务，主要采用 B2C 模式，原因是企业之间应用平台和实现方法的不同，导致企业间 B2B 模式的信息交互以及业务自动化处理难以实现。另外，在企业内部，各种不同的系统其运行和实现不尽相同，这给企业整合和重组带来了极大的不便。为满足企业间、应用程序间的信息交互，动态电子商务也势在必行。

与基于传统 Web 服务的互联网电子票务相比，基于 WAP 服务的移动电子票务有其独特的定位优势：

1. 出色的移动特性。移动电子票务的最大特点是“随时随地”和“个性化”。手机和电脑相比要小巧、轻便，容易使用得多。

2. 优质的用户群体。移动电子票务拥有消费市场中的中高端用户，不论在用户规模上，还是在用户消费能力上，都优于传统的电子票务。

3. 安全的保障基础。手机号码的唯一性和手机 SIM 卡的不可复制性为移动电子票务的支付安全性提供了可靠的保证。手机 SIM 卡上存贮的用户信息可以确定一个用户的身份，用手机 SIM 卡作为移动电子票务的信用认证基础，更容易为用户所接受。移动电子票务的核心是商务和应用，技术是移动电子票务的基础和保障。移动通信所具有的灵活、便捷和个性化的特点，决定了移动电子票务应当定位于大众化的个人消费领域，更适合提供大众化的商务应用。移动电子票务可以提高社会服务效率，改善人们的生活品质。因此，移动电子票务市场会具有广阔的发展前景并将取得良好的社会效益。

**(三) 电子票务在旅游中的应用**

电子票务在旅游中正发挥越来越大的功效，主要表现在旅游景区电子票务系统的应用。又称自动售票系统，是针对落后的人工售票方式推出的一种计算机售票、专用检票机自动检票、电子化信息管理的计算机网络系统，主要由售票单元、检票单元、中央管理单元三部分组成。它融计算机技术、信息技术、电子技术、机械制造于一体，具有很强的智能化功能。它可以克服人工售票检票模式固有的速度慢、财务漏洞多、出错率高、劳动强度大等缺点，在防止假票、杜绝人情票，防止工作人员作弊，提高管理水平，减轻劳动强度，提高景区形象等方面具有无比的优越性。旅游景区电子票务系统可以建设成“本地的局域网电子售检票系统”，也可以建设成“本地局域网系统＋互联网电子商务系统"的模式,实现网上订票、现场取票、现场验票的一体化。

## 二、旅游电子票务商务平台

### (一) 旅游景区信息系统平台

旅游电子商务中,景区信息系统是数字技术在旅游业应用的常见方式。主要功能是向旅游需求者提供全面时效的旅游景区信息,包括旅游基础设施、旅游节日活动、旅游消费价格等等,同时也能够开展旅游的预订服务。通常来说,旅游景区信息系统的组织结构有两种形式,一种是以国家为中心的组织结构,通常以国家旅游主管机构为中心。在全国各地,包括旅游问讯处、地方各旅游局,驻外办事处等地方设立网络节点。一种是以地方为中心而展开的组织结构,主要是旅游发达地区建立覆盖本地区旅游机构的信息系统。第三种是地区性的网络结构,通常由多个地区性的信息系统联网形成。

### (二) 网络搜索系统平台

在旅游电子商务中,智能搜索引擎后台数据库能够存储大量旅游景区信息,旅游提供者可以通过输入关键字、词进行检索,智能搜索引擎有助于揣测游客的意图,并能及时有效地处理复杂的、高难度的任务。也可以对游客的需求加以分析和接收,自动拒绝一些不合理或可能给游客带来危害的要求。旅游电子商务中的网络搜索系统能够为游客提供大量可供选择的旅游信息。目前,国内的百度和美国的谷歌都是其中的优秀代表,旅游景区网站通过创建智能搜索引擎,为游客提供各种与旅游有关的解决方案,并最大限度满足游客需求和愿望。

### (三) 无线互联及其他接入平台

在当前,很多移动通讯设备、城市多媒体终端和互动数字电视已加入了景区营销的行列,成为旅游电子商务的新兴媒介。例如手机、iPad、多语言以 wap 网站能够使用户通过手机等随身终端来获得旅游信息、下载旅游电子杂志和地图、购买旅游产品和服务、进入旅游虚拟社区等。而旅游声讯服务则可以通过任何固定或移动电话或其他设备来获取旅游景区信息和实现互动交易,以多媒体的方式生动地向旅游者提供广泛的旅游公共信息和商业信息,数字电视系统不但能提供 DVD 般清晰的电视图像和极佳的音响效果,而且能实现由单向传输到用户与数据平台双向互动的转变,提供电视购物、TV、电子商务、游戏、视频点播等互动服务。而电子服务是旅游景区网站提供的增值服务,也是旅游景区开展网络营销的重要手段,包括节庆活动表、签证和出入境资料、天气预报、货币兑换、电子地图、电子图书、电子杂志和各种电子分类手册等。

### (四) 虚拟旅游平台

虚拟社区和虚拟旅游目前已经开始得到越来越多的旅游景区和旅游者的认同,国际上旅游景区网站在虚拟社区功能建设方面已经发展到比较完善的程度:能够设立论坛或会员俱乐部,借此给旅游者提供了一个互相交流经验以及各种心得体会的平台。而且,旅游虚拟社区也可以培养忠实的客户群,借此来提高用户的归属感,同时还可以提升旅游景区网站的人气,以达到吸引更多的用户浏览景区网站的目的,虚拟旅游技术必须能做到提供虚拟旅游产品,而且其中一项最重要的虚拟旅游产品,即旅游景点视频在线播放,已经开始得到了显著的发展,在旅游网站上建立了虚拟景点,游客可以在虚拟的环境下,模拟听到导游对景点的详细讲解,甚至可以与画中人物交谈,并可以购买具有特色的旅游工艺品。

**实训任务:**

1. 每位同学选择三家具有支付功能的旅游电子票务的网站,列表分析其异同点和各自的竞争优势;

2. 选择一家熟悉的旅游企业,可以是饭店、景区、旅行社等各种类型,假设你代表这家企业的市场部门,需要从以上三家网站中选择一家合作进行网络销售,你会选择哪一家?选择的依据和理由是什么?

3. 就以上内容形成一份 PPT 演示文稿。

## 任务三　旅游微营销

**任务目标:**

通过本项目学习,我们将了解旅游微营销的基本内容、推广方式,特别是对微博营销和微信营销两种主要微营销方式做进一步讨论,从而形成旅游微营销的系统认识,掌握一定的营销技巧,并能学以致用设计相关的微营销活动。为此,应注意:

1. 掌握旅游微营销的内涵;

2. 掌握旅游微博营销技巧;

3. 学会设立旅游微信营销平台。

**学习导入:**

### "微"环境下的旅游营销模式创新

进入"微时代",其产物也无"微"不至,通过电影在旅游宣传中的巨大作用,带动一个地方旅游人气的案例不胜枚举,微电影由此进入国内外旅游业的视野。2013 年 5 月,记者有幸参加了新加坡旅游局首部主题微电影《从心发现爱》全球首映式。《从心发现爱》不仅是新加坡旅游局首次携手金钟影后林依晨,也是首次以微电影的方式传达"从心发现新加坡"的旅游主题。演绎了原剧女主角程又青无力应对婚后和大仁哥的"情感危机",愤而独自重返新加坡,寻找爱情记忆的一段浪漫之旅。我们不仅能在电影中观赏到程又青在滨海湾、圣淘沙、哈芝巷这些熟知景区发生的故事,还能领略到一些鲜为人知的全新景色,例如洋溢着自然气息的海滨别墅、梦幻璀璨的擎天大树以及暗藏惊喜的"海底套房"。截至目前,这部微电影在新浪微博的转发量达到 1 万多次。

去年,一系列名为《爱,在四川》的旅游微电影在网络热映。从展示四川特色的"美食篇"、憨厚可爱的"熊猫篇"、到 5 月感动全球网民的"汶川篇",《爱,在四川》系列旅游微电影在各大网站点击率已超过 3600 万人次,掀起了四川旅游微电影的潮流。

《樱为爱情》是浙江省首部旅游微电影,在优酷上线两周就吸引了30万人次的点击量,当樱花还"含苞未放"的时候,宛委山就接待了3万多游客。在樱花节期间,景区购票人数和门票收入更是同比增长175.26%和95.93%,创历史新高。

现在,微电影作为一种通过网络、手机新媒体平台上播放的、适合在移动状态和短时休闲状态下观看的、具有完整故事情节的旅游新兴传播方式,集娱乐、创意和宣传于一体,受到时下年轻人的热捧。既满足了网友的娱乐新需求,又满足了品牌推广需求,微电影的故事性和互动性,使得消费者乐于观看进而转发,为营销形象持续加分。

(资料来源:深圳商报官方网站)

**学习要求:**

仔细阅读上述材料,上网浏览材料中提到的几部微电影。对比分析《爱,在四川》系列微电影和《从心发现爱》各自对旅游目的地推介方法的相同和不同。

从《庐山恋》开始,我们就知道影视作品对旅游目的地的强大宣传功能,但大多是"无心插柳柳成阴"的情况,有意为之而大获成功的案例并不多。旅游微电影作为旅游目的地宣传片的升级版,打的都是"感情牌"。可是感动兴奋之余,微电影达到推介旅游目的地产品的作用了吗?能带来多少现实的收益呢?

## 一、微营销概述

近几年"微"成了一个很热门的词语,"微博"、"微信"、"微电影"这些"微力量"渐渐拉近了人们之间的距离,将全球村渐渐微小化,让用户们享受信息时代"天涯若比邻"的便利的同时,也拓宽了信息传播的渠道,加速信息传播的速度。在潜移默化中,改变了人们获取信息和交流信息的方式。不少旅游市场的商家们自然将目光聚集到这些"微力量"的营销能力上,一场"微力量"带来的旅游营销革命悄然而生。

### (一) 微营销的内涵

微营销实际就是一个移动网络微系统,微营销=微博(新浪微博)+微视(微电影)+个人微信+二维码+公众平台+公司微商城。微营销本质上是将线上线下的营销整合,将线下交易引流到线上支付,线上产品引流到线下(实体店面)浏览。旅游微营销是指以移动互联网为主要沟通平台,配合传统网络媒体和大众媒体,通过有策略、可管理、持续性的线上线下沟通,建立和转化、强化与顾客的关系,实现客户价值的一系列过程。从操作理念上看,微营销更强调"潜移默化"、"细节入微"和"精妙设计"。旅游微营销的核心手段是客户关系管理,通过客户关系管理,实现路人变客户、客户变伙伴的过程。旅游微营销的基本模式是拉新(发展新客户)、顾旧(转化老客户)和结盟(建立客户联盟),旅游企业可以根据自己的客户资源情况,使用以上三种模式的一种或多种进行微营销。旅游微营销通常要经过吸引过客、归集访客、激活潜客、筛选试客、转化现客、培养忠客、挖掘大客、升级友客、结盟换客等九个步骤。

**(二) 微营销的优势**

1. 客户群庞大

假如说腾讯的 QQ 是 PC 互联网时代的第一沟通工具，那么微信、微博就是移动互联网时代沟通工具的代表，短短几年便拥有以亿计用户的微信、微博，发展速度远远超越了任何同类产品。任何旅游景区和相关企业都不容忽视如此庞大的客户群。

2. 传播性强

微信与微博绑定于智能手机，很适合以活动为主的旅游，其自带的拍摄、分享、评论等功能也满足年轻人渴望“晒”的心态，让游客更加主动地去帮助宣传，也更容易将营销内容辐射到更广阔的用户群。

3. 功能拓展性强

微信与微博的功能拓展性很广泛，例如旅游线路预览、门票预订等功能已逐步进入平台，同程网去年下半年的门票预订，10%来自微信，而各大旅游门户网站的访问调查也发现，近 20%的初次访问是因为点击微信或微博上的信息。功能之强大，拓展之广泛，不可谓不惊人。

**(三) 微营销的特性**

建立旅游微博和微信是个简单的事情，但如何维持“微营销”平台，并让其对旅游企业的宣传作出贡献却不那么简单。利用这些“微产品”的特性，结合旅游本身的特点，是成功“微营销”的关键。

1. 内容丰富

内容是“微营销”成功的关键，对于旅游行业的“微营销”而言，枯燥的景区介绍和产品介绍无疑吸引不了游客的注意力，而类似于旅游攻略、省钱攻略、自驾攻略、美食攻略等等信息的分享更能吸引眼球，要在丰富的内容中营销，而不是为了营销而敷衍内容。

2. 便于互动

微信和微博作为沟通工具，交流是重中之重。旅游“微营销”不能只局限于向游客传递信息，也必须有游客反馈的渠道，并要即时回复，有问必答，甚至将企业、景区打造成拥有个性、思想的“人”，增添沟通不但可以活跃用户，增加游客满意度，更可以从同游客的交流中收集反馈信息，即时改革不足。

3. 功能多样

充分利用微信、微博提供的功能。例如微信中，游客回复关键词，就可以得到景区某方面的详尽资讯、典故历史，让景区大数据整合于每一位游客的智能手机中。而微博可以创建话题，借此开展诸如摄影大赛、造型大赛等活动，让游客享受参与其中乐趣的同时，也无形地将景区宣传给他们各自的朋友圈、关注群。诸如此类功能还有很多，将其逐一用透，也是“微营销”成功的要素之一。

4. 客户黏着力强

由于旅游在大多数情况下并非重复性消费，单纯的景区、企业内容很难长时间维持关注。关于这个问题，景区、企业可以利用微博、微信，定期为游客发送优惠二维码，前往景区扫描二维码即可获得礼品或折扣优惠，为游客提供一个再来旅游的理由。有地区特产的景区也可以通过微博、微信，将商品与淘宝等购物媒介绑定，形成景区体验、微博(信)宣传、淘宝购买的产品售卖链,让本来只能作为副产品的旅游特产,成为另一个具独特价值的品牌。

## 二、旅游微博营销

### (一) 微博营销的内涵

微博,即微博客(MicroBlog)的简称,是一个基于用户关系的信息分享、传播以及获取平台,用户可以通过 WEB、WAP 以及各种客户端组建个人社区,以 140 字左右的文字更新信息,并实现即时分享。最早也是最著名的微博是美国的 twitter。2009 年 8 月份中国最大的门户网站新浪网推出"新浪微博"内测版,成为门户网站中第一家提供微博服务的网站,微博正式进入中文上网主流人群视野。至 2011 年 12 月,中国微博用户总数达到 2.498 亿,成为世界第一大国。旅游微博营销是指旅游企业通过微博这个营销平台,发布旅游产品信息、建立客户服务平台、实现网络支付和线下产品服务、宣传企业形象、推广企业文化等一系列营销活动的总称。

### (二) 微博营销的特点

1. 立体化。旅游微博营销可以借助先进的多媒体技术手段,以文字、图片、视频等展现形式对旅游产品进行描述,从而使潜在消费者更形象地接受信息,从而有效刺激消费者的旅游欲望。

2. 高速度。微博最显著的特征之一就是其传播迅速。一条关注度较高的微博在互联网及与之关联的手机 WAP 平台上发出后,短时间内互动性转发就可以抵达微博世界的每一个角落,达到短时间内最多的目击人数。

3. 便捷性。旅游微博营销优于传统的广告行业,发布旅游信息的主体无须经过繁复的行政审批,从而节约了大量的时间和成本。

4. 广泛性。通过粉丝的关注形式进行病毒式的传播,影响面非常广泛,同时,名人效应能够使旅游有关事件的传播量呈几何级别放大。

### (三) 微博营销的步骤

1. 建立账号矩阵和链式传播系统

微博营销是要建立一个让自己发出影响力的平台,并建立链式传播反应系统,这个系统就需要一个账号矩阵,一些成熟的微博运营企业都建立了完善的微博矩阵。例如凡客建立了以@vancl 粉丝团为主要阵地的微矩阵。vancl 粉丝团是专注于粉丝互动的交流平台,发布促销、互动活动,所以从它的页面装修、内容建设、活动策划等方面看,是可与年轻、时尚、流行话题相联系的,竭力诠释凡客快时尚的互联网品牌内涵。@凡客诚品用于发布凡客内部新闻重大事件等信息。其他子微博也明确定位,各司其职。因此,旅游企业在建立微博平台矩阵前,要清楚自己企业微博的定位和功能分类,是推销旅游产品、进行品牌传播还是客户管理,还是公共关系,没有明确的功能定位,不仅无法形成有力的微矩阵,连主微博的运营都会成问题,因为微博的内容更新、活动策划、粉丝互动都要根据微博本身的定位来运作。

2. 创意策划,制作有"营养"的内容

微博作为社会化自媒体,基于社会化的认同,才建立彼此关注的网络,用户关注你的前提是他觉得可以获得价值，这种价值也许是对你企业品牌的认可，产品服务的喜欢，或者是你对内容的欣赏。微博这个开放的大池中，你只有给出有营养的鱼饵，才能吸引留住鱼儿，否则它们都游到其他鱼塘了，所以旅游微博营销要特别注重“内容”的投放。首先，我们要弄清楚我们面对的客户群集，投其所好。其次，“内容”要有价值，在编辑推荐旅游产品的微信内容时，我们不能忽视信息接受者的感受。只有信息接受者在内容中找到了他所需要的，该条信息才能得到广泛的传播。还有，“内容”要有创意。

3. 用“活动”做催化剂和黏度剂

微博活动是微博营销必不可少的，初期为了增加粉丝数量，我们要开展活动，后期粉丝稳定了我们通过活动引爆品牌传播或者回馈粉丝，增强黏性。所以在旅游微博营销中“活动”是贯穿始末的，如何开展活动聚集人气提升品牌尤为关键。目前微博活动可分为新浪平台活动和企业自建活动两种。新浪平台上活动形式多样化，大转盘、砸金蛋、晒照片等很有趣味；活动的数据分析更加详尽，有转发、邀请、收藏，每日参与人数等详细数据；抽奖更加公正公平，管理更加规范方便，粉丝数增长迅速。只是现在越来越多的抽奖控混入其中，影响了粉丝质量活动效果。自建活动的形式不多，抽奖、数据统计比较繁琐，而且对主题活动要求较高。由于是基于内部粉丝相互传递发起，所以活动的黏性和品牌传播度比较高，能够有效调动内部粉丝的积极性，增加微博的活跃度。但是如果没有足够的粉丝数量，传播效果一般不会太大，除非奖品很给力或者有大号推荐转发活动频率。

## 三、旅游微信营销

### (一) 微信营销的内涵与步骤

微信是腾讯公司于 2011 年 1 月 21 日推出的一款通过网络快速发送语音短信、视频、图片和文字，支持多人群聊的手机聊天软件。用户可以通过微信与好友进行形式上更加丰富的类似于短信、彩信等方式的联系。微信软件本身完全免费，使用任何功能都不会收取费用，发微信时产生的上网流量费由网络运营商收取。2012 年 9 月 17 日，微信注册用户过 2 亿。微信一直主要面对移动客户端用户，2012 年 10 月 17 日，微信网页版上线。微信支持发送语音短信、视频、图片(包括表情)和文字，支持多人群聊(最高 20 人，100 人、200 人群聊正在内测)，支持查看所在位置附近使用微信的人(LBS 功能)，支持腾讯微博、QQ 邮箱、漂流瓶、语音记事本等插件。

旅游微信营销是网络经济时代旅游企业面临的新的营销模式，是伴随着微信的火热产生的一种网络营销方式。由于微信不存在距离的限制，用户注册微信后，可与周围同样注册的“朋友”形成一种联系，用户订阅自己所需的信息，旅游商家通过向用户提供有用的信息，推广自己的产品的点对点的营销方式。在移动社交应用风靡全球的时代，能否把握好微信营销平台，是一个旅游企业发展的一个契机和挑战。

旅游微信营销的步骤主要有(见图 6－3)：

1. 建立微信账号、微生活平台管理；
2. 平台内容的承载、平台开发与维护；
3. 公众账号的粉丝互动和数量提升；

图 6－3

微信营销的步骤

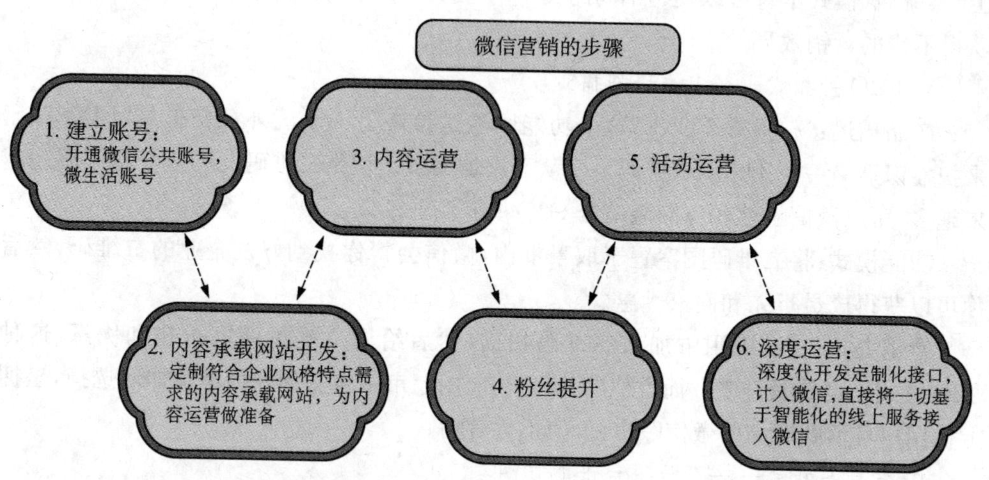


4. 旅游企业品牌营销传播活动；

5. 线上营销、线下旅游产品销售和服务推进；

6. 定制化接口开发与维护升级。

**（二）微信营销的五种模式**

1. 草根广告式——查看附近的人

产品描述：签名栏是腾讯产品的一大特色，用户可以随时在签名栏更新自己的状态，自然也可以打入强制性广告，但只有用户的联系人或者好友才能看到。而微信中基于 LBS 的功能插件“查看附近的人”便可以使更多陌生人看到这种强制性广告。

功能模式：用户点击查看附近的人后，可以根据自己的地理位置查找到周围的微信用户，在这些附近的微信用户中，除了显示用户姓名等基本信息外，还会显示用户签名档的内容。所以用户可以利用这个免费广告位为产品打广告。

营销方式：旅游产品营销人员在人流最集中的地方运行微信。如果人群中使用微信功能中的“查看附近的人”的人数足够多，那么旅游产品营销人员的微信平台就会出现在他们的搜索范围内，从而起到广告效果。

2. 品牌活动式——漂流瓶

产品描述：漂流瓶是移植至 QQ 邮箱的一款应用，该应用在电脑上广受好评，许多用户喜欢这种和陌生人简单的互动方式。移植到微信上后，漂流瓶的功能基本保留了原始简单易上手的风格。

功能模式：漂流瓶有两个简单功能：1“扔一个”，用户可以选择发布语音或文字然后投入大海中，如果有其他用户“捞”到则可以展开对话；2“捡一个”，“捞”大海中无数个用户投放的漂流瓶，“捞”到后也可以和对方展开对话，但每个用户每天只有 20 次机会。

营销方式：旅游企业微信官方可以对漂流瓶的参数进行更改，使得合作商家推广的活动，在某一时间段内抛出的“漂流瓶”数量大增，普通用户“捞到”的频率也会增加。加上"漂流瓶"模式本身可以发送不同的文字内容甚至语音小游戏等，如果营销得当，也能获得不错的营销效果。

3. O2O折扣式——二维码扫描

产品描述："扫描QR Code"这个功能原本是参考另一款国外社交工具"LINE"，用来扫描识别另一位用户的二维码身份从而添加朋友。但是二维码发展至今商业用途越来越多，所以微信也就顺应潮流结合O2O展开商业活动。

功能模式：将二维码图案置于取景框内，微信会帮你找到好友企业的二维码，然后你可以获得成员折扣和商家优惠。

营销方式：移动应用中加入二维码扫描，然后给用户提供商家折扣和优惠，这种O2O方式早已普及开来。而类似的APP在应用超市中也多到让你不知如何选择，坐拥上亿用户且活跃度高的微信账户，价值不可言喻。

4. 社交分析式——开放平台+朋友圈

产品描述：开放平台式微信4.0版本推出的新功能，应用开发者可通过微信开放接口接入第三方应用，还将已应用的LOGO放入微信附件栏中，让微信用户方便地在会话中调用第三方应用，进行内容选择与分析。

功能模式：社交分享在电商中一直是热门的话题。在移动互联网上，以之前腾讯公布的合作伙伴为例。用户通过微信把一件商品一个接一个传播开去，达到社会化媒体上最直接的口碑营销。

营销方式：微信除了异步通讯的功能，4.0版本中的新功能"朋友圈"分享功能的开放，为分享式的口碑营销提供了最好的渠道。微信用户可以将手机应用、PC客户端、网站中的精彩内容快速分享到朋友圈中，并支持网页连接方式打开。

5. 互动营销式——微信公众平台

产品描述：对于大众化媒体、明星以及企业而言，如果微信开放平台+朋友圈的社交分享功能的开放，已经使得微信成为一种移动互联网上不可忽视的营销渠道，那么微信公众平台的上线，则使这种营销渠道更加细化和直接。

功能模式：通过一对一的关注和推送，公众平台方可以向"粉丝"推送包括新闻、资讯、产品消息、最新活动等消息，甚至能够完成包括咨询、客服等功能，成为一个称职的CRM系统。可以说，微信公众平台的上线，直指微博的认证账号，提供了一个有亿万微信用户的移动网站。

营销方式：通过发布公众号二维码，让微信用户随手订阅公众平台账号，然后通过用户分组和地域控制，平台方可以实现精准的消息推送，直指目标用户。接下来则是借助个人关注和朋友圈，实现品牌的病毒式传播。

总而言之，在这个光速发展的信息时代，营销战略因平台的多样化而日益丰富。眼下微博、微信是各营销队伍的宠儿，随着时代的发展，若"微力量"没有适应时代的发展，终将被日后冒出来的其他平台所取代，与时俱进是其生存的不二法则。

**实训任务：**

1. 关注“新加坡旅游局”新浪官方微博和“香港旅游发展局”新浪官方微博，就二者的粉丝数量、粉丝质量和转播、评论的数量，做列表分析比较；

2. 浏览上述两个微博最近一个月的所有内容，列表分析其更新速度、对旅游产品推介的切入点、高频词汇等，并对二者的推广成效做出评价；

3. 每个小组自主选择一个旅游目的地，开通一个推介其旅游产品的微信账号，真实运营一周。

4. 一周后，就各组账号的粉丝数量，发布消息的转发、赞、评论做分析比较。

# 参考文献

[1] 胡红梅.旅游景区管理[M].北京:机械工业出版社,2012.
[2] 罗颖.旅游景区经营管理[M].北京:机械工业出版社,2012.
[3] 邹统钎.旅游景区开发与管理(第三版)[M].北京:清华大学出版社,2011.
[4] 高午阳,陆丽娥.景区服务与营销管理[M].北京:化学工业出版社,2011.
[5] 李学芝,宋素红.旅游市场营销与策划——理论、事务、案例、实训[M].大连:东北财经大学出版社,2012.
[6] 张红英.旅行社营销[M].上海:复旦大学出版社,2011.
[7] 倪玉屏.基于产品导向的旅游景区开发研究[D].苏州大学,未出版硕士论文,2010.
[8] 别金花.旅游网络营销策略探讨[J].山东纺织经济,2011(11).
[9] 曹明明.旅游目的地网络营销发展策略浅析[J].旅游纵览(行业版),2011(01).
[10] 贺学良.饭店营销高效管理[M].北京:旅游教育出版社,2013.
[11] 李伟.旅游网络营销的功能及其实现策略[J].重庆科技学院学报(社会科学版),2011(03).
[12] 罗丽娜.中小型在线旅游企业网络销售渠道的构建[J].四川文理学院学报,2011(02):116—117.
[13] 舒伯阳.实用旅游营销学教程[M].武汉:华中科技大学出版社,2011.
[14] 刘长英.现代饭店营销[M].北京:中国财富出版社,2010.
[15] 王乐鹏,李春丽,陆青.论休闲旅游产品的网络营销策略[J].市场论坛,2011(02).
[16] 王霞.基于网络营销的旅游品牌形象塑造研究[J].中国商贸,2011(12).
[17] 梁雪松,张建融.旅行社门市管理实务[M].北京:北京大学出版社,2011.
[18] 吴艳花,刘天峰.景区电子票务系统设计方案[J].计算机与现代化,2011(08).
[19] 徐润铭.我国旅游网络营销瓶颈分析——基于长尾理论的思考[J].现代商业,2010(05).
[20] 杨晓静.研究与探讨旅游目的地的网络营销提升策略[J].现代经济信息,2010(24).
[21] 张丽娟.我国旅游网络营销发展对策研究[J].现代营销(学苑版),2011(03).
[22] 张柳,李君轶,马耀峰.旅游目的地网络营销系统与旅游产业发展耦合分析[J].经济地理,2011(02).
[23] 李宏.旅游目的地营销与发展[M].北京:旅游教育出版社,2011.
[24] 唐兴通.社会化媒体营销大趋势——策略与方法[M].北京:清华大学出版社,2011.
[25] 鞠明君.微信:社会化媒体营销[M].北京:清华大学出版社,2013.
[26] 莉娅娜·李·伊文思.社会化媒体营销技巧与策略[M].西安:电子工业出版社,2012.
[27] (美)布兰查德著,王天衍译.社会化媒体营销投资与回报[M].西安:电子工业出版社,2012.
[28] 李天元.旅游市场营销[M].北京:中国人民大学出版社,2013.
[29] 安贺新.旅游市场营销学[M].北京:清华大学出版社,2011.
[30] 邹统钎,陈芸.旅游目的地营销[M].北京:经济管理出版社,2012.
[31] 邹统钎,王欣.旅游目的地管理[M].北京:北京师范大学出版社,2012.
[32] 钱炜.饭店营销学[M].北京:旅游教育出版社,2013.

# 主要参考网站

1. 国家旅游局　http://www.gov.cn/
2. 浙江旅游网　http://www.tourzj.gov.cn/
3. 四川旅游政务网　http://www.scta.gov.cn/
4. 杭州市旅游形象推广中心　http://4454006.71ab.com/
5. 绍兴市旅游委员会　http://www.sxtour.gov.cn/
6. 香港旅游发展局　http://www.discoverhongkong.com/
7. 新加坡旅游局　http://www.yoursingapore.com/
8. 携程旅行网　http://www.ctrip.com/
9. 去哪儿网　http://www.qunar.com/
10. 艺龙旅行网　http://www.elong.com/